国家社科基金
后期资助项目

现代汉语动趋式的语义框架及其扩展路径研究

Research on the Semantic Frame of the Modern Chinese V-Directional Compounds and its Expansion Path

王宜广 著

中国社会科学出版社

图书在版编目(CIP)数据

现代汉语动趋式的语义框架及其扩展路径研究 / 王宜广著. —北京：中国社会科学出版社，2016.10
ISBN 978-7-5161-9141-5

Ⅰ.①现… Ⅱ.①王… Ⅲ.①现代汉语-语义-研究 Ⅳ.①H136

中国版本图书馆 CIP 数据核字（2016）第 252533 号

出 版 人	赵剑英
责任编辑	任 明
特约编辑	李晓丽
责任校对	季 静
责任印制	李寡寡

出 版	中国社会科学出版社
社 址	北京鼓楼西大街甲 158 号
邮 编	100720
网 址	http：//www.csspw.cn
发行部	010-84083685
门市部	010-84029450
经 销	新华书店及其他书店

印刷装订	北京市兴怀印刷厂
版 次	2016 年 10 月第 1 版
印 次	2016 年 10 月第 1 次印刷

开 本	710×1000 1/16
印 张	19.25
插 页	2
字 数	338 千字
定 价	70.00 元

凡购买中国社会科学出版社图书，如有质量问题请与本社营销中心联系调换
电话：010-84083683
版权所有　侵权必究

国家社科基金后期资助项目
出版说明

  后期资助项目是国家社科基金设立的一类重要项目，旨在鼓励广大社科研究者潜心治学，支持基础研究，多出优秀成果。它是经过严格评审，从接近完成的科研成果中遴选立项的。为扩大后期资助项目的影响，更好地推动学术发展，促进成果转化，全国哲学社会科学规划办公室按照"统一设计、统一标识、统一版式、形成系列"的总体要求，组织出版国家社科基金后期资助项目成果。

全国哲学社会科学规划办公室

序

王宜广博士发来电邮，报告他的国家社科后期资助项目《现代汉语动趋式的语义框架及其扩展路径研究》已经杀青，附件就是这部著作的全文，并且希望我写个序言。我欣喜地点开附件，迫不及待地浏览全书，感到惊喜与由衷的欣慰。真的，宜广真的开始成熟了，开始起飞了，开始提速了。

记得是2007年秋冬吧，我的好朋友——暨南大学中文系原系主任杨启光教授隆重推荐他的硕士生王宜广给我，说是他希望报考我的博士生。这是个偏瘦偏高的小伙子，显得精神、阳光、帅气。话语不多，但比较真诚；谈吐不凡，只略显拘谨。第一印象还不错，结果在众多报考者中，他居然不声不响地脱颖而出，初试面试都旗开得胜，最后真的成了我的博士生。

我招收的博士生中，就数山东籍与湖南籍最多。山东籍的四个：赵春利、刘雪春、周红和王宜广。他们有个共同的特点，就是比较实在，无论做人还是做学问，不玩虚的。宜广功底比较扎实，尤其擅长于语义分析和认知研究，当年跟他合作撰写并发表的论文有三篇：《"A到O"结构的语义类型及认知模式》（《暨南学报》2010年第2期）、《非真值性判断"不是A，而是B"句式研究》（《世界汉语教学》2010年第3期）与《"幸亏"类副词的句法语义、虚化轨迹及其历史层次》（《语言教学与研究》2011年第4期），就显示了他这方面的特长。他的博士论文选择的是动趋结构的语义认知分析，题目叫作《汉语动趋组合的语义模式及其认知机制》，这可能跟我们俩合作的第一篇论文密切相关，选题颇有新意，并且顺利通过答辩。那时他面临的是落实工作单位，我是很舍不得他离开的，我觉得他是个很有潜力的学子，总有一天会长成参天大树，我希望他留在广州，留在我的身边。但是我也知道，鸟儿长大了，总要飞的，离开老师，离开母校不一定就是坏事，也许经历风雨，经历磨炼，会成长得更快更好。宜广的太太宫领强也是暨南大学的博士生，师从班昭教授，他俩获得博士学位后，决心报效家乡，先后到鲁东大学国际汉语学院任教，对此我当然表示全力支持。2014年秋，他俩一起回到母校，参加"现代汉语教学研讨会"，宜广似乎有点变了，举手投足之间充满了自信；他的话语变多了，浓浓的笑意时不时地从他的眼神里流露出来；他与太太配合得相当默契，可以看得出无论工作还是生活都很滋润。看到现在的宜广伉俪，我觉得他们俩的选择是正确的，我为他们俩感到由衷的高兴。一个初出茅庐的青年学子，能够申请到国家社科后期资助，这充分说明他的选题独具慧眼，确实打动了评审专家的心弦。

动趋结构是汉语语法研究的一个热点，也是个重点。几十年来不断有学者关注它，探讨它。20世纪80年代我的师姐刘月华教授就对此做过卓有成效的研究，我的已故研究生师妹徐静茜的硕士学位论文也是专门探讨这一课题的，并且直到现在还有影响。我的一些朋友也对此做过许多脍炙人口的研究，宜广选择这一课题是有眼光的，更为可喜的是他在获得国家社科后期资助后，对初稿进行了理论的深化和崭新的探索，经过几年的精心修改和润色，现在一部精彩的专著终于问世。

这是一部运用新理论新方法，从新的角度进行别开生面探索的好书。作者的目标很明确，提出要解决四大问题：1. 动趋式与动结式的关系；2. 动趋式语义划分的可操作性标准；3. 对动与趋的相互选择理据；4. 动趋式语义框架的不平衡性及其认知动因。其核心问题是搞清楚"动趋式的语义结构及其扩展途径"。

作者指出：从认知语言学的角度看，动趋与动结，两者虽然有相同点，可理解为广义的结果，但是却表现出不同的事件概念结构：动趋式是位移事件，而动结式是致使情景事件。而且关键还在于，两者有一个重要的差别：内部的语义关系不同，动趋式内部的语义类型之间具有语义扩展关系，而动结式内部的语义类型并不具有扩展关系。

作者所依据的理论是我这些年来一贯倡导的"语义语法"，方法是汉语句法的双向选择性原则，这是汉语语法组合规则的一条总纲，它具有极大的解释力。它不仅可以解释组合成立的原因，还可以解释组合内部的涉及词类内部的小类以及词的语义特征等问题。句法语义的选择性原则主要由语义一致性原则、语义自足性原则、语义决定性原则等次原则组成。（邵敬敏，2000），其次是国外引进的"概念结构理论及认知隐喻理论"（Talmy，1985/1991），以类型学的视角根据动词的语义框架结构，提出位移事件主要有六大要素构成，即图形（凸体、射体）、背景、路径、位移事件、运动方式和致使，只是在不同的语言中，其凸显和组合方式各有差别。

作者的理论依据是新颖而且卓有成效的，他的研究成果也是与众不同，颇有创见的。

第一，他首先离析出位移性动趋式五大类概念成分：1. 参与者要素（凸体、衬体和使事）；2. 空间要素（方向和位置）；3. 运动要素（运动的方向性和位移性，位移性又体现为运动方式和运动使因）；4. 路径要素（趋向动词）；5. 主观视点（"来"和"去"）。

第二，他搭建了汉语动趋式语义框架。包括两方面内容：1. 界定动趋式的因素或标准；2. 探究动趋式内部的语义扩展路径。指出动趋式的语义扩展是一个不断隐喻化的过程，是一个原型义素不断缺失、非原型义素不断产生的过程。

第三，他对汉语动趋式的语义结构特色进行了新的解释，指出动趋式的语义扩展是以人类对世界的认知为基础，具体表现为原型语义要素的此消彼长。其认知上的动因主要是隐喻机制在起作用，具体来说，就是由具体概念领域向抽象概念领域，由现实空间向虚拟空间，由物理空间向心理空间，由空间向时间的隐喻性投射。

第四，在此基础上，分别对"V来、V去"以及各类动趋结构进行了深入细致的描写与解释，并且指出其扩展路径分别为：客观位移→抽象位移→状态趋向→时体趋向。

第五，采取全新的视角，分析"动趋式语义扩展的不平衡性"，对"趋向义"重新定义，分为"位移性趋向、状态性趋向和时体性趋向"，三者之间具有扩展性与过渡性，分别是基于位移语义要素的淡化、虚拟化和隐喻化。

第六，在方法论上，主要揭示动词的语义特征、主要动词与趋向动词的双向选择性、扩展时的隐喻手段。区分出基于位移性趋向的动趋搭配、基于状态性趋向的动趋搭配以及基于时体性趋向的动趋搭配。

第七，探讨了第二语言教学中汉语动趋式语义框架的教学思路，解决理论探讨最后要落实应用上的问题。

我们知道，动趋结构之所以比较复杂，难以研究，问题就在于动趋，不仅表现为具体的物理的空间的位移，还涉及抽象的位移、心理的位移、时间的位移，许多因素交织在一起。我们不仅要知道怎么样，还要了解为什么。作者不仅描写了种种复杂的动趋现象，在解释性方面也做了大量的探索性工作。应该说，这一研究是在前人研究的基础上往前大大的推进了一步，是迄今为止研究最透彻、最有说服力的，充分显示了作者在句法语义研究方面的洞察力、创新力与解释力。

  当然动趋的语义框架研究还只是开了个头，后面的路还很长。尤其是动趋的双向选择还可以细化深化，有关的认知解释也还可以进一步的拓展，从语言类型学的角度，引进跟其他语言的比较也值得探讨。我殷切地期待着宜广新的研究成果问世。

邵敬敏

2016年6月23日

暨南大学新明湖苑

摘　　要

趋向动词数量虽少，但汉语位移情境的表达由其承担，而且语义扩展繁丰复杂，致使有关趋向动词或动趋式的研究一直备受关注。然而，动趋式较为核心的问题，如对"趋向"范畴的认识、语义框架、匹配的不对称性等还值得商榷与再探讨，而且动趋式语义的不平衡性还未触及。因此，本书将围绕动趋式的核心问题依次展开专题研究。

1. 参照 Talmy 对运动事件概念结构的分析，结合汉语动趋式的具体情况，离析汉语动趋式的概念语义成分。五大类概念成分：参与者要素，包括凸体、衬体和使事；空间要素，包括方向和位置；运动要素，首先体现为运动的方向性和位移性，位移性又体现为运动方式和运动使因；路径要素，通过趋向动词来表现；主观视点，通过"来"和"去"表现。其中，由于隐喻关系的存在，方向在位移性趋向中表现为空间向，在时体性趋向中表现为时间向。

2. 基于汉语动趋式的概念语义成分，分析动趋式的语义扩展路径，并构建动趋式语义框架。

动趋式语义的扩展性，深层次原因是其概念成分的发展变化，是上述要素凸显、淡化、虚化、心理化和隐喻化的过程，是由空间向时间隐喻投射的过程。具体表现为：一是凸体与衬体之间关系的变化，即位置关系、状态关系、时体关系；二是凸体与衬体自身性质的变化；三是运动要素主要是从动词的自移性和使移性到自态性和使态性，再到动词的持续性和反复性的变化；四是随着位移的不断心理化，主观视点逐渐淡化、心理化，甚至消失或者虽然存在但作用较弱。基于此构建的动趋式语义框架为：动趋式的"趋向"义分为位移凸显性趋向（位移性趋向）、位移隐含性趋向（状态性趋向）和位移隐喻性趋向（时体性趋向）。其中，位移凸显性趋向，分为物理位移性趋向和社会心理位移性趋向；位移隐含性趋向，分为位移淡化性趋向和位移虚拟性趋向；位移隐喻性趋向，主要包括时隐喻性趋向和体隐喻性趋向。

3. 在动趋式语义扩展方式和语义框架的基础上，重新认识"趋向"。

传统要么将"趋向"认为是结果的一种，要么认为是客观位移的一种，从而对其位移隐含性和位移隐喻性的意义称之为"准动趋式""动结式""动态式"等，这无疑将动趋式语义之间的扩展性分割开来。位移的凸显、淡化、隐含，隐喻是汉语认知的结果，有着类型学的个性和共性。因此，我们认为动趋式结构有其自身的独立性，所具有的"趋向"包括具有隐喻扩展关系的位移性趋向、状态性趋向和时体性趋向。

4. 通过分析动趋式语义之间扩展能力的差别，指出动趋式语义扩展具有不平衡性。

具体探讨不平衡性的表现和因素。动趋式语义扩展整体具有一条比较完备的路径，不同的动趋式则是该完备路径的部分或整体体现。不同的动趋式的语义扩展路径与整体路径存在一种体现与被体现的关系。具体表现为：（1）客观位移→抽象位移：V 进/进去/进来、V 出去/出来、V 过、V 回/回来/回去；（2）客观位移→抽象位移→状态性趋向：V 来/V 去、V 出/出来、V 过来/过去、V 上来/上去、V 下；（3）客观位移趋向→抽象位移趋向→状态性趋向→时体性趋向：V 上、V 下来、V 起/起来。语义扩展能力的差异主要是趋向动词隐喻认知能力差异造成的，尤其是是否具有"时隐喻：过去—现在—将来"、"体隐喻：起始—持续—终结"的隐喻能力；（4）位移+状态→时体：V 开/开来；（5）客观位移→抽象位移→时体性趋向：V 下去。

5. 基于动趋式的概念语义框架，分析了动词与趋向动词组合的基础性语义框架。

基于位移性趋向的动趋语义框架，需要综合动词的位移性及方向性与动词的搭配情况，主要取决于 [±定向]/[±泛向]、[±自移]/[±致移]。基于状态性趋向的动趋语义框架，主要取决于 [自态] 与 [使态]，自态表现为 [±常态]；使态表现为 [致附]/[致离]/[致存]/[致闭][致现]/[致开]。基于时体性趋向的动趋语义框架，主要取决于 [±持续][±反复][±完成]。

目 录

第一章 绪论 …………………………………………………………… (1)
  第一节 关于动趋式 ………………………………………………… (2)
    一 国内对动趋式的认识 ………………………………………… (2)
    二 国外对动趋式的认识 ………………………………………… (3)
  第二节 选题缘由以及研究的理论、方法和思路 ………………… (4)
    一 选题缘由 ……………………………………………………… (4)
    二 理论背景 ……………………………………………………… (4)
    三 研究方法 ……………………………………………………… (7)
    四 研究思路 ……………………………………………………… (7)
  第三节 研究范围及语料来源 ……………………………………… (8)

第二章 动趋式研究的理论和实践 ………………………………… (9)
  第一节 传统视野下的动趋式研究 ………………………………… (10)
    一 趋向动词框架 ………………………………………………… (10)
    二 趋向动词的性质 ……………………………………………… (14)
    三 动趋式的语义类型及其扩展方式 …………………………… (16)
  第二节 认知视野下的动趋式研究 ………………………………… (26)
    一 "来/去"与容器隐喻、障碍隐喻和时间隐喻 ……………… (26)
    二 "进"与容器隐喻 …………………………………………… (27)
    三 "过来/过去"与障碍隐喻 …………………………………… (27)
    四 "起来"与身体运动隐喻、路径隐喻 ……………………… (27)
  第三节 概念结构与动趋式研究 …………………………………… (28)
  第四节 动趋式语义的研究方法 …………………………………… (29)
    一 刘月华等"趋向—结果—状态"分析法 …………………… (29)

二　邱广君句式环境分析法 …………………………………（31）
　　三　曾传禄隐喻投射分析法 …………………………………（31）
　　四　于康"谁在移动和怎样移动"的标准分析法 ……………（32）
　　五　陈忠身体运动经验分析法 ………………………………（33）
　第五节　动趋式研究述评 …………………………………………（34）
　　一　动趋式研究取得的成果 …………………………………（34）
　　二　动趋式研究存在的问题 …………………………………（35）

第三章　动趋式的事件表达及概念语义结构分析 ………………（37）
　第一节　引言 ………………………………………………………（37）
　　一　动趋式语义研究存在的两大问题 ………………………（37）
　　二　动趋式的哲学认知基础 …………………………………（38）
　第二节　动趋式的概念语义成分 …………………………………（39）
　　一　参与者要素 ………………………………………………（40）
　　二　空间要素 …………………………………………………（42）
　　三　运动要素 …………………………………………………（43）
　　四　路径要素 …………………………………………………（43）
　　五　主观视点 …………………………………………………（43）
　第三节　动趋式的事件结构及其语义成分 ………………………（44）
　　一　表达位移事件的动趋式概念语义结构分析 ……………（45）
　　二　表达状态事件的动趋式概念语义结构分析 ……………（50）
　　三　表达时体事件的动趋式概念语义结构分析 ……………（56）
　第四节　小结 ………………………………………………………（59）

第四章　"V来""V去"的概念语义结构及其扩展路径 ………（61）
　第一节　引言 ………………………………………………………（61）
　第二节　主体参照的概念化与"V来" …………………………（62）
　　一　位移性趋向：趋向视点 …………………………………（62）
　　二　状态性趋向：趋向获得者 ………………………………（64）
　第三节　主体参照的概念化与"V去" …………………………（67）
　　一　位移性趋向 ………………………………………………（67）
　　二　状态性趋向 ………………………………………………（69）
　第四节　小结 ………………………………………………………（71）

第五章 "V上/上来/上去"的概念语义结构及其扩展路径 (73)
第一节 引言 (73)
第二节 "V上"的概念语义结构及其扩展方式 (74)
  一 【由低到高】【物理位移】 (75)
  二 【±由低到高】【趋向位移衬体】 (76)
  三 【趋向目标】【目标实现】 (82)
  四 【限时持续】【时量实现】 (85)
  五 【无限持续】 (87)
第三节 "V上来"的概念语义结构及其扩展路径 (89)
  一 【由低到高】【物理位移】【趋向主观视点】 (89)
  二 【物理位移】【趋向衬体】【趋向主观视点】 (91)
  三 【心理位移】【趋向主体能力】【实现】 (92)
第四节 "V上去"的概念语义结构及其扩展路径 (93)
  一 【物理位移】【由低到高】【趋向衬体】【远离主观视点】 (93)
  二 【物理位移】【±由低到高】【趋向衬体】【远离主观视点】 (95)
  三 【趋向衬体】【远离主观视点】 (96)
  四 【心理位移】【远离主观视点】【主观体验】 (97)
第五节 小结 (99)

第六章 "V下/下来/下去"的概念语义结构及其扩展路径 (101)
第一节 引言 (101)
第二节 "V下"的概念语义结构及其扩展路径 (101)
  一 【由高到低】 (102)
  二 【由上向下】【远离起点衬体】【趋向终点衬体】 (112)
第三节 "V下来"的概念语义结构及其扩展路径 (113)
  一 【由高到低】【趋向主观视点】【远离起点衬体】 (113)
  二 【身姿下方转换】【趋向主观视点】 (116)
  三 【±由上向下】【趋向主观视点】【脱离起点衬体】 (117)
  四 【趋向主观视点】【趋向终点衬体】【留存】 (118)
  五 【能力实现】 (120)
  六 【动作实现】【由过去到现在】 (121)
第四节 "V下去"的概念语义结构及其扩展路径 (123)

一　【由高到低】【远离起点衬体】【远离主观视点】 ………（123）
　二　【身姿下方转换】【远离主观视点】 …………………（125）
　三　【±由高到低】【趋向终点衬体】/【远离起点衬体】
　　　【远离主观视点】 ………………………………………（126）
　四　【由现在至将来】【趋向将来】【远离现在】 …………（127）
　第五节　小结 ……………………………………………………（128）

第七章　"V进""V出"的概念语义结构及其扩展路径 ……（130）
　第一节　引言 ……………………………………………………（130）
　第二节　"V进/进来/进去"的概念语义结构及其扩展路径 …（131）
　　一　"V进"的概念语义结构及其扩展路径 ………………（131）
　　二　"V进来"的概念语义结构及其扩展路径 ……………（134）
　　三　"V进去"的概念语义结构及其扩展路径 ……………（137）
　第三节　"V出/出来/出去"的概念语义结构及其扩展路径 …（141）
　　一　"V出"的概念语义结构及其扩展路径 ………………（141）
　　二　"V出来"的概念语义结构及其扩展路径 ……………（147）
　　三　"V出去"的概念语义结构及其扩展路径 ……………（150）
　第四节　小结 ……………………………………………………（154）

第八章　"V回/回来/回去"的概念语义结构及其扩展路径 ………（156）
　第一节　引言 ……………………………………………………（156）
　第二节　"V回"的概念语义结构及其扩展路径 ………………（156）
　　一　位移性趋向 …………………………………………（156）
　　二　状态性趋向 …………………………………………（158）
　第三节　"V回来"的概念语义结构及其扩展路径 ……………（159）
　　一　位移性趋向 …………………………………………（159）
　　二　状态性趋向 …………………………………………（160）
　第四节　"V回去"的概念语义结构及其扩展路径 ……………（161）
　　一　位移性趋向 …………………………………………（161）
　　二　状态性趋向 …………………………………………（162）
　第五节　小结 ……………………………………………………（163）

第九章　"V过/过来/过去"的概念语义结构及其扩展路径 ………（165）
　第一节　引言 ……………………………………………………（165）

第二节 "V过"的概念语义结构及其扩展路径 …………………… (166)
　　　　一　位移性趋向 …………………………………………………… (166)
　　　　二　状态性趋向 …………………………………………………… (169)
　　第三节 "V过来"的概念语义结构及其扩展路径 ………………… (172)
　　　　一　位移性趋向 …………………………………………………… (172)
　　　　二　状态性趋向 …………………………………………………… (174)
　　第四节 "V过去"的概念语义结构及其扩展路径 ………………… (177)
　　　　一　位移性趋向 …………………………………………………… (177)
　　　　二　状态性趋向 …………………………………………………… (180)
　　第五节　小结 …………………………………………………………… (182)

第十章 "V起/起来"的概念语义结构及其扩展路径 ……………… (183)
　　第一节　引言 …………………………………………………………… (183)
　　第二节 "V起"的概念语义结构及其扩展路径 …………………… (183)
　　　　一　【身姿趋上转换】 …………………………………………… (183)
　　　　二　【物理位移】【趋上】【绝对衬体】 ……………………… (185)
　　　　三　【±趋上】【相对衬体】 …………………………………… (187)
　　　　四　【开始】/【出现】 ………………………………………… (190)
　　　　五　【起始】【趋体】 …………………………………………… (191)
　　第三节 "V起来"的概念语义结构及其扩展路径 ………………… (193)
　　　　一　【身姿转换】【趋上】【趋主观视点】 …………………… (193)
　　　　二　【物理位移】【趋上】【绝对衬体】【趋主观视点】 …… (194)
　　　　三　【±趋上】【相对衬体】 …………………………………… (197)
　　　　四　【出现】 ……………………………………………………… (200)
　　　　五　【动态】 ……………………………………………………… (200)
　　　　六　【起始】【趋体】 …………………………………………… (200)
　　　　七　【主观评论】 ………………………………………………… (202)
　　第四节　小结 …………………………………………………………… (206)

第十一章 "V开/开来/开去"的概念语义结构及其扩展路径 …… (207)
　　第一节　引言 …………………………………………………………… (207)
　　第二节 "V开"的概念语义结构及其扩展路径 …………………… (208)
　　　　一　【由封闭趋向开放】【远离衬体】 ………………………… (209)
　　　　二　【动作持续展开】 …………………………………………… (215)

第三节　"V开来"的概念语义结构及其扩展路径 …………（216）
　　　　一　【由封闭趋向开放】【远离衬体】 ……………………（216）
　　　　二　【动作的展开】 ……………………………………………（222）
　　第四节　"V开去"的概念语义结构及其扩展路径 …………（225）
　　　　一　【远离衬体】【远离主观视点】 …………………………（225）
　　　　二　【延伸】 ……………………………………………………（226）
　　　　三　【由集中趋向分散】 ………………………………………（226）
　　第五节　小结 ……………………………………………………（228）

第十二章　动趋式的概念语义框架 …………………………（230）
　　第一节　遵循的三个原则 ………………………………………（230）
　　第二节　动趋式的概念语义框架 ………………………………（233）
　　　　一　位移凸显性趋向及内部差异 ……………………………（235）
　　　　二　位移隐含性趋向及内部差异 ……………………………（237）
　　第三节　重新认识"趋向"概念及动趋式 ……………………（246）
　　第四节　小结 ……………………………………………………（248）

第十三章　动趋式语义扩展的不平衡性 ……………………（249）
　　第一节　引言 ……………………………………………………（249）
　　第二节　动趋式语义扩展的不平衡性之表现 …………………（250）
　　　　一　客观位移→抽象位移 ……………………………………（250）
　　　　二　客观位移→抽象位移→状态趋向 ………………………（252）
　　　　三　客观位移→抽象位移→状态趋向→时体趋向 …………（257）
　　　　四　位移+状态→时体趋向 …………………………………（260）
　　第三节　动趋式语义扩展不平衡性之因素 ……………………（260）
　　　　一　语义扩展路径的认知完备性 ……………………………（261）
　　　　二　语义扩展路径的认知个体性 ……………………………（262）
　　第四节　小结 ……………………………………………………（263）

第十四章　动趋式的基础性语义框架 ………………………（265）
　　第一节　引言 ……………………………………………………（265）
　　第二节　动趋组合的双向选择性基础语义框架 ………………（266）
　　　　一　动趋双向选择需注意的三个问题 ………………………（266）
　　　　二　基于位移性趋向的动趋双向选择性基础语义框架 ……（267）

三　基于状态性趋向的动趋双向选择性基础语义框架 ………（271）
　　四　基于时体性趋向的动趋双向选择性基础语义框架 ………（273）
　第三节　动趋组合基础语义框架的对外汉语教学思路 …………（275）

参考文献 ………………………………………………………（278）

第一章 绪论

趋向动词数量虽少，但汉语位移情境的表达却由其承担，而且语义扩展也别具特色。研究趋向动词与动趋式的文章数不胜数，从产生到来源，从语义到结构，从形式到内容实质，无不涉猎。现有研究已经相对透彻，但还有些问题值得商榷或重新认识。一是对趋向义的认识广狭并存，以致动趋式与动结式关系纠结；二是动趋式语义划分缺乏可操作性标准，以致对同一形式产生不同认识；三是对动与趋之间相互选择的理据探讨不够，尤其是其语义特征的匹配性；四是对动趋式语义框架的不平衡性探讨不深，尤其是导致这种不平衡性的认知动因。

上述问题主要涉及动趋式的语义及结构，而这两个方面是动趋式的根本。探求动趋式语义框架的系统性，以及动与趋之间的双向选择性，不仅可以深入对动趋式的认知，而且有助于留学生习得动趋式。动趋式与动结式同为黏合式述补结构，但两者却因语义关系的纠结而牵连在了一起。这种纠结就在于认为动趋式实际上也表达一种抽象的结果，以致把动趋式也看作一种动结式。两者具有某种程度上的联系毋庸置疑，但两者的差异也更明显，不仅来源不同，而且具体的语义类型及语义层次系统也不同。

本书拟在关注动趋式与动结式之间关系的前提下，更注重动趋式自身特点的研究。既然现在常常用"动结式"这个术语来涵盖广义动结式，那么，我们的研究也就以动趋式与动结式的关系作为研究起点。随之，我们将会阐述本书的选题依据、研究目的、研究意义，所采用的理论方法、研究范围和语料来源。

第一节　关于动趋式

一　国内对动趋式的认识

（一）动趋式是"广义动结式"的一种类型

目前，国内常常把趋向补语也看作述语动词的一种结果，这样就把动趋式看作动结式的一种类型。以致动结式就有了狭义和广义的分别。广义的动结式，除包括狭义动结式外，还包括补语表示动作行为趋向和时体意义的动趋式（宋文辉，2007）。而且用"动结式"这个术语来涵盖广义动结式，是近来比较常见的做法（郭锐，1995、2002；袁毓林，2001a；宋文辉，2007）。

由此可以看出，国内常常把动趋式和动结式放在一起看。这不仅是因为可以把趋向补语看作一种结果，还有利于揭示两者共同的认知基础——事件的概念结构。当然，把动趋式和动结式纳入同一个范畴下，除了利于揭示两者的相同之处外，我们更要关注的是两者之间的差异。把趋向补语看作一种结果，只是把结果范畴的范围扩大了一下，而被看作结果的趋向补语和动结式所体现的结果应该还是存在较大差异的。从认知语言学的角度看，两者表现了不同的事件概念结构，动趋式是位移事件，而动结式是致使情景事件。

上述认识扩大了"结果"的范围，尤其是将动趋式所具有的时体意义看作一种结果。动结式是一种具有致使情景的结构，"结果"义对事件进行了有界化界定，是一个有着终结特征的语义结构。然而，时体意义的动趋式表示的是一种动态特征的开始、持续或继续，并没有自然的终结点，无法将其看作动结式。另外，两者还有一个重要的差别在于动趋式与动结式内部具有不同的语义关系。动趋式内部的语义类型之间具有语义扩展关系，而动结式内部的语义类型并不具有扩展关系。

从认知的角度看，Goldberg（2007）认为动结构式是"致使—位移"构式的隐喻性扩展。而"致使—位移"构式又根源于人类对自身运动经验的认知，在认知上具有隐喻扩展关系的两个结构式并不具有平行或并列的关系。这就意味着上述认识颠倒了动趋式与动结式之间的隐喻扩展关系。

（二）动趋式专指具有位移义的动趋式

值得一提的就是范晓（1991）在考察"V上"时，将其分为动趋式、准动趋式、动结式和动态式四种形式。这里范晓所认为的动趋式，实际上是指表示趋向意义的"V上"。吕叔湘（1944）也认为动趋式是由主要动词加表示趋向的动词构成。

上述认识把动趋式局限于仅表示位移性趋向义，以致若不表示位移性趋向义则不能称为动趋式。这样，对具有同一个包装形式却具有不同语义的"V上"等只能冠之于不同的名称了。这样的好处是可以直观其语义类型，但不易直识其形式来源，而且不能明确显示其语义之间的扩展关系。

将动趋式专指具有位移义的动趋式，这无疑是对趋向义的狭义认识。这种认识的结果是对基于位移义进行扩展的动趋式不得不采用其他的名称，而且致使动趋式的语义扩展关系并不明朗。不过，我们采用动趋式这样一种包装形式，是为了涵盖具有不同意义的动趋式，而且基于其语义之间的扩展关系。

二 国外对动趋式的认识

施春宏（2008：5—6）认为，动结式，在海外学者那里称作结果复合动词（resultative verb compound）、结果复合词（resultative compound）、使役复合词（causative compound）等；而且日本学者主要称之为复合动词，如志村良治（1984/1995：212）、太田辰夫（1958/1987：194）等。

宋文辉（2007：2）认为，动结式（指广义动结式）的范围与海外学者称为 verb-resultative compounds 的成分大致相当（Thompson，1973；Li & Thompson，1981）。

由此可以看出，国外基本上把动趋式、动结式看作词，而国内基本上把两者看作结构式。正如施春宏（2008：6）所认为的那样，只不过是有些"个性"的结构，当述语动词和补语动词整合进结构式之后就不再像原来的单个动词那样去使用了，其作用近乎两个动语素（verbal morpheme）。

国外观动趋式往往与动结式紧密相连，而且对动趋式的认识多从动、趋之间的结合程度入手，往往用"复合"称呼这种关系。然而，这种"复合"观并不十分适合分析汉语里的动趋式与动结式。汉语中的动趋式及动结式在组合程度上存在差别，有的动趋式具有可能式，即"动＋得/不＋趋/结"；有的则没有可能式，如"爱上"等。因此，具有可能式的动趋式我们无法将其称为复合动词等,而没有可能式的动趋式也只能说是形式上比较接近复合动词。

第二节　选题缘由以及研究的理论、方法和思路

一　选题缘由

(一) 动趋式的"尴尬"地位要求详细探求动趋式自身的特点

之所以说动趋式地位尴尬,主要在于它往往被认为是动结式的一种类型。而之所以又被认为是动结式,是因为趋向补语实际上也表达一种抽象的结果(王力,1943/1985:78;马庆株、王红旗,2004:50)。而且用"动结式"这个术语来涵盖广义动结式,是近来比较常见的做法(郭锐,2002;袁毓林,2001a)。① 当然,"这种广义的定义更有利于说明这些看似不同的结构之间的联系,揭示其共同的认知基础"(宋文辉,2007:2)。但是,在揭示其共同认知基础的同时,又往往会掩盖其内部的独特性。动结式表达的事件语义相对比较单一,即致使和结果;而动趋式表达的事件语义比较复杂,不仅仅是致使和结果,还具有致使和位移,以及时体意义。

(二) 趋向动词内部的复杂性要求探讨其语义发展及结构组合的不平衡性

趋向动词是一个相对封闭的动词小类,数量相对较少,但使用频率相对较高。虽然趋向动词基本语义是表示物理性位移,但其语义扩展能力存在强弱差别,而且扩展路径也复杂多样。

另外,《汉语动词用法词典》(孟琮,1999)在考察动趋搭配时并未作全面考察。主要表现在有的动趋可以搭配,但在上述著作中并未体现,而且这种现象不少。这也促使我们要从实际语料的基础上全面验证和考察,以期对动趋搭配有一个全面的认识。

二　理论背景

(一) 语义语法理论

汉语语法的总特点是:不重形式表现,特重意义选择,是句法语义的

---

① 此处主要参阅宋文辉《现代汉语动结式的认知研究·绪论》,北京大学出版社2007年版。

双向性选择原则决定了句法结构组合的合法性。汉语句法的双向选择性，这是汉语语法组合规则的一条总纲，它具有极大的解释力。具体来说，假设有两个词语 X 和 Y，它们能够组合成一个语言结构，那么所谓的双向选择性就是指不仅 X 要选择 Y，同样 Y 也要选择 X。每一个词都具有一个可供组合的个体选择网络，你选择人家，人家也选择你，从而构成一个综合选择网络，这种选择关系主要是语义在起作用，一旦这种选择网络形成，那么就会表现为一定的语法功能。语义双向选择性原则，不仅可以解释组合成立的原因，还可以解释组合内部的涉及词类内部的小类以及词的语义特征等问题。（邵敬敏，2000：22—23）

句法语义的选择性原则主要由语义一致性原则、语义自足性原则、语义决定性原则等次原则组成。"语义一致性原则"是指两个词语如果能够组合成一个语言结构，它们必定具有某个或某些相同的语义特征。"语义自足性原则"是指在一个句法结构中，词语的组合必须在语义上得到自足。"语义决定性原则"是指汉语语法的决定性因素是语义，而不是形式。（邵敬敏，2000：23—31）

（二）概念结构理论及认知隐喻理论

认知语言学（Cognitive Linguistics）主要有两个重要共识，即概括性共识和认知共识；前者主要寻找语言中的具有广泛概括性的普遍原则，后者要求语言中的普遍规则必须得到来自认知相关科学的解释（李福印，2008：14）。汉语语法研究的最终目的应该是揭示"语义的决定性、句法的强制性、语用的选择性以及认知的解释性"（邵敬敏，2004b：101）。因此，语言研究不应该仅仅停留在揭示语言现象，更应该从各个方面并最终从认知上来解释语言现象。

1. 概念结构系统

Talmy（1985/1991）以类型学的视角根据动词的语义框架结构，把人类语言分为：附属框架式语言和动词框架式语言。其中汉语属于附属框架式语言，即位移动作由一个主要动词和一个 particle（包括补语或介词短语、趋向动词等）构成。在 Talmy 看来，位移事件主要有下面六大要素构成，即图形（凸体、射体）、背景、路径、位移事件、运动方式和致使，只是在不同的语言中，其凸显和组合方式各有差别。

运动事件的词汇化类型主要有三类：合并运动和方式这两个语义成分并投射到动词词根上；合并运动和路径并投射到动词词根上；合并运动和图形。据此把人类语言分为：附属框架式语言和动词框架式语言。其中汉语属于附属框架式语言，即位移动作由一个主要动词和一个 particle（包括补语或介词短语、趋向动词等）构成。该理论常用来探讨二语习得领域词汇参数的重新设定问题。词汇化类型的差异会对中介语的论元结构产生影响，研究主要涉及西班牙语/土耳其语与英语的词汇化类型等（Montrul，2001），以及英日词汇化类型差异（Inagaki，2002）等。

国内一般运用概念结构研究汉语动结式与位移事件。宋文辉（2007）将补语表示趋向的动趋式纳入广义动结式，运用 Talmy（2000）的概念结构理论来分析动结式的配价。补语表示趋向的动趋式是表达变化事件的动结式，补语只表示结果义的动趋式是表示变化事件的动结式，补语表示时体意义的动趋式时表达廓时事件的动结式。该书运用概念成分分析了运动事件、变化事件和廓时事件的概念结构。马云霞（2008）运用概念结构理论分析了汉语路径动词的演变与位移事件的表达，其中趋向动词被认为是路径卫星中的一种，并分析了趋向类路径卫星的演化。

石毓智（2008：49）认为，儿童双词语阶段的语言学启示之一就是语法结构是由基本的语言单位合成的，合成的理据是儿童日常所能直接观察到的事件结构、现象关系等。动趋式合成最初同样来源于日常的事件结构，具体来说就是位移事件结构。"F. Ungerer 和 H. J. Schmid（2001）在分析了英语、德语、法语和西班牙语中的路径表达方式之后，认为英语用小品词表达路径，而法语和西班牙语将路径合并进动词当中，德语则通过动词性前缀。从切分方式看，英语和德语将一个位移事件切分为路径和位移动作两个不同但有接口关系的范畴，分别归属动词和小品词两个单位；法语和西班牙语没有将路径和位移切分开来，路径和位移动作作为一个整体单位形成一个动词。"（陈忠，2006：141）

2. 隐喻与语义扩展

隐喻就是从一个认知域（来源域）投射到另一个认知域（目标域）。时间往往依赖于事物的运动模式通过隐喻得以表现出来。语言当中往往借助于事物、运动、方位等观念以隐喻的方式理解和表达时间（陈忠，2006：321）。Goldberg（2007：78）认为动结构式中的结果短语可以被看作目标的隐喻，因此动结构式本身可以被看作包含实际致使移动意义的致使—移动构式的隐喻扩展。

A. 致使—移动构式

Goldberg（1995，2007：150—151）认为，致使—移动构式的基本意义是致使者论元直接致使主题论元沿着方向性短语指定的路径移动，即"X 致使 Y 移向 Z"。其结构定义（主动形式）为 ［SUBJ ［

V OBJ OBL]]（V 是一个非静态动词，OBL 是一个方向性短语）。

  B. 动结构式

  Goldberg（2007：80）指出，如果把结果短语看作一个表示处所变化的隐喻，那么动结式受到的单一路径限制的重要性不言而喻。该隐喻是一个普遍的系统的隐喻，即把状态变化看作向某个新处所移动。隐喻映射如下所示：

  移动→变化

  处所→状态

  因此，可以看出移动必须发生在一个场景中，而且移动存在实际移动和隐喻移动。

三　研究方法

  1. 为了便于后期教学的使用，我们根据汉语词汇教学大纲，并按照动词分级（甲、乙、丙、丁）来搜集语料，最后编成动趋搭配语料库，这样能够保证语义分析的针对性和覆盖面。同时，也是下一步编制动趋搭配辞典的蓝本。

  2. 采用描写与解释相结合的方法。先逐个分析由 25 个趋向动词构成的动趋式的概念结构及其语义，然后将上述分析综合构建动趋式语义框架。对动趋式的语义扩展方式、扩展不平衡性进行认知解释。

四　研究思路

  首先，离析汉语动趋式的概念语义成分。所以我们结合汉语动趋式的具体情况，离析出位移性动趋式五大类概念成分：参与者要素，包括凸体、衬体和使事；空间要素，包括方向和位置；运动要素，首先体现为运动的方向性和位移性，位移性又体现为运动方式和运动使因；路径要素，通过趋向动词来表现；主观视点，通过"来"和"去"表现。

  其次，搭建动趋式语义框架。动趋式语义框架是研究动趋式首先要面临的也是最重要的问题。以往对动趋式语义的研究要么缺乏可以界定动趋式的因素或标准，要么对动趋式内部的语义扩展关系缺乏深入探究。因此，我们在搭建动趋式语义框架时既重视动趋式语义之间的扩展关系及其探究，也重视动趋式语义的界定因素。也就是说，动趋式的语义扩展是一个不断隐喻化的过程，其最重要的表现就是语义要素的此消彼长，是一个原型义素不断缺失、非原型义素不断产生的过程。

最后，探讨第二语言教学中汉语动趋式语义框架的教学思路。

趋向动词本身就源自人类对空间的认知，动趋式的语义扩展也是以人类对世界的认知为基础。动趋式的语义扩展是基于其原型语义，具体表现为语义要素的此消彼长。然而，这种此消彼长的过程存在认知上的动因，主要是隐喻机制在起作用。隐喻所起的作用主要表现为由一个概念域向另一个概念域的投射。具体来说，就是由具体概念领域向抽象概念领域，由现实空间向虚拟空间，由物理空间向心理空间，由空间向时间的隐喻性投射。

第三节　研究范围及语料来源

语料选取北京大学 CCL 现代汉语语料库（网络版）和北京语言大学 BCC 现代汉语语料库为主要语料库。同时，选取国家语委语料库、百度网页及新闻搜索、搜狗网页及新闻搜索为辅助语料库。

我们以《HSK 中国汉语水平考试词汇大纲》中的动词为基本考察对象，但是我们搜集的语料中不限于 HSK 中的动词。我们首先以趋向动词作为语料搜集的关键词，搜集与趋向动词搭配的动词的语料；然后在搜集到的语料中再以 HSK 动词为基础进行二次筛选。我们希望不仅可以全面掌握动趋的搭配情况，而且还可以应用于对外汉语教学。为了方便留学生习得现代汉语动趋组合的规则性用法，在本书之外，我们还想以动趋式为切入点撰写动词用法丛书。目前，本丛书的上册《汉语动趋搭配指南》已于 2015 年经韩国 Handwool Meidia 出版社出版。

本书用例标注方面，除了北京大学 CCL 语料库、北京语言大学 BCC 现代汉语语料库和国家语委语料库的例句不再标明出处之外，网络语料、作者自省及引自其他论著的用例皆标注其来源。

第二章 动趋式研究的理论和实践

位移是人类普遍感知的现象，而且位移往往又与方向密不可分。方向性位移，因语言类型上的差异，在表现方法上存在差别。现代汉语主要使用动趋式来表示方向性位移，英语主要使用动词与方向性短语结合的方式来表示，当然还有的直接可以由动词词根本身来表现。由于语言类型上的差异，造成诸多语言在表述事件的概念结构上存在差别。动趋式对应于位移事件（或运动事件）、变化事件（或完成事件）、时体事件（廓时事件）。[①]

趋向动词数量虽少，但用法复杂，形式特别，语义灵活，而且在现代汉语补语系统中特别重要。在吕文华（1995）列举的"现代汉语句型统计与研究"中，趋向补语所占比重为10.502%[②]，排在首位，使用频率高于结果补语和程度补语等。关于趋向问题的研究由来已久，而且早期研究已经表现出深刻性来。国内对动趋式的研究焦点比较集中，主要集中在趋向动词框架和语义关系、趋向动词的性质来源、结构，以及运用概念结构系统来研究动趋式等方面。不过，着力较多的主要在动趋式所表达的语义关系，趋向动词的性质，以及动趋式的语法化等方面。近来国内开始运用概念结构理论、构式理论等来研究动趋式，为动趋式深入研究开阔了视野。

本章我们主要从动趋式研究的理论视角入手，就趋向动词的范围、语义类型及其扩展，以及趋向动词的性质、趋向动词内部成员的不对称性和发展的不平衡性等与本书研究息息相关的几个方面进行梳理。

[①] 宋文辉（2007：47）认为，补语表示运动趋向的动趋式是表达变化事件的动结式，补语表示结果意义的动趋式是表达变化事件的动结式，补语表示时体意义的动趋式是表达廓时事件的动结式。

[②] 此处数据转引自王国栓《趋向问题研究》，华夏出版社2005年版，第3页。

第一节 传统视野下的动趋式研究

一 趋向动词框架

趋向动词框架因为观察视角和判断标准的不同而存在认知差异,下文便从这两个角度入手来考察趋向动词的框架问题。

(一)观察视角与趋向动词框架的封闭性问题

趋向动词框架从被作为动词的特殊一类开始,对其内部成员的性质和数量的认识就从未停止过。虽然,各家对趋向动词内部成员的认识存在或多或少的差别,但通过各家的比较,我们可以看出趋向动词的范围还是基本确定的。我们选取几家作为代表(见表 2-1 至表 2-7)。

表 2-1　　　　　　　　吕叔湘(1944)

	上	下	进	出	回	起	开
来	上来	下来	进来	出来	回来	起来	开来
去	上去	下去	进去	出去	回去	—	—

注:吕叔湘(1944)在"动态"一节讲到的"动态词"(动向和动势)实际上就是现如今所讲的趋向动词。

表 2-2　　　　　　　　胡裕树(1962)

	上	下	进	出	回	过	起	开
来	上来	下来	进来	出来	回来	过来	起来	—
去	上去	下去	进去	出去	回去	过去	—	—

表 2-3　　　　　　　　赵元任(1979)

	上	下	进	出	回	过	起	开	拢
来	上来	下来	进来	出来	回来	过来	起来	开来	拢来
去	上去	下去	进去	出去	回去	过去	—	—	—

表 2-4　　　　　　　　朱德熙(1982)

	上	下	进	出	回	过	起	开
来	上来	下来	进来	出来	回来	过来	起来	开来
去	上去	下去	进去	出去	回去	过去	—	—

表 2-5　　　　　　　　　　刘月华（1998）

	上	下	进	出	回	过	起	开	到
来	上来	下来	进来	出来	回来	过来	起来	开来	到……来
去	上去	下去	进去	出去	回去	过去	——	开去	到……去

表 2-6　　　　　　　　　　王国栓（2005）

	上	下	进	出	回	过	起	开	到	拢	走$_2$
来	上来	下来	进来	出来	回来	过来	起来	开来	到……来	拢来	—
去	上去	下去	进去	出去	回去	过去	起去	开去	到……去	拢去	—

表 2-7　　　　　　　　　　邵敬敏（2007）

	上	下	进	出	回	过	起	开
来	上来	下来	进来	出来	回来	过来	起来	开来
去	上去	下去	进去	出去	回去	过去	——	开去

从简单趋向动词来看，主流观点是胡裕树、朱德熙、邵敬敏（10个），最少的是吕叔湘（9个），较多的是赵元任、刘月华（11个），最多的是王国栓（13个）。

趋向动词因其特有的［＋位移］［＋方向］语义特征被列为动词内部的独特小类。相比较而言，趋向动词框架内部语义一致性较强，理论上讲其成员应该比较容易确定，但实际情况并非如此。从认识到趋向动词的独特性以来，各家对趋向动词内部成员的认识并不一致。整体上看，依其理论观点和观察角度之别，主要存在下面几种情况。

1. 共时观与趋向动词框架

依照共时观主要是认识现代汉语中的趋向动词，该时期作为趋向动词发展的一个阶段，相比以前具有相对的完整性。综观而言，差异主要在于对"开"组和"到"组成员是否是趋向动词的认识上。

A. 对"开"组成员的认识

首先是"开"。20世纪80年代之前两种看法截然相反：A. A. 龙果夫（1958）、丁声树（1961）、刘世儒（1963）、洪心衡（1981）、王维贤（1981）等并不把"开"看作趋向动词；张志公等的"暂拟教学语法系统"（1956）、胡裕树（1979）等恰与之相反。80年代之后，大家对"开"具有趋向动词性质已无异议。

其次是"开来"。20世纪80年代之前，大家对"开来"的认可度也不高，主要有赵元任（1968）。80年代之后，"开来"也无异议地进入趋向动词框架。

最后是"开去"。目前对其认可度并不是很高，以致有的将其纳入，有的仍排除在外。前者如黄伯荣（1980/1988/1991/1997）、邢福义（1980）、刘月华（1998）、邵敬敏（2007），后者如吕叔湘（1980/1999）、朱德熙（1982）、刘月华（1983）、邵敬敏（2001）等。不过，从发展趋势上看，"开去"的趋向动词性质也越来越被大家所认可。

B. 对"到"组成员的认识

大多数学者不把"到""到……来""到……去"看作趋向动词，多看作后置介词。将其看作趋向动词的主要有刘月华（1998）、王国栓（2005）等。

2. 历时观与趋向动词框架

王国栓（2005）主要从历时的角度去考察趋向动词的框架。因此，他将主要在近代汉语中使用，"在普通话中已基本不用了"（王国栓，2005：21）的"起去"纳入。关于"起去"，邢福义从"普—方—古"大三角去探讨，认为"起去"的使用客观存在。

另外，王国栓（2005：14）把"走"分为两个：走$_1$和走$_2$，"走$_1$"为一般动词，"走$_2$"为趋向动词。"走"表示离开的意思早在《金瓶梅》中就产生了，但作趋向补语还是现代汉语中的事。而且，"走"作趋向动词还没有发展成熟，在现代汉语里依然有一般动词和趋向动词两种用法。这也说明作者是从历时的眼光来看待趋向动词框架的。

3. 方言观与趋向动词框架

赵元任（1979）把"拢"看作趋向动词，只能跟"来"复合成"拢来"。王国栓（2005：14）认为"拢"带有方言色彩，但逐渐渗入普通话，所以也将其纳入。

一般认为趋向动词的数量是封闭的（刘月华，1998：1），或是相对封闭的（王国栓，2005：14）。一般来说，趋向动词的范围是确定的，数目是明确的，所以我们一直也没有确定一个判断趋向动词的标准，结果是我们把个别的趋向动词排除在趋向动词之外，也把一些不是趋向动词的用法当作了趋向用法（王国栓，2005：15）。一般而言，趋向动词主要用在另一个动词后作补语，表示动作的趋向。但是由于对"动作的趋向"认识的差别，以及所依据视角的差别，导致对特殊趋向动词存在认识上的差别。但反观之，正是这种认可上的差别说明趋向动词框架内部语义并非完全一致。另外，"动作的趋向"并不能涵盖所有趋向动词所表示的语义，如"我买回来一件衣服"中"回来"表示受事的趋向。因此，我们也可以看出"动作的趋向"应该是动趋式最典型的语义。也就是说，趋向动词框架是一组具有家族相似性的趋向动词的集合。

我们认为，趋向动词框架并不是一个严格封闭的系统，而是相对开放的。这种开放性主要表现在趋向动词框架内成员的稳固和更替上。稳固性是说趋向动词框架在某一时期总有一部分核心成员，或称典型成员；更替性是说趋向动词框架由于历时发展变化、方言对普通话的影响等出现的成员同义代替和出入的现象。例如，表示单向位移的"上"组、"下"组、"进"组、"出"组等每一时期均是趋向动词框架的典型成员；"进"继承"入"、"回"继承"归"进入现代汉语趋向动词框架[①]；"起去"只在古代汉语中使用，现代汉语普通话已基本不用，虽然在某些方言中还存在，但不在我们现代汉语普通话范围的趋向动词框架内；"拢"逐渐由方言渗入普通话，与"开"唱起了对手戏。

(二) 趋向动词的判断标准问题

王国栓（2005）看到各家对趋向动词范围认识上的差别主要在于缺乏统一的判断标准，因此从语义入手按照［＋位移］［＋方向］［±立足点］（±表示立足点有但位置不确定）去判断是不是趋向动词。这较以前的认识有所深化，明确指出趋向动词的判断标准。王国栓（2005：15）认为趋向动词首先要表示人或物体在空间位置的移动，而这种移动应该有一定的方向，甚或也应该有观察人或物体运动的位置。而后在分析"到"的时候，他认为因为"到"表示一种位移完了的位移，称为"最大位移趋向动词"，同时也可以说它已经完成了位移，不再进行位移了，又称"最小位移趋向动词"。另外，Talmy（2000）在对位移事件的分析中，把静止状态看作位移的一种特殊形式。因此，以系统的观点来看位移的话，首先按照是否实际发生位移划分，有客观位移和主观位移。客观位移又可以根据位移的距离划分，有零位移、阶段位移和完整位移。

值得注意的是，在 Talmy（2000）对运动事件（motion event）（也称位移事件）概念结构的分析中，作为语义要素之一的路径（path）对应于动趋式中的趋向动词。马云霞（2008：4—7）在 Talmy 词汇化模式理论的基础上，把现代汉语中的趋向动词和一般动词（如沉、达、掉、降、离、

[①] 这里主要依据王国栓（2005：20—21）的观点。现代汉语中表进入意义的动词是"进"，古汉语中表进入意义的动词是"入"，这一变化主要是在元代完成的；"回"在南北朝以前是动作动词，南北朝以前表回归的趋向动词是"归"，这一转变大致完成于南北朝。

临、升、浮、倒、落等）称为路径动词（Path verb）。该路径动词词根在表示运动的同时兼表达位移本身和位移路径。由此，王国栓按照［+位移］［+方向］来判定是否是趋向动词，并不具有完全排他性。至少无法排除马云霞所列举的兼表位移本身和位移路径的"一般动词"。虽然"一般动词"跟趋向动词的词汇化模式相同，但列举时把两者分开，也说明"一般动词"跟趋向动词还是存在差别的。

在上述分析的基础上，我们获得了对趋向动词范围的新认识：趋向动词框架的发展变化与方言、共时及趋向框架的系统性有关。同时，也获得了对动趋式的新认识：其"趋"并不仅仅表示位移趋向，还指状态趋向和时间趋向。基于趋向动词框架自身的稳固性、更替性以及判断标准，趋向动词系统内部的成员具有家族相似性，具有典型成员与非典型成员之别。具体而言，上述各家的趋向动词系统都有合理性，都可以归入趋向动词框架。不过，由于趋向动词的典型性差别以及本书研究时间和能力的限制，拟以学界主流的趋向动词作为研究对象。如表2-8所示。

表2-8　　　　　　　　　　主流趋向动词

	上	下	进	出	回	过	起	开
来	上来	下来	进来	出来	回来	过来	起来	开来
去	上去	下去	进去	出去	回去	过去	—	开去

二　趋向动词的性质

考察趋向动词的性质往往与动趋式的语义有关，而且也应该从动趋式的语义来判定动词后趋向动词的性质。早期对趋向动词性质的认识比较单纯化。虽然对用在动词后表示趋向的成分的性质功能看法不一，但每一种看法都将其看作单纯性质的类别。

在意义上，总体上存在两种看法。

一是表示动作的趋向且含有一定的词汇意义。

A. 后附助词

张志公（1953）将其称为"助动词"，即"加在动词的前头或后头，表现动作的态势或趋向的辅助性动词"。黎锦熙、刘世儒（1954）将其看作"表示动作有所趋向"或"趋向结合时间"的"后附的助动词"。刘世儒在《现代汉语语法讲义》（1963）中认为："凡表趋向的动词，只要它附着在另外一个主要动词的后边，它就都助动词化了。"

B. 副词

吕叔湘（1951）认为"性质介于词尾和复合动词的成分之间，但是能分离，因此又近似副词"。

C. 趋向动词

《现代汉语语法讲话》（丁声树等，1961）称其"表趋向的动词，作趋向补语"。《语法和语法教学——介绍"暂拟汉语教学语法系统"》（1956）将其定名为趋向动词。

二是表示一定的语法意义。

A. 词尾

陆宗达、俞敏（1954）将其看作词尾。

B. 语气词

有的把复合趋向中的"来、去"看作特殊语气词。林焘（1957）认为："实际上这种'‧‧来''‧‧去'的性质已经接近于语气词，把它们算作一种特殊的语气词，似乎也没有什么不可以。"

在语音上，主要存在两种看法：

一是趋向补足语一般要轻读。只有两个音节都轻读的才是真正的趋向补足语。以林焘（1957）为代表。

二是事实并非如此，轻读现象在各种排列形式中并不一致。即使排列形式相同，轻读与否也往往因字而异，因词义而异，或者因语法格式而有差别。以范继淹（1963）为代表。

不过，这一时期已有学者注意趋向动词语义的实虚之别。黎锦熙（1924）分析"来、去"时认为，若"来、去"有动词的实义是内动词，不表示实在的动作而表示趋势则是助动词。吕叔湘（1944）总称为"限制词"，但内部因语义实虚的差别分别称之为动态限制词和动相限制词。

20世纪八九十年代以来，语法学界开始重新审视动后趋向动词的性质。他们主要从形式和意义相结合的角度深化认识，认为具有不同语义的趋向动词其性质也是不同的。既有两分的：趋向动词和动态助词，如李临定、孟琮、房玉清等，也有三分的：趋向动词、情态动词和助词，如陈昌来（1994a，1994b）、刘广和（1999）、卢英顺（2001）等。也有针对不同的趋向动词而有不同的认识，如"起来"分化为趋向动词、情态动词和助词（吴洁敏，1984），"上"分化为趋向动词、表结果意义的构词语素、表开始并继续的动态助词（陈昌来，1994a）。

整体而言，对动词后的趋向动词性质的认识则从单一功能向多功能转变，对语义的认识则从实到虚，以至于更纯粹表达语法功能。这一变化不仅体现动趋式的语法化历程，也顺应了语言的简洁原则。不过，虽然对动趋式的语法化历程认识基本一致，但对具体的趋向动词的性质还存在不一致的认识。这也许正说明趋向动词框架本身就是一个对立和统一的整体。

三　动趋式的语义类型及其扩展方式

（一）动趋式的整体性语义框架研究

趋向动词框架是稳定与变化的统一体。趋向动词的语义也是不断发展的，"虽然错综复杂，但是是成系统的"（刘月华，1998：1）。刘月华还说，"迄今没有人对所有的趋向补语的语法意义进行过总体研究"（刘月华，1998：1）。话虽如此，但吕叔湘在《中国文法要略》（1944）中对这一问题的看法却极有价值。吕叔湘将"来、去、下"等称为"动态动相限制词（副词）"，而且区分了趋向用法、引申用法和动相（时态）标志：一是表示动作的"趋向"，二是表示动作的"趋势"，三是"动相"标志，"动相"有"起事相"（起来）、"继事相"（下去）以及"先事相"（来、去）。邢福义（1980）也认为有的趋向补语表示实在的趋向，有的表示抽象的趋势，有的表示某种时态。

刘月华的《趋向补语通释》（1998）可以说是较早系统研究趋向问题的著作。刘著主要是从共时角度去研究趋向补语，该著尤其是对趋向补语的语法意义的认识，深刻且颇有见解。著作的主要贡献在于归纳出所有趋向补语的语法意义系统：趋向意义、结果意义和状态意义；从语义指向、立足点、移动的起点、终点与处所宾语，比喻用法及形式标志等几个方面细致地探讨了趋向意义；从结果意义的具体且特殊性、基本结果义和非基本结果义、结果意义的概括性以及形式标志等几个方面细致地探讨了结果意义；对状态意义分别从进入新的状态和表示已进行的动作或已存在的状态的继续方面进行了细致考察。王国栓（2005）、梁银峰（2007）、贺阳（2004）、齐沪扬（2009）等也都是借鉴和延续了刘月华的分析思路和成果。

因此，从整体上看，对动趋式语义类型的认识基本一致，都遵循"实—虚—时体"的演化路径。不过，针对趋向动词语义之间的认识还是存在差别的，主要集中在趋向与结果之间的纠葛。许绍早（1956）认识到对同一意义的补足语，之所以有的认为表趋向，有的认为表结果，是因为前者是从补足语本身的意义来看的，而后者是从它和动词的关系上来看的，从它的作用上来看的。于康（2006：250—268）在探讨"V下"的语义扩展机制与结果义时，就曾指出刘月华对"V下"的分类存在三个问题。

一是趋向与结果的分类标准不统一。例如：

(1) 拉开这边干瘦的土地，<u>撒下种子</u>，播下希望。(趋向意义)
(2) 冯振民<u>摘下花镜</u>，望着在座的人。(结果意义)

刘月华将上面的两个例句分别分析成趋向义和结果义，但于文认为若例（1）表示的是趋向义，那例（2）为何表示的却是结果义呢？如果说"撒上种子"表附着或结果的话，那么与其同义的"撒下种子"也就应该有结果义。而且，如果说"摘下眼镜"表结果意义的话，那么为何不能说"戴下眼镜"而只能说"戴上眼镜"呢？基于此，于文认为上面两个例句既可以理解为表示趋向意义，也可以理解为表示结果意义。

二是"V下"兼表趋向与结果义，那此结果义与趋向义之间是一种什么关系？这个结果义又是怎么来的？

三是"下"究竟表示什么意义带有很大的随意性，而且会因人而异。也就是说缺乏一个客观的判断标准，其原因也许是因为语义分类的本身存在问题。

此时，我们可知语法学界一般也将动趋式归入动结式，正是由于把趋向动词看作述语动词的一种结果。应该说，趋向与结果之间既有联系也有区别。正如于康所认为的那样，［＋移动后保持处于移动后的位置或状态］的存在是使"下"具有"结果意义"的主要原因，如果这个语义特征在该义项里为基本语义特征，就会明显地感觉到结果义，如果这个语义特征在该义项里为次要语义特征，结果义就会弱一些，但我们无法完全否定结果义的存在。而且，进一步指出，"下"的所有义项中不一定都存在"趋向意义"，但一定都存在结果义，那么区分"趋向意义""结果意义"就没有什么必要了。(于康，2006：263—264)

由此观点可知，趋向动词框架内成员均具有结果义，但不一定都具有趋向义。之所以如此，正是因为对动趋式分析角度和标准不同造成的。趋向动词表示的动作完成后或达到了某种目的就会表现出一种结果，表现为移动后所处的位置或状态。或者说动趋式的结果义是就事件过程的结果时刻而言的，其趋向义是就事件过程的移动阶段的方向性而言的。

宋文辉（2007：119）认为，总的来说，趋向补语本身都可以看成是表示结果的，但其中又有差别：一种是一般动趋式，表示动作行为的方向，兼隐含表示结果，如"气球升起来了"；一种是纯粹表示结果，而不表示动作行为的趋向，如"门锁起来了"。另外，动趋式的结果义指向事件本身，而趋向义则可以指向动作或事件的参与者——施事或受事等。同时，动趋式还可以表示时体意义，该义也是依托于事件过程的阶段性而非结果时刻。

（二）单个趋向动词的语义类型及扩展分析

考察单个或几个趋向动词的论文相对较多，这些论文主要针对个体进行细致的分析。早期主要对其语义进行详细描写，现在多从认知角度进行解释。对个体趋向动词的认识有助于加深对趋向动词框架整体的认识，但是由于各家对个体趋向动词观察视角的差别，使得分析结论或多或少存在差异，因此又会对趋向动词框架语义一致性产生影响。下面我们针对个体趋向动词作一个全面的梳理。

1. "来""去"及其参照点问题

一般认为，"来"用在动词后，表示动作朝着说话人所在的地方（或向着立足点），如"把锄头拿来"；"去"用在动词后，表示人或事物随着动作离开原来的地方（或背离立足点）（刘月华，1998：3—4）。这是趋向动词"来""去"的趋向义，但对其进行的语义研究，怎么样也离不了对参照点（或立足点）的探讨。主要存在三种观点。

A. 将参照点因素扩大到"叙事作家""主观心理位置"等

居红（1992）认为"说话人"还应包括"叙事作家"，"说话人的位置或立足点"除了指说话人的客观地理位置外，还包括主观心理位置。还指出无上下文或语境的提示的话，确定说话人是"来"还是"去"，有相当大的灵活性和自主性。居红从主观心理位置来认识参照点具有一定的深刻性，但并未认识到无语境依赖的参照点也是有规律可循的。

B. 将参照点因素扩充到"实在位置和虚拟位置、当前位置和遥远位置以及自身位置和他身位置"

齐沪扬（1996）将"来、去"的隐性参照点称为"主观参照"。他认为空间位移中表示主观参照的"来、去"的语用含义受实在位置和虚拟位置、当前位置和遥远位置以及自身位置和他身位置三对具有相对关系因素的影响。该分析能进一步解释缺少上下文或语境情况下立足点的问题，说明即使没有上下文或语境的制约，"来、去"的立足点也是有规律可循的。

C. 将参照点分为有标与无标两类

陈贤（2007）指出如果选择"来""去"的条件太多的话，不切言语的实际，而且以往的研究并没对以汉语为母语的中国人自然而然选择"来""去"的语言机制给出明确答案。他还指出参照点与指示（deictic）

有直接关系：无标参照点是"说话人现在所处的位置"；有标参照点是"事件时刻位置和听话人的位置"。

除了关注"来"和"去"的参照点之外，"来"和"去"的语义也是重要问题。刘月华（1998）认为"来"和"去"的语义主要有"趋向义"，还有比喻用法、结果义及特殊用法。其比喻用法是不使物体改变位移，一般表示使物体改变领属、占有等关系。结果义有三：实现"醒"的状态；融洽；"会"或"习惯"做某事。特殊用法主要指引出某人的看法或想法，即"在……V来"和"V来"，动词主要限于"看、想、听、说"等。

我们认为视点这一特征在动趋中具有非常重要的作用。正如陈贤（2007）所指出的那样，参照点的限制条件不宜过多，而且背后的机制更需探讨。首先我们要明确视点或参照点是以什么作为参照，其次参照点还存在依存问题。我们在概念结构视野下去看，视点是以主体和衬体之间的关系为参照，同时视点与主体和衬体存在能否依存的问题。比如，"妖怪把孙悟空一口吃进去"，孙悟空是主体，衬体隐含是妖怪的肚子，一般情况肚子不能作为视点的依存体，所以"吃进去"是惯常用法。若肚子能作为视点的依存体，则需特定语境，如果妖怪已经把猪八戒吃进去了，然后八戒可以说"师兄，你也被吃进来了"，此时视点获得了依托，那就是猪八戒。

2. "上"与"下、下来、下去"的语义认知差别

有关"V上"的研究主要表现在对其语义认识上存在差别。

A. 细致分析"V上"的语义类型，但并未关注其内在联系

孟琮（1987）细致地分析了"上"的诸多"义项"，有"向上"、"附着"、"得到、到手"、"进入某种状态"。邱广君（1995）采用有无对比的方式确定处于V和宾语的环境中"上"的语义。具体见表2-9。

表2-9　　　　　　　"V上"所处的句式环境

"上"所处环境	"上"的意义
V上+事件/动作	"上"与动词不可分割，成为构词语素
V上+时量/距离	强调时间/空间的持续量及其结束点
V上+动量	强调动作多次后的结束点
V上+处所（终点）	接触到终点处所，到达或越过这个处所边缘而进入处所的表面
V上+主体/客体/物量/工具/同事	强调动作结果的界限及其造成状态的持续
V上+施事	强调动作实现的结果
V上了ϕ	V的动作已经开始，并且强调开始的那一点

B. 除细致分析"V 上"的语义外，还兼顾语义之间的联系

刘月华（1998）认为，"V 上"结果义包括"接触、附着以至固定，着眼点不固定"、"实现了预期的目的或希望实现的目的"和"表示成功的完成"；状态义指进入一种新的状态，即表示新动作或状态的开始。在此基础上，将语义归为趋向、结果、状态三类，而且三者之间具有依此扩展关系。但是，由于语义分析缺乏鉴定标准，致使出现即此即彼的认识。

有关"V 下/下来/下去"的语义研究主要有三种情况。

A. 细致分析"V 下"的语义类型，但并未关注其内在联系

杉村博文（1983）将具有不同引申意义的"下/下来/下去"分别看成两个词："下$_1$"表示脱离或遗弃，"下$_1$来"表示脱离、继续或完成，"下$_1$去"表示继续；"下$_2$"表示遗留、决定或停止，"下$_2$来"表示遗留、决定、停止或变化，"下$_2$去"表示变化或消失。徐静茜（1985a）认为"下来""下去"的引申意义表示时间延续，表动作完成，表状态变化。

邱广君（1997）根据"下"所处的句法环境——宾语的类和动词的类，来分析其语义。其分析非常细致，加深了我们对此问题的认识，并具有借鉴意义。具体见表 2-10：

表 2-10　　　　　　　　"V 下"所处的句式环境

类号	"下"所在的环境		"下"表示的意义
1	Vy_1（自移）　+Q（起点）		施事离开处所或其边缘向下运动
2	Vy_2（他移）　+Q（起点）		客体离开处所或其边缘向下运动
3	Vy_3（自移）　+Z（终点）		施事向下运动并已接触处所或其边缘
4	Vy_4（他移）　+Z（终点）		客体向下运动并已接触处所或其边缘
5	Vt（体态）　+（部位）		身体某个部位向下的过程及造成状态的持续或者由动到静的过程及造成状态的持续
6	Vr（容量）　+R（容量）		强调容量的限度
7	V+O客体成分	Vkz（摘撕）　+客体	附着物脱离附着地点的那一时刻
8		Vkd（夺接）　+客体	客体转向施事的那一时刻
9		Vkr（扔丢）　+客体	客体脱离施事的那一时刻
10		Vkc（吃喝）　+客体	客体向里或向下运动的那一时刻
11		Vkx（写留）　+客体	客体附着在某处的那一时刻
12		Vkb（备办）　+客体	强调动作有了结果的那一时刻
13		Vky（应心）　+客体	强调心理活动有了结果的那一时刻
14		Vkf（发传）　+客体	强调传送到了的那一时刻

续表

类号	"下"所在的环境	"下"表示的意义
15	V+M（物量成分）	强调动作实现的结果
16	V+T（时量成分）	强调时间的持续量及其结束点
17	V+D（距离成分）	强调空间的持续量及其结束点

卢英顺（2006）根据"下来"在句法上呈现出的从表示"位移"的动词到标记的连续状态，认为语义上它可以表示"位移""延续""离开""留存""终止""状态的获得"等意义。上述意义以认知图景为核心，不同的意义是认知图景不同侧面的凸显。而且，结构隐喻和语法化是"下来"句法功能扩大的原因。

B. 除细致分析"V下/下来/下去"的语义外，还兼顾语义之间的联系

刘月华（1998）认为，"V下"的结果义包括"物体的一部分（或次要物体）从整体（或主要物体）脱离"、"凹陷"和"容纳"义；状态义包括"由动态进入静态"和"状态的继续"。"V下来"结果义包括"物体的一部分（或次要物体）从整体（或主要物体）脱离"、"凹陷"和"完成某一动作"；状态义主要是"由动态进入静态"。"V下去"结果义包括"物体的一部分（或次要物体）从整体（或主要物体）脱离"、"凹陷"；状态义主要是"继续进行某动作或保持某种状态"。上述语义分析仍缺乏鉴定标准，也会出现即此即彼的认识。

3. "进"类和"出"类

有关"V进"组和"V出"组研究的相对较少，这主要是由于两组结构语义上比较简单。整体来看，主要是对两类结构的语义进行细致分析。刘月华（1998）认为"V进/进去"的结果义表示"凹陷"；"V出/出来"的结果义表示"由无到有，由隐蔽到显露"。卢英顺（2007）认为"进"类趋向动词没怎么虚化，指出"进"的原型意义是"表示某客体从某容器外向该容器内的位移"。

4. "过来""过去"语义的基础和认知研究

有关"过来""过去"的研究主要有三种观点。

A. 认为"V过来/过去"具有趋向义和结果义

刘月华（1998）认为"V过来"的趋向义包括"通过动作使人或物体（经过空间的某一点）向立足点趋近"和"通过动作使人或物体向立足点的方向转动"；结果义包括"度过一段艰难的时期或渡过难关"和

"恢复或转变到正常的积极的状态"。"V 过去"趋向义包括"通过动作使人或物体离开（或远离）立足点经过某处或向另一目标趋近"和"人或物体随动作由面向立足点向背离立足点的方向移动"；结果义包括"度过""动作状态的完结""失去正常的状态，进入不正常的状态""胜过、超过"和"情理上、感官上是否能通过接受"。

B. 认为"V 过来/过去"具有指向性

谢白羽、齐沪扬（2000）认为其语义指示物体的空间运动方向（如"跑过来"）、时间的推移方向（如"熬过来"），以及事态的发展方向（如"醒过来"）。该分析方法实际上是对方向的三种认识：空间运动方向、时间推移方向和事态发展方向，这和刘月华的语义分析具有内在一致性，差别主要在于前者把时间的推移方向看作其基本义，而刘将其看作结果义的一种。

C. 认为"V 过来/过去"的语义是由典型的物理空间向抽象空间扩展

曾传禄（2009）运用语义特征分解将其基本用法和引申用法细致地加以呈现，是由典型的物理空间扩展到时间域、领属域、数量域、心理域、状态域和事件域等抽象空间。另外，他还分析了可能式"V 得（不）过来/过去"，认为是以"障碍图式"为其内在隐喻基础向抽象空间映射："V 得（不）过来"表示有无能力周遍完成；"V 得（不）过去"有的表示某人或某事是否可能通过某种"障碍"，有的表示某物或某种行为事件是否符合一般的标准、情理，是否能为人所接受。

5. "起来"语义的基础和认识研究

研究"起来"的论文相对较多，研究得也相对透彻。早期就已经表现出研究的深刻性，王力《中国现代语法》（1944）对"起来"的用法进行了区分：一是把趋向用法称为"普通使成式"，即"凡真能起来的东西，如'拿起来'，'把那孩子抱起来'等，是表示一种'起'的方式，是普通使成式"；二是认为还具有表示"开始"的情貌标志作用。现在多将动趋式看作广义的动结式，便是源于王力对"起来"的认识。后来，黎锦熙、刘世儒（1954）指出"起来"的引申义不仅仅表示"起始"或"开始"，同时还表示"持续"下去，即"趋向结合时间"。这其实也是对王力认识的深化，"起来"表示的时体意义强调起始阶段和过程。

目前，对"V 起来"进行的语义研究主要存在下面四种看法。

A. 认为"V 起来"具有趋向义（位移义）、结果义和状态义（体貌义）三种类型。主要有刘月华（1998）、贺阳（2004）、齐沪扬（2009）等，但对结果与体貌的认识有些不同。

刘月华（1998）认为"起来"的趋向义是"通过动作使人或物体由低处向高处移动"；结果义包括"结合以至固定"和"凸出、隆起"；状态义指"进入新的状态"；特殊用法包括"从某方面说明、评论人或事物"和"引进说话人的一种看法"。

贺阳（2004）虽然也分为如上三种类型，但具体看法与刘月华有所不同，主要在于对结果义与体貌义的认识：前者认为结果义表示动作达到一定的目的，取得一定的结果；体貌义表示动作开始进行并继续下去。另外，作者注意到了"V 起来"存在歧义现象："位移＋体貌"（"爬起来"）；"结果＋体貌"（"包起来"）；"位移＋结果＋体貌"（"夹起来"）。

上述两种看法还都只是对"V 起来"进行细致描写，并未涉及三种语义类型是如何扩展而来的。齐沪扬、曾传禄（2009）认为"V 起来"表示结果义、时体义与路径隐喻有关，前者是路径终点转喻路径整体，后者则凸显路径起点；"V 起来"表示情态意义与起始时态的将来特征和"以身喻心"的隐喻有关。

B. 依据语义的实虚之别或者是否表示动作方向，认为"起来"表示趋向意义和时体意义（宋玉柱，1980）；动作方向和动作行为的状态：实现、完成、起始或持续（刘广和，1999）。这种看法主要依照做补语的"起来"语义实虚来判定其语义，结果是忽略了实义及虚义内部的差别。

李敏（2005）同样把上述具有结果义的"起来"看作趋向动词。她认为把"位移"和"结果"作为"起来"的区别性语义特征有困难，因为动作发生位移本身也就是产生了一种结果，而动作取得一定结果的同时很可能也就发生了位移。由于表示位移义和结果义的"起来"在词类属性、句法功能和词汇意义上没有实质区别，而将其合并为一类，即"V 起来$_{趋动}$"。不过，我们认为作者扩大对［方向］的认识具有一定的积极意义。作者认为"起来"表示的方向是：由下向上，由低到高；由外向里，由显到隐；由分散到集中；由小到大，由低级到高级。

C. 将"起来"的语义统一解释为"不同状态之间的转换"。陈忠（2009）认为"起来"的意象图式源于身体运动隐喻，并将其语义归纳为"一个核心三个类型"：一个核心即"不同状态的转换"，三个类型即"向上移动""旧状态的终结""新状态的开始"，这是同一个意象图式所凸显的不同侧面。

另外，还有对"起来"的一种特殊用法——主观体验也进行了细致探讨。

(3) 这首歌听起来很好听。
(4) 他打起仗来很勇敢。

李敏（2005）认为这类句子表达的都是一种主观的体验：例（3）表示说话者自身在发生"V"这一动作行为时产生的主观体验；例（4）表示说话者对句子的施事发生"V"这一动作行为时的主观体验。但是，"V起来"仅仅是产生这种主观体验或感受的伴随动作，在句子中只是起辅助说明的作用，并不是表述的重点，其作用类似于动态助词"着"或"……时候"，应归入"V起来$_助$"。

黄河（1999）主要从语用的角度进行探讨，与李敏看法基本一致。他认为例（3）实际上由话题和评论组成，在结构上"V起来"属于后面的评论部分，但其功能却是在话题和评论之间起着桥梁和中介作用，即：话题 + "V起来" + 评论。从话题的选择上来看，话题在这类句子中是作为评论的对象而存在的，能进入这类句子话题的只有"V"的受事。他同样认为此例中的"V起来"仅仅表明对某种行为动作的体验，并非句子语义表述的重点。若"V"的施事充任话题，例（4）中"V起来"不再侧重表达行为动作的体验，而是对行为动作本身的说明或强调。

另外，崔山佳（1994）单就"姓起李来"和"死起来"进行讨论。"姓"虽是动词，但不是动作动词，而是命名（指称）动词。例如：

(5) 在她领导之下的一批妇女干部，为了不暴露姓氏，使敌人无法捉摸，大家都姓起李来了……（白朗《一面光荣的旗帜》）
(6) 宋大中摇着头道："那里等他自死起来，也叫什么报仇呢？"〔（清）菊畦子辑《醒世奇言》〕

趋向动词"起来"主要表示动作趋向和趋势，除此以外，还有表示动作的"开始""兴起"或"继续"的动态的，还有表示事物的"收敛""隐藏"的趋势的。"姓起李来"，"姓起木来"中的"起来"，可作表示"开始"讲，"死起来"中的"起来"属于表示"收敛""隐藏"的进一步引申，即表示"结束"的意思。

6. "开"语义的基础研究

对"V开"研究得相对较少，其中具有指导意义的主要是吕叔湘和刘月华的研究。

吕叔湘（1980）认为"开"的语义表示：①动 + 开〔+名〕——表

示人或事物随动作分开；表示人或事物随动作离开；表示事物随动作展开；比喻清楚、开阔；表示动作开始，兼有放开不受约束的意思。②动+开+数量（长度）——表示物体随动作展开一定距离。③动+得（不）+开［+数量+名］——表示能（不能）容纳一定数量。

刘月华（1998）认为"开"的趋向义指"通过动作使人或物体离开某处"，结果义包括"分离、分裂"、"舒展、分散"、"空间是否能容纳或容许施展动作"和"表示清楚、彻悟"，状态义表示"由静态进入动态"。

通过此节对动趋式语义研究的总结分析可知，研究趋势主要表现在三个方面：一是与刘月华研究思路一脉相承的"趋向—结果—状态（体貌）"语义关系系统，该语义系统建立在对各个趋向动词详细分析的基础之上，整体上具有一种系统性；二是将动趋式语义据实虚之别或是否表示方向而提出的"词汇意义—语法意义"语义系统，其实该系统跟第一个方面的语义系统关系密切，主要差别在于对"结果"的看法，有的认为表示语法意义，有的认为表示词汇意义；三是另辟蹊径从趋向动词出现的"主+动+趋+宾"这一句法环境或以图式隐喻理论为基础对单个趋向动词进行详细分析。

通过对上述分析方法的归纳，我们寻求的应该是成系统的动趋式语义系统。不过，在分析时应该避免将前头动词的词义安到趋向动词的头上。刘广和（1999）认为讲趋向动词引申用法存在一个共同问题，就是前头动词的词义安到后头趋向动词的头上，算成引申义。照这个样子讲，连句子都讲不清了，一个句子里头同一个意思怎么用两个词说两遍？如"请你把门关上"，把"上"讲成"表示由开到合"，假如门由开到合是"上"表示的，那么"关"又是起的什么作用呢？我们认为"把门关上"中"上"表示主体"门"趋向衬体"门框"，且门与门框处于紧密结合或依附的状态，而动词"关"则起的是动作致使作用。

（三）动趋式的语义扩展路径

目前，对动趋式语义扩展路径的认识主要有三个方面。

第一，刘月华（1998）认为趋向动词的语义发展是"趋向意义→结果意义→状态意义"；梁银峰（2007）认为汉语趋向补语的语义演变呈现出"趋向意义→结果意义→时体意义"的规律性路径；宋文辉（2007）从事件的概念结构出发，认为动趋式的隐喻扩展顺序是"运动事件→变化事件→廓时事件"。三者认识基本一致。

第二，王国栓（2005）认为趋向动词的状态意义并不是从结果意引申出来的，而是直接引申于趋向意义（见图2-1）。

抽象位移 ◄──────── 空间位移 ────────► 时间（状　态）
　　　　　　　　　　　↓
　　　　　　　　　　结果

图2-1　王国栓·趋向动词的语义扩展情况

第三，主要就"开"而言，由于历时看"开"先出现的结果义，后出现的趋向义，因此认为其中一条演化路径是"具体的结果义→趋向义→动作的起始义"，另外一条道路是"具体的结果义→表抽象的结果义"。（孙鹏飞，2008）

由此我们可以看出如下问题。一是状态（时体）意义的来源问题：整体上看，有的认为由结果意义派生出，有的认为直接来自趋向义；部分上看，"开"的时体义由趋向义派生出，其他趋向动词的时体义来自结果义。二是动趋式语义扩展顺序主要存在两种情况：由趋向到结果到状态的线性顺序，由空间位移到抽象位移、由趋向到结果、由趋向到时间的扩散顺序。宋文辉（2007：47）认为实际的语言发展情况却并不一定与此完全对应。不过无论如何，这对其接受概念结构类型上的隐喻扩展关系并无影响。

第二节　认知视野下的动趋式研究

通过认知隐喻，动趋式的语义能够从空间域向时间域、数量域、领属域、心理域、状态域、事件域等映射，这造成动趋式的语义的多样化，而且也凸显了语义扩展顺序。由于趋向动词自身概念结构上的差别，往往具有不同的隐喻方式。

一　"来/去"与容器隐喻、障碍隐喻和时间隐喻

高顺全（2005）认为复合趋向补语的引申意义跟与空间有关的容器隐喻、障碍隐喻和时间隐喻有关。同样，"X来/去"的引申意义同样与上述隐喻有关："来"表示一种新状态、新情况的出现，可以表示结果；"去"则可以表示说话人对自己以外参照位置上事物的评价。马玉汴（2005）认为"来、去"表述的是运动图式与观察主体（"说话人"）的关系。

二 "进"与容器隐喻

卢英顺(2007)从认知图景的角度加以解释,指出"进"的认知图景——某客体从容器外的某处向容器内作位移。"V+进来/进去"的认知图景跟"V+进"的认知图景十分相似,所不同的是,在"V+进"认知图景中,没有明确的参照点,即参照点与容器的空间关系不明确。具体地说,参照点可能处于有关容器中(典型情况)或者在该容器附近,也可能位于容器外较远的地方。而在"V+进来/进去"认知图景中,则有明确的参照点:"V+进来"的参照点在容器内或者容器附近,"V+进去"的参照点在容器外较远的地方。

三 "过来/过去"与障碍隐喻

曾传禄(2009)认为"过来""过去"的运动图式通过隐喻机制映射到时间、数量、心理、状态和事件等抽象认知域。"过来"反映的位移事件是以"目标"为导向,在使用"过来"时,通常凸显终点,"过去"反映的位移事件是以"起点"或"经过点"为导向,在使用"过去"时,通常凸显起点或经过点。"V得(不)过来/过去"常常以"障碍图式"为其内在隐喻基础映射到抽象空间:有的表示某人或某事可能或不可能通过某种"障碍",有的表示某物或某种行为事件是否符合一般的标准、情理,是否能为人所接受。

四 "起来"与身体运动隐喻、路径隐喻

陈忠(2006)认为身体的结构及其运动模式能够形成相关的意象图式。意象变体是原型借助生活经验,通过隐喻、转喻等方式向其他领域扩展,产生了大量变体。这些变体虽然意义各异,但都跟身体的运动经验有直接关系。在此认识之上,认为"起来"的图式源于身体运动隐喻。

齐沪扬、曾传禄(2009)认为:"V起来"表示结果义、时体义与路径隐喻有关,前者是路径终点转喻路径整体,后者则凸显路径起点,"V起来"表示情态意义与起始时态的将来特征和"以身喻心"的隐喻有关。

另外,值得一提的是马庆株(1997)从汉藏语的视角对"V来/去"的研究,藏语中亲眼见到的与不是亲眼见到的事情具有对立性,而且这种现象与说话人的主观态度和感知有关。在此认识之上,他以此来解释趋向动词"来/去"和复合趋向动词:凡是动作造成可见结果的动词,后面出现"来"或者"X来";反之,后面出现"去"或者"X去";如果既可

能见到结果,又可能见不到结果,那么在可能见到结果的时候动词后面出现"来"或者"X 来",在可能见不到结果的时候动词后面出现"去"或者"X 去"。由此可以看出,说话人主观上觉得是否可以看到或者感觉到(即主观范畴)决定了对"来""去"的选择。

第三节 概念结构与动趋式研究

宋文辉(2007)根据 Talmy(2000)对事件的概念结构系统的分析,指出运动事件、变化事件和廓时事件这三类事件与汉语动结式有关。

运动事件的主体主要有四个概念成分组成:主体(figure 凸体)、背景(ground 衬体)、运动(motion)和路径(path)。运动事件由两个次事件构成,主事件和副事件。其中,前者是构架事件,是构成事件基本框架的事件,路径和衬体最重要,决定事件的时空位置;后者是一个运动事件,表示主事件中运动的方式(manner)和原因(cause)。方式是指凸体运动的方式,认知上运动表示位移活动,方式表示非位移活动。使因此造成凸体运动的原因,是使事(agent)的行为,是使动运动事件的概念成分。例如:

1. 运动事件

(7)皮球跳进教室。
[皮球 MOVE 进 教室]$_{主事件}$ + $_{方式}$ [皮球跳]$_{副事件}$
(8)我把豆子搬进屋。
[我 AMOVE 进 屋]$_{主事件}$ + $_{使因}$ [我搬豆子]$_{副事件}$

2. 变化事件

变化事件是抽象的隐喻性质的运动事件,其主事件是变化。

(9)我把门锁起来了。
[我 AMOVE INTO 起来]$_{主事件}$ + $_{使因}$ [我锁门]$_{副事件}$

3. 廓时事件

运动事件的隐喻扩展,其构架事件是廓定事件时体的事件。

(10) 我们吃起来了。
［我们吃 MOVE INTO 起来］主事件 ＋ ［我们吃］副事件

因此，宋光辉（2007）认为一般动趋式，也就是补语表示运动趋向的动趋式，是表达运动事件的动结式；而补语只表示结果意义的动趋式是表达变化事件的动趋式；补语表示时体意义的动趋式是表达廓时事件的动结式。

第四节 动趋式语义的研究方法

一 刘月华等"趋向—结果—状态"分析法

将动趋式的语义归纳为"趋向"、"结果"和"状态"，得到学界较多的认可（刘月华，1998；贺阳，2004；王国栓，2004；梁银峰，2007；宋文辉，2007；齐沪扬，2009 等）。这与早期的趋向动词用法的分析也是一脉相承的。吕叔湘（1944）区分了趋向动词的趋向用法、引申用法和动相标志，邢福义（1980）也认为有的趋向补语表示实在的趋向，有的表示抽象的趋势，有的表示某种时态。该分析方法及系统存在的问题主要有以下两方面。

一是语义之间的判别标准不明确。主要表现有两点。

第一，对"趋向"与"结果"的判别模棱两可。许绍早（1956）认为"趋向"与"结果"两者判别标准不同，前者是从趋向动词的意义出发，后者依存于趋向动词与其前动词的关系、作用。于康（2006）认为刘月华区分"趋向"与"结果"的标准不明晰，致使在判别同类现象时出现或此或彼的结果。宋文辉（2007）认为表趋向义的动趋式兼表结果义，另一类则是表示纯粹的结果义的动趋式。

由此可知，表趋向义的动趋式所具有的结果义与纯粹的结果义应该存在着性质上的差别。前者语义较实在，其结果表现在位移事件的终结性上，即处于移动后的位置（也可称为终位），往往表现为处于某一方位。后者语义已虚化，其结果表现在状态的变化上，即处于变化后的状态。正如于康（2006：264）认为的那样，若具有［移动后保持处于移动后的位置或状态］这一语义特征，往往就具有结果义；而且如果该语义特征在该义项里为基本语义特征，则结果义明显，如果该语义特征在该义项里为次要语义特征，则结果义就会弱一些，但无法完全否定结果义的存在。

因此，我们必须区分两种不同的结果，即有位移的结果和无位移的结果，造成刘月华判断标准不统一的原因也在于此。表达趋向义的动趋式强调的是位移过程的方向性，而位移的最终表现是位移主体处于某种位置，或在上，或在下，或在里，或在外等。程琪龙（2006：126）将其称为动态方位小句，可以表达"原—终"图式的概念内容。如下例：

（11）原木（客）从山顶（原）顺着斜坡（途径）滚（变）进了山谷（终）。（程琪龙例）

如果将上例看作一种结果的话，那就是位移结果，其表现就是可以与表示完成的动态助词"了"一起使用。

无位移的结果，是指动趋式的最终表现并不是处于某个位置，也不强调发生方向性的位移，而是指一种实现、完成或状态的变化。如下例：

（12）经过反复多天的实验，厨师最终掌握了技巧，使绿豆发了鲜嫩的芽，官兵们终于吃上了蔬菜。（《"武汉舰"官兵凯旋归来120天护航212艘船舶》，搜狐，2009年8月7日）

（13）关键时刻热火队连得4分，还造成对方失误，终于拿下比赛。（《新华社2004年新闻稿》4）

例（12）表示由于缺乏蔬菜而存在需求，"吃上蔬菜"表示这种需求的实现；例（13）表示比赛获得胜利。

第二，"状态"与"时体"存在差别。刘月华（1998）将表示"由动态进入静态"和"由静态进入动态"的动趋式看成"状态"义，而其在分析"状态"义时，认为主要跟时间有关。我们认为，"由动态进入静态"只是表示主体状态的变化，跟观察事件时的视角——内部与外部——并无明显关系。例如，"车慢慢地停下来"只是表明车停止后处于静止的状态，而"他又骂起来了"这一事件的观察视角是从内部，即表明该事件的开始，并具有伴随性持续，何时终结并无强调。

二是动趋式语义之间的隐喻扩展路径及机制揭示得不明确。刘月华（1998）认为趋向补语的扩展路径是由趋向到结果再到状态。然而，是否趋向补语都经历此扩展路径呢？"开"似乎是个特例，王国栓（2005）从历时的角度观察发现"开"的原型意义是结果义，借此认为趋向补语并不完全都是"趋向—结果—状态"的扩展方式。另外，该分析方法对个体趋向动词的隐喻扩展路径揭示得也不够明确。或者说没有重视个体趋向动词自身的扩展路径，尤其是趋向义的典型性与非典型性差别，以及趋向与结果之间是否能够截然分开。

二 邱广君句式环境分析法

邱广君（1995，1997）主要从趋向动词出现的句式环境来分析，重点参照动词的类和宾语的类，尤其是宾语的性质。

邱广君将宾语分为主体、客体、处所、施事、同事、工具、物量、时量、容量、距离、事件、动作等，然后依此分析了"上""下"的语义。该分析方法的优点在于引入宾语的类别成分，宾语的类别对整个动趋式的语义不仅具有凸显作用，而且使其语义表达更明确。"跑上楼"是"V上+处所（终点）"，表示接触到终点处所；而"跑上一天"是"V上+时量"，强调时间的持续量及结束点；"跑上二里路"是"V上+距离"，强调空间的持续量及其结束点；"跑上两趟"，是"V上+动量"，强调动作多次后的结束点；"又跑上了"不能带宾语，表示动作的开始，并强调动作开始的那一点。

在这种细致性的背后，系统性就显得薄弱了一些。"上"的意义之间存在什么关系？"V上"的语义扩展路径又是如何？上面一段我们所举的"上"的意义，其实主要表达两种语义：位移义和持续义。持续义由于强调的阶段不同，又有所差别："V上+时量/距离/动量"表示"持续+终结"，而"V上了"表示"开始+持续"。

当然，作者在考察"V下"时就注意到了语义之间的系统性。主要包括："V下+处所（起点/终点）/部位"，强调位移性或方向性；"V下+客体"，强调动作开始或结束的那一时刻；V下+量（物量/时量/距离），强调持续量。但是，这些语义之间的扩展机制如何并未涉及。

三 曾传禄隐喻投射分析法

曾传禄（2009）将不表示物理空间位移的"V过来/过去"，分别从时间域、数量域、领属域、事件域、心理域和状态域几个方面探讨其引申用法。该分析方法的优点在于结合动词自身具有的语义，而且兼顾组合探讨"V过来/过去"的语义。"抢、夺、娶"等动词本身就含有所有或领属关系变化的语义成分，跟"过来/过去"结合之后，表示"某物的领有或占有关系从一方转移到另一方"。因此，我们不能单独说"过来/过去"

表示领属关系的转移。

另外，我们注意到作者将"位移义"与"趋向义"分别开来。在作者看来，"过来"的基本用法是表示"位移体从别处向说话人所在位置移动"和"客体朝参照点方向转动"；"过去"表示"位移体离开或经过说话人所在位置向别处移动"和"客体背离参照点方向转动"。其引申用法中作者将"某物的领有或占有关系从一方转移到另一方"看成是趋向义，也就是说虽然领属关系的转移伴随物体发生位置的变化，但此语义并不凸显这种位置的变化，而是强调所有关系的转移性。

动趋式语义之间并不是平行或并列的关系，而是存在着语义扩展机制。曾文虽然也比较细致地分析了"V过来/过去"的语义，但同样未明确诸多语义之间存在什么关系，又存在什么样的扩展机制。

四　于康"谁在移动和怎样移动"的标准分析法

于康（2007）根据"谁在移动和怎样移动"这一标准考察"V下"的语义，并根据语义特征的淡化与凸显，探讨了"V下"的语义扩展机制。该分析方法更注重扩展关系，捕捉扩展的语义契合点。具体如图2-2所示：

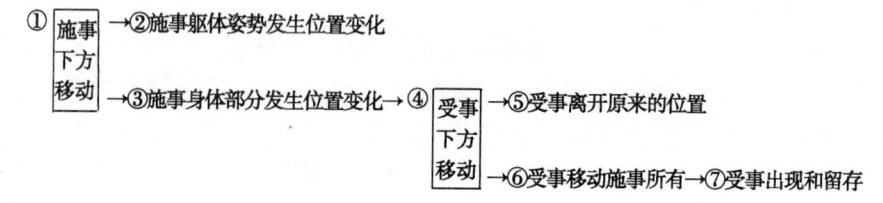

```
┌──────┐ →②施事躯体姿势发生位置变化
│ 施事 │                                    ┌──────┐ →⑤受事离开原来的位置
│ 下方 │                                    │ 受事 │
│ 移动 │ →③施事身体部分发生位置变化→④→│ 下方 │ →⑥受事移动施事所有→⑦受事出现和留存
└──────┘                                    │ 移动 │
                                            └──────┘
```

图2-2　于康・"V下"语义扩展情况

我们认为，于康对"V下"的研究有两点值得关注：一是对趋向与结果的认识，二是对语义扩展机制的探讨。首先，看其对趋向与结果的认识。若动趋式表示［移动后处于移动后所处的位置或状态］的话，该动趋式就具有结果义。因此，结果义的存在是从动趋式表示的事件是否存在终结性或完成性这一视角来看的，而对趋向义的认识则是从位移过程中表现的方向性来看的。也就是说，表达位移的动趋式所表达的事件是由"过程＋终结"构成的。基于此，于康认为"V下"的语义都具有结果义，但不一定都具有趋向义。不过，有点遗憾的是作者并未进一步探讨"结果义"的来源和内部性质的差异。

再看其对语义扩展机制的探讨。于康对"V下"语义扩展机制的研究与刘月华等对动趋式语义引申路径的研究并不一样。于文的语义扩展是以动趋式具有的语义特征的凸显与淡化为基础的，具体分为三个阶段：凸显［由上向下位移］［离开原来的位置］，淡化［移动后处于移动后所处的位置］；凸显［由上向下位移］，淡化［离开原来的位置］［移动后处于移动后所处的位置］；凸显［移动后处于移动后所处的位置］，淡化［由上向下位移］［离开原来的位置］。而刘月华等的语义扩展是建立在语义由实到虚的语法化基础之上的，宋文辉从认知的角度探讨，具有同样的认识。

不过，"谁在移动和怎样移动"这一标准的适用性如何，还有待对其他动趋式进行探讨来验证。尤其是对具有时体语义的动趋式该如何分析，并未阐明。若依其标准看，更适合对表达趋向义的动趋式进行分析。

五 陈忠身体运动经验分析法

陈忠（2009）认为"起来"的原始意义跟身姿"向上"的动作有关。"起来"的原型是"身姿由静态的卧姿或坐姿，向上转换为站姿"，即"身体姿态的转换"该原型借助生活经验，通过隐喻、转喻等方式向其他领域扩展，产生了大量变体。这些变体虽然意义各异，但都跟身体的运动经验有直接关系。

A 表示由低向高处移动，通过空间位移实现空间转换：

A1 身姿由静态的卧姿或坐姿向上转换为站姿，泛指向上的活动：把这幅画挂起来。

A2 从身体向上升高，隐喻量级升高而引起不同强度、量级向上发展：把嗓门提起来

B 空间关系转换隐喻不同状态的转换：

B1 由静态的卧姿或坐姿转换为站姿，意味着身体从散乱松弛的放纵状态，转换为聚拢、约束状态，由松散的形态转换为聚拢形态：把树枝捆起来。

B2 由静态的卧姿或坐姿转换为站姿，从原来的静态向动态转换，表示新状态、新动作逐渐起始的过程，凸显由静态向动态逐渐转化的过程：下起雨来。

B3 由静态的卧姿或坐姿转换为站姿，意味着从静态、无为状态，转换进入有效运作的动态状态：把大家组织起来、动员起来、把工作抓起来。

C 身姿由卧姿或坐姿转换为站姿，意味着身体处于特定状态条件下。隐喻处于某种状态条件下的（性状）：说起话来滴水不漏、听起来很有道理。

由此可看出，"起来"的语义是从空间延伸到时间和状态，皆源自"身体姿态的转换"。"不同状态的转换"这一核心，分化为空间位移上"不同状态

的转换"、时间上"不同状态的转换"。"起来"从空间范畴的"位移"扩展到时间范畴的"起始",实际上仍然隐含着从前一状态向后一状态的转换过渡。

其分析的价值在于寻求语义扩展的原型图式,也就是说,"起来"的诸多语义皆以原型图式为扩展基础。从陈忠的分析来看,这种扩展是一种辐射式一步扩展,无论时间还是状态皆一步从原型图式而来。但其对 B2 的分析似乎有失偏颇,"下起雨来"似乎并不是凸显逐渐转换的过程,而是强调开始下雨,而且主要跟之前的状态相比:刚才还没下,现在竟下起雨来。在作者看来,表示"时间"(B2)和表示"状态"(B1、B3)之间是并列的关系,并不具有扩展关系。

上述分析方法主要分为两种:一种是在细致分析各类动趋式的基础上,提出系统的语义框架;另一种是细致分析个体动趋式,寻找该类动趋式的语义扩展机制。两种方法互为基础,不过最终的目标应该是寻求动趋式整体的语义框架。陈忠以"状态转换"统辖"起来"的诸多义项,势必要对状态进行区分,但处于两者之间的(B1、B3)状态是属于空间范畴还是时间范畴,还是两者皆有,作者并未明示。于康引入施事、受事,并认为受事下方移动源自施事下方移动,这说明施事趋向运动具有原型性,也就是说,身体运动图式是动趋式的原型意象。

另外,于康还根据语义特征的凸显与淡化的差异,探求动趋式语义扩展机制及语法化过程。方向性位移以及位置变化的凸显与淡化,是原型客观位移与非原型客观位移的差别之所在。因此,可以看出动趋式内部既存在决定性差异,又存在过渡性特征。也就是说,不同的动趋式存在核心语义特征与边缘语义特征,而边缘语义特征正是过渡性的表现。

上述分析方法的核心在于如何协调个体动趋式与整体语义系统之间的关系。无论是个体扩展还是整体框架都应该是一种继承性的扩展,毕竟动趋式作为一个框架,考察其个体趋向动词隐喻扩展而形成的整体框架才更有意义。不过上述方法各有优势,为我们进一步研究打下了坚实的基础。

第五节 动趋式研究述评

一 动趋式研究取得的成果

百年来对趋向动词以及趋向补语的研究深入而且细致,《中国文法要略》不仅详细深刻地分析了趋向补语的语义类型，而且基本奠定了趋向动词的成员框架。后世在继承前人细致研究的基础上，不仅研究更加深入，而且研究角度也更加广泛。总结起来，有以下几个方面的研究成果。

1. 形式、意义相结合去探求趋向动词的性质

用于动词后面的趋向动词，由于组合的动词不同而在语义上存在差别，同时与"了"、宾语、"得/不"等的组合形式上也存在差别。因此，仅从形式角度或意义角度单一去看趋向动词的性质无法得到全面的认识，而只有形式和意义相结合去探讨才能确定趋向动词性质的同一性。如黎锦熙（1924）、吕叔湘（1944）、吴洁敏（1984）、陈昌来（1994）、刘广和（1999）、卢英顺（2001）等。

2. 语义研究的不断细化与概括化

既根据与之搭配的动词的差别细化语义，如杉村博文（1983）、吴洁敏（1984）等；也有整体上对趋向补语语义的概括化，如吕叔湘（1944）、徐静茜（1985）、刘月华（1998）等；还有更简单化的倾向，如杨石泉（1986）概括为动作、行为或状态发展变化的趋向。

3. 多角度探讨趋向动词内部的差别

一般都是按照形式来对趋向动词三分，即"来/去"、单趋和复趋。也有按照动点的差别进行三分的，如肖国政、邢福义（1984）分为始点趋、过点趋和终点趋。

4. 采用新的理论方法全面透视动趋组合

运用语法化理论探求趋向动词结构形式及语义的历时发展变化；运用认知隐喻、图式理论、概念化理论等探求趋向动词或动趋式的语义扩展机制；运用时间顺序原则分析动趋组合与宾语的位置关系等。

二 动趋式研究存在的问题

1. 对作补语的趋向动词的性质认识不一致

既有认为可以分为趋向动词与动态助词的，也有认为可以分为趋向动词、情态动词与助词的，还有认为是趋向动词、构词语素与动态助词的。这主要是对其语义虚的程度及其语法作用认识不同造成的，可以通过变换、添加或删除某些词语的方法来鉴别。

2. 趋向动词表示的语义到底是趋向还是结果，主观性太强，缺乏鉴别标准

拿趋向和结果来说，动作趋向的完成就成了结果，因此"走上楼"前面可以加"终于"；"脱下衣服"说是结果，也有的认为是趋向，可以

前加"从身上"。而就趋向义与时间持续义而言，趋向义的动趋组合可以添加处所词语，而表示时间持续义的动趋组合则不可以。另外，同一个形式，可能表示不同的语义，这也需要找出可以区分其语义的具体形式标准，如"念下来"可以表示趋向"从上面念下来"，如"这本几千年念下来的经，他到底念下来了"分别表示持续和完成义。

3. 对动趋式语义引申发展的不平衡性缺乏系统认识，对这种不平衡性也缺乏解释性

运用认知理论解释趋向动词语义之间的引申关系不具有统一性。首先，整体上对时体意义到底是从结果意义引申来的，还是直接从趋向意义引申来的，存在不同看法。其次，对不同趋向动词的语义发展的差异性关注不够，对动趋式语义框架的不平衡性探讨不深，尤其是导致这种不平衡性的认知动因何在。

4. 只注意趋向补语本身，没有从动、趋的关系入手，采取的是单视角，没有采取双视点的方法

仅从趋向补语入手看动趋组合的语义类型，也就无法全面总结动趋组合的规则性。或者说，对动与趋之间相互选择的理据探讨不够，尤其是其语义特征的匹配性。动趋组合是一种双向选择，不仅仅趋向动词对动词具有选择性，同样动词对趋向动词也有选择性。某一个或某一类趋向动词只能与某一类或某些类动词组合表示某种语义，同样某一类动词可以与某些趋向动词组合。而且作为动趋组合，两者语义的适应性具有决定性作用。

第三章 动趋式的事件表达及概念语义结构分析

第一节 引言

一 动趋式语义研究存在的两大问题

动趋式一直以来都是语法学界研究的热点，研究的角度广泛，理论多样。对动趋式的语义进行全面详细分析的首推刘月华（1998）的《趋向补语通释》。该专著分析了每一个趋向动词的语义类型，并基于此提出了趋向补语的语义系统类型，即趋向义、结果义、状态义。这种观点得到了语法学界的众多认同。但随着研究的深入，也出现了不同的声音。

首先，对动趋式的语义扩展机制或路径产生了不同的看法，如王国栓（2005）在对"V开"进行历时考察的时候发现，"开"的结果义先于趋向义产生，由此对"趋向—结果—状态"这一认识进行了重新审视，并指出动趋式的语义扩展应该是以"趋向"为基础的发散性扩展方式，而不是线性扩展方式，如图3-1所示。

抽象位移 ←—— 空间位移 ——→ 时间（状态）
↓
结果

图 3-1

其次，对动趋式语义判定的标准问题产生了不同的看法，如于康（2007）在分析动趋式"V下"的语义时指出刘月华的分析存在两个问题：①趋向与结果的分类标准不统一，或者说缺乏客观的判断标准；②"V下"兼表结果义和趋向义，那趋向义与结果义是一种什么关系，这个结果义又是怎么来的？

王宜广（2013）曾就该问题指出，动趋式的语义都是以原型意义为基础，这些意义之间的联系由意义链实现，其扩展是遵循刘月华等所认为的线性扩展路径，还是遵循王国栓等所认为的发散扩展路径，或者还有其他的扩展路径，主要取决于语义之间是否具有相似点或相似性特征。而要找到语义之间是否具有相似性，并能够通过形式化特征来验证，则需要寻求新的解决方法。基于这种看法，我们找到了概念语义结构这一钥匙。

二 动趋式的哲学认知基础

体验哲学和以该哲学为基础的认知语言学的一个核心观点是：人类的范畴、概念、推理和心智是基于身体经验形成的，其最基本形式主要依赖于对身体部位、空间关系、力量运动的感知而逐步形成的。归根结底，认知、意义是基于身体经验的（何自然，2006：70—71）。何自然还认为我们通过互动的方式，使用我们的身体去体验，而我们首先体验的就是空间，包括地点、方向和运动等。

动趋式的原型意象就是基于身体对空间的互动体验，其原型意义就表示身体在空间发生的方向性运动，表现为空间位置的变化。动趋式的原型意义来自人类的空间概念化能力，在 Talmy（2000）的事件系统中称为位移事件，其语义要素主要包括凸体、背景、路径、运动，以及方式、使因等，其语义结构可以表示为［凸体　运动　路径　衬体］。

何自然（2006：75）指出，Lakoff（1987：283）提出的形式化空间假设认为人们基于感知（主要是视觉、触觉）逐步认识了所生存的空间，形成了有关空间结构和动觉运动等意象图式，映射到头脑后就形成了范畴和概念结构。这些概念结构又是我们理解和认知其他概念的基础。他还指出正如 Jackendoff（1983：209）所认为的那样，人类通过视觉、触觉和动觉等感知能力学会了空间定位，对空间进行概念化，它几乎适用于任何语义域。

动趋式就是人类空间概念化的结果，其原型意义就是表示身体或物体在空间发生的方向性运动。人类对时间的系统认知就源于对空间的概念化认识，由空间域向时间域的隐喻性投射已经被人们揭示。该原型意义是源域，通过该源域我们不仅可以理解其他与之有关的意义，而且还向其他目标域映射，诸如领属、数量、时间等。正是这种从源域向目标域的映射，造成动趋式语义的隐喻性扩展。由源域向目标域的投射，源域的特征并不是消失，而是处于不断弱化和隐喻化的过程中，目标域或多或少都隐含着源域的某些语义因素。若将源域设为 X，目标域设为 Y 的话，那么上述情况可以称之为"隐含 X 的 Y"。本章主要基于位移事件的概念结构，离析动趋式的语义构成要素。

第二节　动趋式的概念语义成分

Talmy（2000a，2000b）对事件进行的概念结构分析非常具有借鉴意义，国内研究趋向动词或与动趋式有关的问题也都由此出发。其中，国内更多的是关注具有位移性趋向义的运动事件，即位移事件。例如，宋文辉（2007）、马云霞（2008）等，前者称为"运动事件"，后者称为"位移事件"。Talmy 的概念语义结构主要用来分析位移事件。其中包括主体（figure，凸体）、背景（ground，衬体）、运动（motion）和路径（path）四个概念成分，以及方式（manner）和原因（cause）。而后，宋文辉（2007）等将该理论用来分析汉语里的动结式。首先，他将动趋式看作广义动结式的一种形式，将动趋式分为一般动趋式（兼表结果义）、纯粹表示结果的动趋式以及表示廓时的动趋式。在此基础上，他认为上述三种动趋式表达的事件分别是运动事件、变化事件和廓时事件。变化事件与廓时事件皆是运动事件的隐喻扩展，而且廓时事件又是变化事件的隐喻扩展。

该理论为我们研究动趋式打开了另一扇窗。目前国内该理论主要用来分析位移事件，以及表示位移义的动趋式。但是，在分析位移性的动趋式时，该理论并未突出衬体的重要作用，也未突出空间要素和主观视点要素。另外，该理论也未重视汉语动趋式的语义具有扩展性这一情况，而这也是 Talmy 的概念语义结构理论主要用来分析位移事件的原因。而且，Talmy 的概念语义结构主要还是为其分析语言类型服务的，即依据动词中运动与方式、路径和图形的整合来分析语言类型：附属框架式语言与动词框架式语言。

汉语动趋式有其自身的特征，如果完全用该理论来分析汉语的动趋式有些不十分合适。所以，我们在 Talmy 概念语义结构分析的基础上，结合动趋式自身的特征，对汉语动趋式的概念语义结构进行重新整合，并突出衬体、空间和主观视点等要素。

在 Talmy 分析位移事件的六要素中，前四种是一个位移事件的必备要素，方式和使因是次要因素，是非静态动词运动义的附加义。根据位移事件发生的力量来源的不同，又可分为自位移事件与致位移事件。同时，位移事件内部还存在典型性差别，即典型位移与非典型位移。例如，"转过头来"的典型性就比"走进教室"的典型性差，而"穿上衣服"又比"转过头来"的典型性差。而这种典型性差异，主要基于"方向"与"位置"要素。因此，完全靠路径并不能区分典型位移事件与非典型位移事件。

同时，不同语义类型的动趋式其语义要素肯定存在差别。不过，表达位移性趋向义的动趋式作为具有原型性的语义更具有参照性，而且是非位移性趋向义的语义扩展原型。另外，不同语义类型的动趋式所凸显的语义要素亦有所不同。因此，我们参照 Talmy 对位移事件概念结构要素的分析，并结合现代汉语动趋式自身的特点，提出了动趋式概念结构构成的五大成分：参与者要素、空间要素、运动要素、路径要素和主观视点。

我们首先分析并整合动趋式的概念语义要素，并以动趋式所表达的事件结构类型为主进行详细分析。不同的事件结构类型在语义要素上会有不同的表现。关于动趋式的事件结构表达，为了贴合动趋式所特有的语义类型，我们拟采用位移事件、状态事件与时体事件来称呼。位移事件强调的是具有方向性位移的动趋式，状态事件强调的则是由于位移淡化或隐含而扩展的具有某种状态的动趋式，时体事件则强调的是由于时体隐喻而扩展的具有时体意义的动趋式。由于位移事件中位移主体发生位置变化，状态事件发生淡化或虚拟位移的状态变化，时体事件会发生存在隐喻性位移的由静态到动态的时体变化，因此我们并不采用"变化"这一概念。

一　参与者要素

参与者要素指动趋式所表示的事件的参与者，主要包括三类：主体；衬体；使事。三者之间，主体的地位相当重要，主体实际上是目的物；衬体地位相对次要，衬体实际上是一种背景；使事主要是致使事件中的必备要素。

（一）主体

主体是指发生方向性位移、状态变化及时体变化的语义要素。一般而言，主体具有显现性、凸显性和变化性。

A. 显现性——作为事件的参与者主体往往需要出现。

B. 凸显性——主体显现主要通过两种方式：位置凸显和结构凸显。

位置凸显：自位移中主体主要处于主语位置（宾语位置是相对衬体），如"<u>我</u>走进教室"。

结构凸显：致位移中主体主要通过"把"字结构凸显，如"我<u>把桌</u>

子搬进教室"。

C. 变化性——也称趋向性，即趋向某一变化。具体来看，这种变化主要表现为：主体发生方向性位移，伴随着位置的变化；发生位移，伴随着状态的变化；由某一状态趋向另一状态；由某一时体趋向另一时体。因此，基于变化的差别，可以分别称之为位移主体、状态主体和时体主体。例如：

（1）<u>我</u>走进教室。（位移主体）
（2）<u>他</u>醒过来了。（状态主体）
（3）<u>他</u>又骂上了。（时体主体）

（二）衬体

衬体是指对主体位移起衬托作用的语义要素。一般而言，具有可显可隐、可动可静，以及相对或绝对的性质。

1. 可显现可隐含，隐含时往往不需要补出

衬体显现时主要处于宾语位置，如"我走进<u>教室</u>"。衬体隐含时往往并不需要补出，因为衬体可以通过主体或使事映现，如"他关上<u>门</u>"，由主体可知隐含衬体"门框"；"他穿上衣服"，由主体或使事皆可知隐含衬体"身体"。

2. 可运动可静止，甚至是否运动静止无关紧要

主体参照衬体发生运动是一种相对性的，衬体的运动或静止并不起决定作用。如既可以说"我跳上火车"，也可以说"我跳上一辆飞驰的火车"。

3. 衬体具有相对性与绝对性

A. 相对衬体

相对衬体是指仅仅对主体起衬托作用的衬体，并不以地球作为参照。相对衬体根据其对主体位置衬托的起点或终点，又可以分为起点衬体、终点衬体、过程衬体。

a. 起点衬体，是指凸显并衬托主体运动的起点，如"我跳下<u>床</u>"。
b. 终点衬体，是指凸显并衬托主体运动的终点，如"我跳下<u>河</u>"。
c. 过程衬体，是指凸显并衬托主体经历的某点，如"我走过<u>桥</u>"。

B. 绝对衬体

绝对衬体是指以地球作为衬体，发生"逆向或顺应地球引力"的运动位移，这类趋向动词主要有"上、下、起来"等。如"他从<u>楼上</u>跳下

来"不仅表明他以楼上为起点发生运动,而且还同时参照地球顺应地球引力而运动。

不同语义类型的动趋式,对衬体具有不同的要求。有的要求其必须出现,如"我走进"不能说,必须后加位移的终点衬体;有的客观存在但可以不出现或者隐含,如"他一脚陷进去;他脱下裤子";有的根本不需要衬体,如"他盼了一年终于穿上新衣服了""他俩又骂上了"等。

(三) 使事

使事是指致使主体发生方向性位移或状态变化的语义要素,存在于致使性事件中。位移性趋向根据位移的力量来源,一般分为自位移和使位移两种。发生致使位移需要使事语义要素的参与。不同语义类型的动趋式对使事也有不同的要求,一般是具有致使语义的动趋式,或者致使主体发生方向性位移,如"我把水果搬上车";或者致使主体发生状态变化,如"我把门关上"。

主体或衬体有时可以是使事的一部分,两者是整体与部分关系。如"他扭过头"中主体"头"是使事身体的一部分;"他从手上摘下戒指"中衬体"手"是使事身体的一部分。

二 空间要素

原型动趋式表示的方向性位移义是在一定空间内发生的,更确切的说应该是物理空间要素。空间要素体现为由趋向动词所表现出的方向要素和位置要素两类。如"我跳下车"中,运动的方向是"由上(高)向下(低)",位置的变化是"由车上到车下"。或者说,通过趋向动词表现出主体相对衬体位移的方向,以及位移之前或之后所处的位置。

由于衬体存在相对性与绝对性,致使主体相对衬体发生的方向性位移也存在相对性与绝对性。我们可以称之为"相对向"与"绝对向"。"相对向"是指主体以相对衬体为参照运动的方向,如"他从手腕摘下手表"中"手表"位移的方向是以"手腕"为参照,并未明确表明发生以地球为参照的绝对的"由上向下"的位移。"绝对向"是指主体以绝对衬体为参照运动的方向,如"他顺着山坡爬上山"中"他"的实际运动方向并不是完全与地球作为参照,而是顺着山坡相对山顶而运动,但是其绝对向却是"由低到高"。

空间要素具有物理性与心理性,可称为物理空间与心理空间。物理空间往往强调位移的方向和位置,而心理空间往往是物理空间的心理化。如"我赢回三十块钱"中主体"三十块钱"是客观事物,发生了位置变化,而这种位置变化同时表示所有关系的变化;而"我一定要赢回她的心"中主体"她的心"并不是客观事物,而用表示位置变化同时表示所有关系的变化的"赢回",则是一种心理空间的所有关系的变化。

三 运动要素

不同语义类型的动趋式对动词的语义要素具有不同的要求和体现。表示位移性趋向的动趋式往往要求动词具有位移性,或者自移性,或者使移性;表示状态性趋向的动趋式往往要求动词具有自态性或使态性;表示时体性趋向的动趋式往往要求动词具有持续性或可重复性。

原型动趋式的运动要素主要通过动词来表现。运动要素首先体现为动词的方向性因素和位移性因素。其次,就位移性因素而言,由于位移的动力来源差别又可体现为运动方式因素和运动使因要素,分别对应着自位移与使位移。除此之外,动词自身的语义特征对其与趋向动词的搭配起着重要作用。如"撕、揭、脱、摘"等动词具有致使事物分离的语义特征,可以跟"下"组合,而无法跟"上"组合;与此相反,"贴、关、糊、挂"等动词具有致使事物接触的语义特征,可以跟"上"组合,无法跟"下"组合。

动作自身存在位移性差别,有的动作发生伴随性位移,有的动作发生并不伴随位移。伴随位移的动作可以作为位移事件的因素,但未伴随位移的动作若含有使移因素的话,就可以作为位移事件的因素,主要表现为方式与使因。方式是自位移事件中运动的情况,使因是致位移事件中运动的情况。运动方式的发出者是施事,也是焦点;运动使因的发出者是使事,与焦点之间存在致使关系。

四 路径要素

路径要素,主要通过趋向动词来表现。由趋向动词体现的路径要素,主要是对于动趋式所表现的位移性而言的。

五 主观视点

复合动趋式还涉及主观视点,即由"来/去"表现,表示趋向或远离观察者的视点位置。主观视点的位置存在三种可能:既可以趋向也可以远离观察视点,只可以远离观察视点,只可以趋向观察视点。如"走进来/进去"视点分别处于隐含衬体内部与外部,"吃进去"视点处于隐含衬体(身体)外部,"从墙上撕下来"视点处于使事所在的位置。

主观视点既可以存在于空间，也可存在于时间。处于空间状态的主观视点，往往是视点所在的处所，即趋向或远离主观视点所处位置，如"他也爬上来/上去了"。另外，还有一种空间性主观视点的扩展状态，主观视点并不处于某一处所。例如"他醒过来了"表示恢复到生命常态，"他死过去了"表示离开生命常态。处于时间状态的主观视点，往往是说话时间，即由过去的某一个时间趋向现在或由现在趋向将来的某个时间，如"他十几年做下来，做得精疲力竭"，"我会继续做下去的"等。

第三节 动趋式的事件结构及其语义成分

国内研究与概念结构相关的论题多基于 Talmy（2000a，2000b）的研究，尤其是对事件概念结构的分析。国内基于此种观点进行的研究多是位移事件，对此进行进一步研究的主要是宋文辉对动结式的研究。首先，他将动趋式看作广义动结式的一种形式，将动趋式分为一般动趋式（兼表结果义）、纯粹表示结果的动趋式以及表示廓时的动趋式。在此基础上，他认为上述三种动趋式表达的事件分别是运动事件、变化事件和廓时事件。变化事件与廓时事件皆是运动事件的隐喻扩展，而且廓时事件又是变化事件的隐喻扩展。

宋文辉（2007）将动趋式表达的三种不同且有隐喻扩展关系的语义均看作结果义，这样虽然可以关照动趋式与动结式的联系，但往往也会忽略两者之间的差别。[结果]这一语义所表示的时间特征主要是[－阶段][＋终结]，而表示廓时义的动趋式多表示动作的动态性起始、持续或继续等，似乎不宜归入[结果]。动结式表达的是致使结构的一种，动作与结果之间是原因与结果的关系，并不强调位移及位置在其中的作用。就拿"他打碎玻璃"来说，强调的是由于动作的原因致使玻璃由完整变得破碎，强调的是自身状态的变化而不涉及位置或位移。而"他把球打进球门"强调的则是由于动作的原因致使球由其他位置进入球门。这种情况，在 Goldberg 的构式语法那里分别称为动结构式与"致使—位移"构式，这也恰恰说明两者的差别比较明显。同时，动结式与动趋式的语义要素也是不同的。

因此，我们将动趋式单独拿出来对其概念结构进行探讨，为了贴合动趋式所特有的语义类型，我们拟采用位移事件、状态事件与时体事件来称呼。位移事件强调的是具有方向性位移的动趋式，状态事件强调的则是由于位移淡化或隐含而扩展的具有某种状态的动趋式，时体事件则强调的是由于时体隐喻而扩展的具有时体意义的动趋式。由于位移事件中位移主体发生位置变化，状态事件发生淡化或虚拟位移的状态变化，时体事件会发生存在隐喻性位移的由静态到动态的时体变化，因此我们并不采用"变化"这一称呼。

动趋式语义之间是以方向性位移作为扩展的原型，语义不同的动趋式是对原型动趋式语义要素的继承与扩展、凸显与淡化、隐含与隐喻。因此，首要的是解析出原型动趋式的语义要素。由之扩展出的其他语义类型的动趋式也都是原型动趋式语义要素的扩展。

一 表达位移事件的动趋式概念语义结构分析

表达位移事件的动趋式概念语义结构主要包括：参与者要素，包括主体、衬体和使事；空间要素，包括方向和位置；运动要素，首先体现为运动的方向性和位移性，位移性又体现为运动方式和运动使因；路径要素，通过趋向动词来表现；主观视点，通过"来"和"去"表现。具体分析如下。

（一）参与者因素

1. 位移主体与位移衬体

位移事件中是位移主体发生了位移，而且位移主体的位移需要参照框架，这个参照框架或背景可以称之为位移衬体。一般而言，位移主体作为焦点往往是运动的，运动性是位移主体的根本属性。位移衬体既可以是静态物体，也可以是动态物体，但作为背景的位移衬体其运动与否并不起重要作用，所起的作用是对位移主体运动的方向及最终的位置进行界定。例如：

（4）方吉奥挣扎了一段时间，但随着车子的油量逐渐减少，<u>他开始以惊人的速度追上去</u>。法拉利的车手们也开始加速，但没人能挡住方吉奥。（《新华社 2004 年新闻稿》3）

（5）为了弄清不停车的原因，<u>记者跳上一辆直达复兴门的10 路车</u>。（《人民日报》1993 年 1 月）

（6）<u>他来不及脱衣，就跳进浑浊的激流中</u>，边游边喊："不要怕，老师来了！"（《1994 年报刊精选》8）

例（4）—（6）中位移衬体"赛车""10 路车""激流"均是运动

着的物体。例（4）中其他赛车所处的位置位于"方吉奥"的前面，而且还在不断的运动中，"方吉奥"赛车运动的方向是以其他"赛车"作为目标，其最终的位置也是以其他"赛车"作为衬托，赛车的路径是直线、曲线还是圆形并不重要。例（5）中"10路车"遇站不停，没办法，记者只好"跳上"处于运动中的"10路车"，记者跳的方向是向着"10路车"，而最终的位置是位于"10路车"上。例（6）中"激流"奔腾不止，但"他"跳的方向是向着"激流"，最终的位置是"激流"中。

在位移事件中，位移主体作为最重要的参与者因素，不仅具有运动性而且还具有凸显性。自位移事件中位移主体多是能够自主移动的人或事物，凸显性较强，往往处于句子的主语位置且与动作的发出者——施事语义角色重叠；致使位移事件中位移主体往往需要或可以用"把"字来凸显。也就是说，位移主体在自位移事件中是位置性凸显，在致使位移事件中则是标记性凸显。例如：

(7) 他急忙跑进里屋，告诉了老板娘。（李文澄《努尔哈赤》）
(8) 张秘书高兴地把照片搬进书房里。（杜修贤等编《红镜头中的毛泽东：再现第一代领袖的真实生活》）
(9) 凯恩先生摘下眼镜，瞪着她。——凯恩先生把眼镜摘下（来）。（弗兰克·迈考特《安琪拉的灰烬》）

例（7）的"他"是位移主体，属于施事语义角色，在句法位置上处于主语的位置，该位置使得位移主体得到凸显。例（8）和例（9）都属于致使位移事件，使事占据主语位置，那么位移主体若要得到凸显，既可以用"把"字标记，也可以使其处于宾语位置。不过，这两种凸显都有一定的条件。例（8）中位移主体"照片"用"把"字标记凸显，"搬进照片书房里"搭配不成立，主要是因为宾语位置已由衬体占据，而且位移衬体是一个处所，"搬进书房里"位移信息完整。例（9）位移主体"眼镜"既可以处于宾语位置，也可以用"把"字凸显，这主要是因为衬体由于隐含而未出现，宾语位置得以空出就可以接纳位移主体了。

位移衬体是作为位移主体的衬托而存在的参与者因素，位移衬体作为背景作用既可以凸显，也可以隐含。位移衬体对位移主体主要起处所性衬托、方位性衬托。处所性衬体往往表明位移主体位移的目标或源点，此时往往需要凸显，一般处于动趋式之后宾语的位置，其结构一般是［位移主体+动趋式+处所］或［使事+把+位移主体+动趋式+处所］。方位性衬托往往表明位移主体相对位移衬体的方位关系，此时位移衬体往往隐含，其结构一般是［使事+把+位移主体+动趋式］或［使事+动趋式+位移主体］。例（7）和例（8）中的位移衬体"里屋""书房里"都是处所性衬体，处于宾语的位置，表示位移的终点。例（9）中的位移衬体隐含，一般认为应该是鼻子，当然也有可能是别的事物，但无论是以鼻子为参照还是以其他事物作为参照，位移主体"眼镜"都应该处于参照物的表面。

因此，对于位移事件来说，位移主体和位移衬体都是必不可少的。其中，位移主体必须显现，位移衬体可以显现也可以隐含，即使隐含也往往起着衬托的作用。位移衬体主要对位移主体起方向指引和位置依托作用，而且仅仅只有位置上的衬托关系。

2. 使事

位移性趋向根据位移的力量来源，一般分为自位移和使位移两种。发生使位移需要使事语义要素的参与。位移事件中的使事是致使位移主体发生方向性位移的语义要素。例（8）和例（9）中的"张秘书"和"凯恩先生"就是使事，分别致使照片向书房里的方向位移且最终到书房里，致使眼镜远离隐含的位移衬体（一般是鼻子，也可以是其他）。

（二）空间因素

位移主体相对位移衬体的位移是在一定的空间发生的，空间因素（主要是物理空间）表现为方向与位置。我们认为路径不足以把位移事件的抽象性表现出来，比如"他朝教室走过去"，其路径指"他"运动的轨迹，但该轨迹具有不可预测性，"他"既可以走直线，也可以走曲线，还可以先走直线后走曲线，等等。其实无论怎样的路径轨迹，主要包括两个重要因素：方向因素与位置因素。不管其轨迹如何，其方向是趋于或远离位移衬体。因此，"他"运动的方向是"朝教室"，其位置是教室里或教室外的某一位置。方向因素可以通过"从/朝+处所/方位"显现，位置因素通过衬体显现。例如：

（10）之后，<u>于根华跑出办公室</u>，周一超随即追出，看见走廊上闻声赶来的工作人员，周一超先将刀架于颈部欲自杀，后将刀丢弃，任由保安将其移交随即赶到的公安人员。（《新华社2004年新闻稿》1）

（11）瞅<u>母亲拐过墙角</u>，王镯子左右扫了一眼，迈动碎步，急急地向家门奔去。（冯德英《迎春花》）

例（10）"于根华"运动的方向是远离位移衬体"办公室"，其位置也发生了变化，即由位移衬体里面到位移衬体外部的某一位置。例（11）"母亲"运动的方向发生了变化，但该变化是以墙角作为依托，其位置是"墙角"外的某一位置。

方向因素与位置因素在位移事件中并不一定都是显性因素，也存在孰显现孰淡化的情况。这种情况造成位移事件的典型性差异。主要存在三种情况：［+方向］［+位置］，［+方向］［-位置］，［±方向］［+位置］。例如：

（12）所有的协作队员抬起他，拼死把他抬下了山。(《读者》)
（13）前面有一个人转过头来，轻轻地说："宝宝，他们不害怕，他们晓得对方靠得住。"(《读者》)
（14）陆擎天咬咬牙，从手腕上摘下手表送进了当铺，工厂才运转起来。(《1994年报刊精选》7)

例（12）位移主体"他"位移的方向是向着山下，其位置源点是山上。例（13）位移主体"前面那个人的头"，以弧形方向运动而向着宝宝，其位置并未发生变化。例（14）位移主体"手表"并不一定就是从上到下的位移，摘手表时既可以垂手，也可以平手，甚至可以仰手。因此，例（14）中位移主体的方向是一种相对方向，其位置源点则是手腕，其方向可以看作远离其源点位置，并不一定就是绝对向下。由此可以看出，上述三种情况都存在位移，只不过位移的显性程度不同。

（三）运动因素

原型动趋式的位移性主要通过动词来表现，首要表现为方向性和位移性，而位移性由于外力的差别而表现为运动方式与运动使因。动作自身存在位移性差别，有的动作发生伴随着位移，有的动作发生并不伴随位移。伴随位移的动作可以作为位移事件的因素，但未伴随位移的动作若含有使移因素的话，就可以作为位移事件的因素，主要表现为方式与使因。方式是自位移事件中运动的情况，使因是致使位移事件中运动的情况。运动方式的发出者是施事，也是焦点；运动使因的发出者是使事，与焦点之间存在致使关系。由此，运动因素主要包括［方向性］和［位移性］，后者又可以分化出［自移］与［使移］两种。例如：

（15）当蒙蒙的雨季到来时，象龟就从山上爬下来栖居。(《中国

儿童百科全书》）

（16）它是从遥远的大洋彼岸经过漫长的历程，准备漂到一个美丽的岛国。不料，<u>海浪却把它推上了沙滩</u>。（《中国儿童百科全书》）

（17）却说<u>两个齐国的公子哥在大街上发现一个老头有来头，就差人把老头喊上楼来</u>。（冯向光《三晋春秋》）

例（15）—（17）位移事件中例（15）属于自位移事件，例（16）、（17）属于使位移事件。自位移事件中的动词是运动与方式的合并，如例（15）中的"爬"；使位移事件中的动词要么是运动与使因的合并，如例（16）中的"推"；要么是动作与使因的合并，如例（17）中的"把老头喊上楼来"。自位移事件中位移主体一般就是施事，不能用"把"字结构显化；使位移事件中位移主体一般是受事，而且可以用"把"字结构显化。

因此，在使位移事件中由于动词位移性的差别，存在两种情况：一种是动作使移性，如例（16）；另一种是言语使移性，如例（17）。或者说，使位移事件存在两种使因，一种是使位移主体发生位移，同时自身也发生位移，多是躯体动作；一种是使位移主体发生位移，但自身并不发生位移，多是言语动作。

因此，位移事件中的运动因素，要么具有自移性，要么具有使移性。前者表示位移的方式，即［位移］［方式］；后者表示位移的使因，即［位移］［使因］。

（四）主观视点

复合动趋式还涉及主观视点，即由"来/去"表现，表示趋向或远离观察者的视点位置。主观视点的位置存在三种可能：既可以趋向也可以远离观察视点；只可以远离观察视点；只可以趋向观察视点。如"走进来/进去"视点分别处于隐含衬体内部与外部，"吃进去"视点处于隐含衬体（身体）外部，"从墙上撕下来"视点处于使事所在的位置。

下面，我们就利用概念语义要素对位移事件进行分析，如图3-2所示。

综观而言，表示位移性趋向的动趋式出现的句法格式主要是"位移主体+（从+处所）+动趋式+位移衬体"，或者是"使事+把+位移主体+（从+处所）+动趋式+位移衬体"（处所与位移衬体具有相对性）。位移性趋向对语义要素的要求表现在：位移主体与位移衬体对位移性趋向来说，具有方向指引和位置衬托作用，并不具有其他的整体与部分或一体

A. 自位移事件

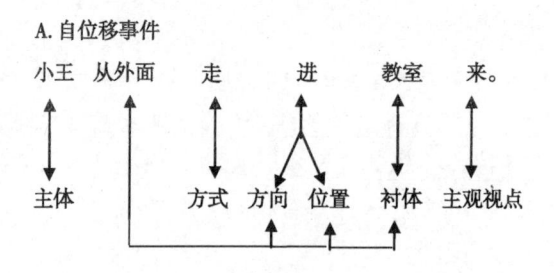

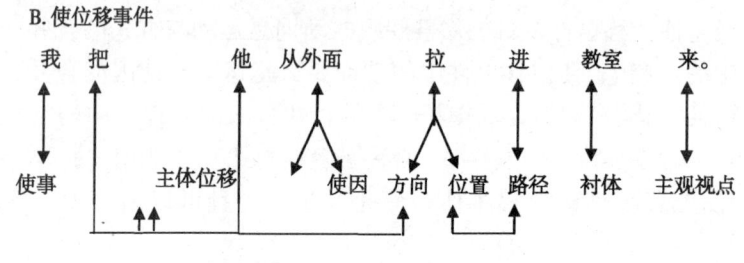

小王　从外面　走　进　教室　来。

主体　　　方式　方向　位置　衬体　主观视点

B. 使位移事件

我　把　他　从外面　拉　进　教室　来。

使事　　主体位移　　使因　方向　位置　路径　衬体　主观视点

图 3-2　位移事件语义要素分析

等关系；位移性趋向发生于物理空间，方向和位置因素对位移性趋向也是必须的，往往可以通过趋向动词表现出来；位移性趋向还必须要求位移要素的存在，位移可以通过自身，也可以通过外部，分别表现为自移和使移。另外，位移性趋向往往还加入主观视点，使位移具有复合性。

二　表达状态事件的动趋式概念语义结构分析

　　表达位移性趋向义的动趋式的判断标准是以位置的变化作为参照，形式上可以前跟"从/向 + 方所性目标"，或者可以后跟处所性目标（如"房""车"等）和方位性目标（如"屋里"、"墙上"等）。表达位移性趋向义的动趋式在位移过程中的方向与运动后所处的位置是运动过程的两个相衔接的阶段。也就是说，表达位移性趋向义的动趋式主要表示：人或事物沿着某一方向运动，以处于移动后的位置为移动的终结点。这种位置变化的前后具有一种对比性，可以用"从 + 处所/方位 + 到 + 处所/方位"来标记。

　　表达状态性趋向义的动趋式不再以位置的变化作为参照，即使某些动作的发生会使某些物体发生移动，会存在位置的变化，但这并不是关注的焦点，而是以运动前后物体所具有的状态的变化作为参照。也就是说，动作发生之前事物具有的状态与动作发生之后事物最终所具有的状态之间形成一种对比。正如 Von Wright（1963，1968）所认识的"变化"一样，是一个状态对另一个状态的否定。① 此时，动趋式中"趋"的方向指引作用已经弱化或消失，既无法指动作运动的方向，也不再指施事或受事运动的方向。"趋"方向性的消失，致使整个结构对"动"的语义也提出了新的要求。它不再要求动词具有位移性或使移性，而是要求动作发生之后人或物体的状态会发生改变而凸显状态性。

状态性趋向虽然表示由某一状态趋向另一状态，但状态变化过程中往往伴随着位置的现实或虚拟变化，只不过位置的现实或虚拟变化已经淡化，而更多的是强调位置变化前后事物所处的状态。这也恰恰说明状态性趋向与位移性趋向之间具有扩展关系，是位移性由显现到隐含、由焦点到淡化甚至虚拟的变化过程。因此，相比较位移性趋向的语义要素，状态性趋向的语义要素有自身特色（如图3-2所示）。

（一）参与者要素

1. 状态主体与状态衬体

位移性趋向中参与者角色包括位移主体和位移衬体，表示位移主体以位移衬体为参照框架发生方向性位移。状态性趋向中参与者角色之间也存在主体与衬体之别，这里主体与衬体之间有的也有位移，只是并未得到强调，得到强调的则是主体与衬体位移之后的状态。状态性趋向强调状态的变化，这是以事物状态变化之前所具有的状态为参照，作对比。

位移性趋向强调位移主体相对位移衬体发生由趋向动词所表示的方向性位移，其中方向性具有可知性，位移具有现实性。状态性趋向中状态主体与状态衬体之间也往往会发生现实或虚拟性的位移，但该位移的方向性并不像位移性趋向中的方向性那么明确，往往具有多样性。但是，正是这种多样性反而显示其方向的不可知性。就拿表示状态性趋向的"V上"来说，"我把照片贴上"中"上"并不一定表示"由低到高"，而是关乎状态衬体的位置。若以天花板为衬体，则虽然可以说是"由低到高"，但天花板并不具有位移衬体所具有的支撑性，所以只能说照片处于天花板的表面上，而这个表面恰恰指向下方。若是以墙为衬体，则我们并不能明确说是"由低到高"，而只可说照片趋于衬体——墙，最后照片同样处于墙的表面上。另外，我们也注意到"我把照片贴上"状态衬体不具有可知性，或者说具有多样性，以至于可以不在句中出现。这一点也是与位移性趋向的差别所在。

位移性趋向中位移主体具有运动性，而位移衬体既可以具有运动性也

---

① 此处转引自孙英杰《现代汉语体系统研究》，黑龙江人民出版社2007年版，第96页。

可以具有静态性。状态性趋向中状态主体与状态衬体之间的运动与静止是相对的，一般而言状态主体具有运动性，状态衬体具有静态性。不过，也存在状态主体是静态性的，而状态衬体则是动态性的；存在状态主体也是动态性的，而状态衬体也是动态性的。以"V上"为例：

(18) 叶月芳走出去，她轻轻把门关上。（周而复《上海的早晨》）
(19) 他在华盛顿有一个小公寓，每次离家，他就用塑料布把家具盖上。（李胡兵《"金凯"们并不浪漫》）
(20) 我紧走几步，追上他。（《人民日报》1995年3月）

例（18）状态衬体"门框"隐含，其存在状态是静态，而状态主体"门"发生趋向门框的位移，最后"门"与"门框"接触而出现闭合的状态，这与两者状态变化之前因具有距离而存在的开的状态相对照。或者说，两者发生由相离到依附的状态变化。例（19）中状态衬体"塑料布"是通过"用"来凸显，发生趋于状态主体"家具"的位移，最后"塑料布"与"家具"接触且处于其表面上，致使家具处于"盖着"的状态。例（20）状态衬体"他"处于运动之中，而状态主体"我"发生趋向"他"的位移，最后"我"与"他"处于接触状态。

因此，上面这种情况主体与衬体之间的状态是通过位移实现的，有的是主体位移，有的是衬体位移。不过，这种伴随着状态变化的位移与发生方向和位置变化的位移并不相同。位移性趋向突出的是主体的方向性位移，强调的是位置的变化，即从一个处所到另一个处所；状态性趋向并不突出这种原型方向的位移，强调的是状态的变化，即从一个状态到另一个状态。另外，两者的差别还在于主体与衬体之间的关系。位移性趋向突出主体与衬体之间的位置关系，可以在衬体的上面、下面、里面、外面等；状态性趋向突出主体与衬体之间的状态，主体可以附着于衬体表面，主体可以是衬体的一部分等。然而，两者也有相同之处，即都表示一种伴随着变化的趋向，而且变化之前和变化之后，无论位置还是状态都具有一种对比性。

由位移性趋向到完全的状态性趋向的扩展还带有一种过渡性。这种过渡性表现在位移性的逐渐淡化，状态性的逐渐凸显，而且往往两者皆有。此时，趋向动词往往还可以表示一定的位移性，但方向性已经不再典型，而且表示的位置也发生变化，由衬托变为附着。因此，衬体还可以出现或者隐含,如"他用手把嘴捂上"和"他把外套穿上"。随着状态性的逐渐凸显,位移性逐渐淡化,衬体甚至无法察觉。这种情形下,状态衬体往往不再需要,而仅仅保留状态主体,如"我终于穿上新衣服了","他们一举攻下成都"等。

2. 使事

状态事件也存在状态是由内动力还是由外动力引起的差别,可分别称之为自态事件与使态事件。自态事件中状态主体处于主语位置,具有施事语义关系;使态事件中除了状态主体之外,还存在使事这一语义要素。使事多处于主语位置,而状态主体往往由"把"字凸显。例如:

(21)售货员催她离店,她才从书境中醒来:"阿姨,这本书能分册单卖吗?"(《1994年报刊精选》2)

(22)结果是可想而知,那人当场昏死了过去,再也没有醒来。(《1994年报刊精选》11)

(23)每天清晨,我在鸟儿们此起彼伏的鸣啭声中醒来,周遭的空气里洋溢着这些精灵纯真的欢歌。(《人民日报》1993年5月)

(24)这样想着想着,他竟不觉昏然睡去。(《1994年报刊精选》8)

(25)她终于安静地睡去,长眠不醒了。(《1994年报刊精选》2)

(26)1715年,他在人民群众的一片怨声中死去。(《中国儿童百科全书》)

例(21)—(26)都是表示状态主体自身意识的状态变化。例(21)、(22)和(23)表示生命或意识回归到状态主体的自然状态,即由处于书境、昏死和睡梦状态回归到正常的苏醒状态。例(24)、(25)和(26)表示生命或意识远离状态主体,即远离正常的苏醒状态而趋于睡梦、长眠和死亡状态。

(27)她走了出去,轻轻把门关上,留下我单独一人,听着雨声。(《读者》)

(28)一霎时,李老汉被五花大绑捆起来。(杜鹏程《保卫延安》)

(29)黑娃悲哀地扭开脸,忽然跳起来说:"我将来挣下钱,先

买狗日的一口袋冰糖。"（陈忠实《白鹿原》）

例（27）—（29）都是表示使事致使状态主体发生状态变化。例（27）表示门由开到关闭的状态变化；例（28）表示李老汉由自由到不自由的状态变化；例（29）表示黑娃从没有钱到挣到钱的状态变化。

就位移性而言，位移主体的位移性是其根本属性，而状态主体则既可以发生位置变化，也可以不发生位置变化。虽然位移主体可以发生位置变化，但更多的是强调位置变化前后的状态对比。例如：

（30）她大发脾气，骂我是蠢猪，命令<u>我将行李搬上车</u>，而她自己却在一边悠闲地抽着烟。（《读者·合订本》）

（31）他朝柜台后的一个男子点点头，带我走进后边一间废弃的库房。<u>他关上门，拉上窗帘</u>。（《塞莱斯廷预言》）

（32）男子在森林中烧出一块地方，<u>妇女拿一根木棍在地上杵个坑</u>，每个坑里扔上四、五粒玉米，然后再<u>用脚把坑填上</u>。（《读者·合订本》）

位移主体需要位移衬体作为背景来凸显位移性，例（30）位移主体"行李"的位移方向与位置是以位移衬体"车"为参照。例（31）主要表示"门"或"窗帘"由开到闭的状态变化，由开到闭往往伴随着位移，但位移过程已经淡化，位移前门与窗帘的状态与位移后的门与窗帘的状态才是所要强调的焦点。例（32）中状态主体"坑"并不能发生位移，"坑"本身具有洼下去的状态，用脚填入泥土则坑成为平地，表示由洼到平整的状态变化。

（二）空间要素的扩展

位移事件中空间因素往往通过处所性目标或方位性目标体现，而状态事件中空间因素已经淡化，表现为［方向］［位置］已经淡化且成为语义扩展的源义。这说明状态性趋向源自位移性趋向，两者之间并不能截然分开，状态性趋向其实或多或少都隐含着位移性趋向。大致来看，主要存在两种情况。

一是发生位移但并未得到强调，而且方向性并不明确，主要强调位移前后状态主体与状态衬体之间的状态变化。

例如"V下"所表达的位移性趋向是指参照地球引力而发生由高处到低处的纵向位移，其位移衬体既可以表示源点，如"他跳下床"；也可以表示终点，如"他跳下河"。前者表示位移主体以"床"为源点参照发生向下的位移，同时包含着位移主体远离位移衬体，由此生发出状态性趋向义"脱离"义，比如"他把馒头掰下一块给我"。此种情况下是否发生由高到低的纵向位移并不明确，突出的是"远离"。同时，此种情况下主体与衬体之间具有特殊的语义关系，要么是整体与部分关系，要么是附着关系，并非衬托关系。后者表示位移主体以"河"为终点参照发生向下的位移，同时包含着"他"趋于"河"且存在于河中，由此生发出状态性趋向义"留存"义，比如"我（在纸上/墙上）写下母亲的名字"。此种情况是否发生由高到低的纵向位移也不明确，故此衬体可以出现也可以不出现，而突出的是"留存"。

二是发生虚拟位移但并未得到强调，存在虚拟方向，主要强调虚拟位移前后状态主体与状态衬体之间的状态变化。该位移已经进入心理空间的范畴，是一种心理位移。

例如"来/去"是以主观参照为原型义，具体来说就是以观察者视角来看待，主要差别在于位移主体与状态主体之别。表位移性趋向的"V来/去"（如走来/跑去）中位移主体以观察者为位移衬体而发生趋于或远离观察者的位移活动，而表状态性的"V来/去"（如醒来/死去）中生命或意识以状态主体为参照而发生趋于或远离状态主体的隐喻性位移活动。实际上，后者是把生命或意识作为隐喻性位移主体，把状态主体作为隐喻性位移衬体，发生的是一种虚拟位移。通过此种分析可知其语义来源，但由于现实中位移并未发生，或者位移因素、位置因素等已经淡化，我们往往不好再将其归入位移性趋向义，多表现出一种状态的变化。

（三）状态要素

位移性趋向存在自移与使移的对立，在状态性趋向中同样存在：自态与使态。自态义的动趋式主要是由与生命或意识有关的状态动词，以及语义已经发生扩展的趋向动词构成。与生命或意识有关的状态动词主要包括死、睡、醒、晕、昏、昏迷、苏醒、觉悟等，而趋向动词主要是"来/去"及"过来/过去"，两者搭配而成的动趋式主要表示有生主体生命或意识状态的变化。

使态义的动趋式主要是由致使事物发生状态变化的动作动词及语义已经发生扩展的趋向动词构成。致使事物发生状态变化的动作动词，同样伴随着现实位移或虚拟位移，但是这种位移不仅方向性不明确，而且在事件变化中并未得到强调。这说明动作动词内部存在三种差别：一种是既具有使移性又具有使态性的，一种是仅具有使移性的，一种是仅具有使态性的。

既具有使移性又具有使态性的动作动词的区别主要通过主体与衬体的关系来体现。如动作动词"拉",在"他一把把我拉上床"中具有使移性,而在"他叫我拉上窗帘"中具有使态性。虽然两例中主体都发生了位移,但位移的凸显是差别所在:前者"拉"这个动作使我从下面到床上并处于床上,后者"拉"这个动作使窗帘关闭并处于关闭状态。

具有使态性的动作动词,有的本身就隐含着状态主体最后所具有的状态,如"关上门"中"关"本身就意味着"门"最后是关闭着的,"挣下钱"中"挣"本身就表示一种获得。有的表示状态主体的衣食住行等方面的需求,而不再仅仅表示动作行为,如"我们一家终于吃上肉了"、"我终于穿上新衣服了"等表示的是吃穿方面需求的实现。

具有使移性的动作动词多表示躯体组成部分的运动,这些动作动词多表示身体的组成部分发出的动作,如"仰起头"、"弯下腰"、"直起腰"、"举起手"等。

综观而言,表达状态性趋向的动趋式出现的句法格式主要是"状态主体+动趋式"(他醒来了)、"使事+动趋式+状态主体"(我关上窗户)、"使事+把+状态主体+动趋式"(我把窗户关上)等。

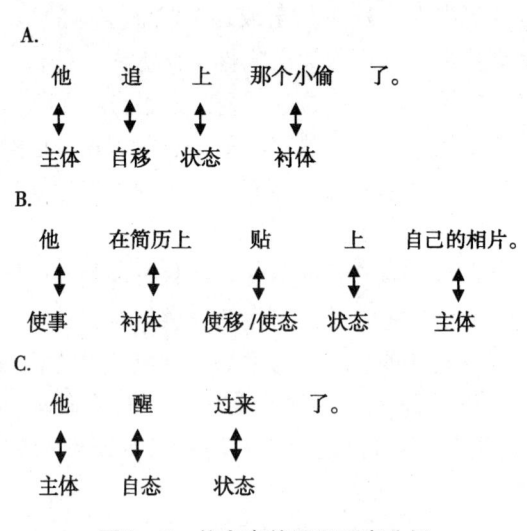

A.
他 追 上 那个小偷 了。
↕ ↕ ↕ ↕
主体 自移 状态 衬体

B.
他 在简历上 贴 上 自己的相片。
↕ ↕ ↕ ↕ ↕
使事 衬体 使移/使态 状态 主体

C.
他 醒 过来 了。
↕ ↕ ↕
主体 自态 状态

图3-3 状态事件语义要素分析

三 表达时体事件的动趋式概念语义结构分析

表达时体义的动趋式,由于"趋"已经不再具有[位移][状态]

义，因此对动词的语义产生了新要求。例如"我把他骂进屋了"中"骂"是具有使移性的动词，而"他俩又骂上了"不再凸显"骂"的使移性，而强调其时间特征上的［－终结］［＋过程］，即没有自然终结点的动态动作。时体义的动趋式要求凸显动词的时间性结构，即从［±终结］［±过程］（也有称之为［±有界］［±阶段］）的角度来观察动词的时间特征。

表达时体义的动趋式，要么表示事件的开始并持续，要么表现事件的继续。因此，时体义动趋式表现事件在时间上的动态延续性，整个事件具有过程性。动词的持续与非持续性主要由动词的时间性决定，而"动词的时间性是由动词的词汇意义决定的"（龚千炎，1995：1）。持续存在动态持续和静态持续两种形式，动态持续主要表示动作行为开始之后的运动性持续（如"走、跑、研究"）；静态持续主要表示动作完成之后状态的存在性持续（如"坐、躺"）。

当然，"动词的词汇意义是为句子的时间特征提供了某种可能性，但还是潜在的，只有运用到言语交际中与其他句子成分一道构成句子，才在多种可能性中选择、确定了一种时间类型，才是现实的"（龚千炎，1995：1—2）。例如，动词"走"表示持续的动作行为，但在"1公里走下来"中，表示的是有限的持续行为。因此，动趋式表示的时体意义，虽然与动词的持续性有着密切的关系，但时体事件并不完全由动词的持续性决定，而是由时体事件的整体持续性而定。

（一）参与者要素

时体性趋向主要强调事件的内部时间结构特征：起始、持续、终结。与位移性趋向和状态性趋向相比，其参与者要素对衬体的要求并非必需，而主要强调主体存在的体特征：动态持续。时体性趋向中具有动态持续体特征的主体，跟位移主体相比是否具有位移性并不重要，重要的是具有可运动性，如"他跑上楼"与"他在跑步机上跑了起来"；跟状态主体相比并不强调最后的静态，反而是强调其动态性，如"门关上了"与"板凳又晃起来"。因此，时体性趋向中主要表示主体趋于某种时体。例如：

（33）他噔噔噔地大甩臂<u>跑上去了</u>。（《读者》）

（34）（<u>小得</u>）一开始就是埋怨，后来骂习惯了，什么都骂。这天半夜起来，一边给马拌料，一边<u>又骂上了</u>。（刘震云《故乡天下黄花》）

（35）"南洋路！"<u>唐纳</u>拉着她的手<u>跑起来</u>。他们在深夜静静的马

路上笑着，跑着……（王素萍《她还没叫江青的时候》）

(36) 人还未进门，便喊起来："东儿，来下货！"（《人民日报》1993年10月）

(二) 时体要素

跟位移性趋向的方向性位移、状态性趋向的状态相比，时体性趋向表现的是时体特征。时体性趋向体现的时体特征主要包括起始体（V 起来/起/开/开来）、继续体（V 下去）、动态持续体（V 上）、有限持续体（V 下来）。就整体情况来看，时体性趋向依据持续时间的量可以分为限时持续和不限时持续。限时持续主要是由于持续的时间是有界的、可量的，而不限时持续主要是由于持续的时间没有自然的终结点，是无界的。持续的有限性与无限性形式上的差别主要在于是否出现表示有界的数量或时量短语。例如：

(37) 这春晚咱哥们是不想上了，免得被观众骂上一年，郭德纲倒是彻底醒目了。（《半岛晨报》2008年10月14日，A23版）

(38) 西城村1770多户人家，光育龄妇女就有1700多人，在村里走上一圈，就10华里。（《人民日报》1994年第二季度）

(39) 第二天上午，耿老师如约而至，一系列的检查项目做下来，仍然没有发现肿瘤的存在。（人民网）

(40) 这个职务给他每年带来四万法郎的收入，十年做下来，他已偿还了保证金，并且还替我妹妹攒下了嫁妆。（《茶花女》）

例（37）—（40）都表示限时持续，表示限时持续的动趋式主要是"V 上 + 动量/时量/距离"，以及"动量/时量/距离 + V 下来"。两者的差别除了在于有界的动量或时量短语的位置之外，还在于后者表示主观性的时间参照，前者仅仅表示动作持续的有限量。"骂上一年"表示骂这一动作动态性持续的量，或者说一年内骂这个动作一直在持续。"走上一圈"表示走这一动作动态性持续的量，或者说走的持续时间是以一圈为计。"一系列的检查项目做下来"是以"现在"作为主观性的时间参照，做检查持续的时间是以一系列的检查项目为计。"十年做下来"也是以"现在"作为主观时间参照，职务做了十年。

(41) 有一次正赶上人家在搬花儿，我就二话不说的帮着搬上

啦。(搜狗)

(42) 有一次，<u>老人</u>又无缘无故地<u>骂起了人</u>，他的妻子怎么哄也哄不好，便急急火火地找到已下班的宋桂玉："宋，你包大爷又开始骂人啦，你快来看看吧。"(人民网)

(43) <u>张玉华</u>把"令棍"往床下一摔，"哇"的一声<u>哭起来</u>。(《1994年报刊精选》5)

(44) <u>一辆有了年头的吉普车</u>带着我们在深山老林里<u>跑开了</u>。(《1994年报刊精选》6)

(45) <u>她</u>还是低头编席，可是悄声地用粗话<u>骂开来</u>了："这瘟死的，也不捎个信，迈出大门，就把人忘了。"(周立波《暴风骤雨》)

例(41)—(45)主要是不限时动态持续，表示此义的时体性动趋式没有有限量的限制。综观来看，表示时体性趋向的动趋式出现的句法环境有其自身特色，相比较前两种趋向义具有简单性，即句法格式一般是"动态主体+V上/起/起来/开/开来"(他又骂上了)，"主体+V上+动量/时量/距离"，以及"主体+动量/时量/距离+V下来"。

(三) 运动要素 [持续] / [反复]

动趋式不同的语义类型对动词的语义具有不同的选择性。位移性趋向一般要求动词具有位移性或使移性，状态性趋向要求动词具有状态性或使态性，而表示时体性趋向的动趋式往往要求动词具有持续性或可重复性。例如：

(46) 这时候，走在冰冻雪封的胡同里，周围一片洁白，连嘴里哈出的热气也是白的，人世间一切污秽连同你所有的烦恼和忧愁，都被这寒冷的白雪隔绝了开来，你只想沿着前面的人们已经踏出的脚印，一直<u>走下去，走下去</u>……(张锲《哦，北京的胡同》)

(47) 武汉客馆直冒火，大家也冒火，都冒火，<u>吵开了</u>，<u>骂开了</u>，<u>打开了</u>。(乔典运《香与香》)

第四节 小结

由以上分析可知，动趋式事件结构类型的差异体现为概念语义成分的

A.
```
她    又开始  骂    上  了。
↕           ↕    ↕
主体       持续性  持续
```

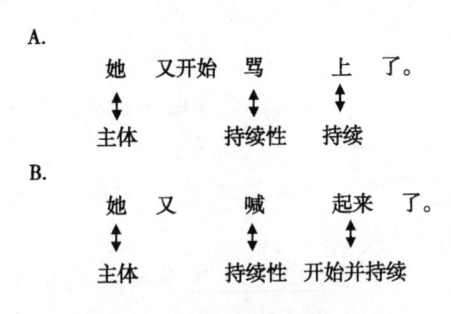

B.
```
她    又      喊    起来  了。
↕           ↕    ↕
主体       持续性  开始并持续
```

图 3-4　时体事件语义要素分析

不同。在参与者要素上，表现为主体的位移性、状态性和时体性，衬体由显性或隐性存在到不需要的变化；空间要素上，表现为方向和位置的淡化、虚拟化和隐喻化；运动要素上，体现为动词位移性和方向性，自态性和使态性，持续性和反复性；主观视点上，体现为视点的凸显、淡化以及隐喻化。

通过分析动趋式的概念语义结构，有助于我们解决目前动趋式的语义扩展机制问题。就动趋式的语义扩展机制而言，我们认为存在两种不同的扩展方式：一是由客观位移到抽象位移（包括心理位移）、到状态的扩展方式；二是由客观位移到时体的扩展方式。该认识既有客观基础也有认知依据。第一种扩展方式伴随着方向、位移的凸显、淡化和虚拟化，是一种由具体到抽象的扩展，该方式是语义扩展的普遍方式之一。这与王国栓（2005）所认识的发散式的语义扩展机制：客观位移到抽象位移，客观位移到结果有所不同。我们认为抽象位移或心理位移是位移义扩展到状态义的过渡状态，是一种位移由客观（凸显）到抽象（淡化、虚拟）直至消失的变化。第二种扩展方式是人类普遍的认知机制，即由空间到时间的隐喻性扩展。而且由于隐喻关系的存在，方向在位移性趋向中表现为空间向，在时体性趋向中表现为时间向。从概念语义结构来看，状态与时体之间不存在直接的隐喻性扩展关系，这与王国栓（2005）的看法一致。

分析动趋式的概念语义结构，也对我们解决动趋式的语义判断标准问题具有重要的启示作用。动趋式的语义判断主要涉及位移义与状态义。两者的核心语义结构是不同的，关键在于位移淡化、虚拟化的动趋式的语义判断问题。具体而言，主要存在两种情况：一是主体的抽象性带来的语义判断问题；二是位移的虚拟化和心理性带来的语义判断问题。概言之，就是如何判断表达抽象位移或心理位移的动趋式是位移义还是状态义这一问题。

第四章 "V来""V去"的概念语义结构及其扩展路径

第一节 引言

"来"和"去"作为趋向动词,具有双重特性,不仅表示方向性,而且还具有参照性。概括来说,"来"和"去"是一种主体参照的概念化。"来"和"去"自身表示以视点为参照的方向性位移,还可以与其他简单趋向动词结合构成复合趋向动词,凸显位移的主观参照。"来"和"去"的语义场景应该是非常清楚的,就像陈贤所认为的那样,条件未必有那么复杂。简而言之,"来"的基本语义表示趋向视点的位移;"去"的基本语义表示远离视点的位移。

正如前文所说的,"来"和"去"的视点必须具有依存性。一般我们可以说"他向我走来",视点与衬体融合;而不说"他向桌子走来",视点与"桌子"无法融合;而"他向我这张桌子走来",视点可以依托"我这张桌子"而存在。"去"与此有所不同,"他向她走去",视点与衬体远离;还可以说"他向桌子走去",视点与"桌子"远离,视点依托桌子之外的某一处;同样道理,也可以说"他向那张桌子走去"。

主体与衬体的关系对动趋式的语义具有非常重要的作用,对"V来/去"来说,也是如此。比如"他向我走来"中主体"他"与衬体"我"仅仅存在位移的方向性衬托关系,而且是一种自位移;"妈妈给我拿来一本书"中主体"一本书"与衬体"我"也是方向性衬托关系,不过这是一种使位移。上述主体与衬体存在一种方向性指引关系。如若衬体与主体具有依存关系,则语义就会发生变化,即由位置变化到所有的变化。比如"这本书是我蹭来的",主体"这本书"由属于别人到属于我的变化;"他不小心把名字擦去了",主体"名字"由存在到消失的变化。

遵循上述思路，我们对动趋式"V 来"和"V 去"的概念语义结构及其扩展路径分析如下。

第二节　主体参照的概念化与"V 来"

一　位移性趋向：趋向视点

"V 来/去"表示朝向或离开观察主体的视点（通常是说话人所在位置）的移动，可以简化为"位移主体相对观察主体之视点发生位移"。由于这种运动强调观察主体的视点所在的位置，其运动的方向是以朝向或背离观察主体的视点为参照，并不强调空间方位性。因此，跟"来、去"组合的动词一般是泛向位移动词或具有使移性的非位移动词。这种情况多以观察主体的视点来确定是"来"还是"去"，而衬体往往具有隐含性或者与观察主体重合。

（一）自位移

自位移"V 来"中的"V"主要是自移动词"走、跑、跳、飞"等。就"V 来"来看，衬体存在起点衬体与终点衬体两种情况，分别用介词"从""朝/向"介引。而主体视点都处于位移终点的位置，主体视点与终点衬体处于同一位置，如例（1）、（2），而与起点衬体处于相对位置，如例（3）、（4）。

1. 主体＋朝/向＋终点衬体＋V 来

（1）第二天，<u>一个 50 岁上下的男人朝我的车走来</u>，更准确地说，是朝我这个人走来，因为，他的视线里只有我，而并不注意那辆车。（《中国北漂艺人生存实录》）

（2）一天，我正在地铁口唱歌，小五下了地铁从地铁口钻出来听到我的歌声便停住了脚步，<u>他站在我的面前三四米的地方，听了足足半个小时，然后便慢慢地向我走来</u>。（《中国北漂艺人生存实录》）

2. 主体＋从＋起点衬体＋V 来

（3）正说着，<u>李钟郁从走廊一端走来</u>，依旧是急促的步伐，脸上是充满诚意的微笑。（《新华社 2004 年新闻稿》3）

(4) 不一会儿，<u>一个人从远处向这边走来</u>。(《1994 年报刊精选》6)

自位移事件中，主体的位移方向始终是趋向视点，这一点是其语义核心。只是无论终点衬体，还是起点衬体，其作用都只是在将视点的位置信息变得明确。以至于衬体可以隐含而不出现。例如：

(5) 只见<u>小玉一个人慢慢地走来</u>，走得很轻，犹如柳絮。(《1994 年报刊精选》6)

3. 主体 + V 来

"来"的方式主要由动词表现，主要是躯体运动动词，表示主体趋向视点的位移。如若主体数量较多，则有时会强调趋向视点之后所形成的状态，这种状态便通过动词体现出来。如例 (6)、(7)。

(6) <u>围观的孩子们被老殷头赶跑了，不一会儿又都聚拢来</u>。(刘月华例)

(7) <u>越来越多的群众围拢了来</u>，……（刘月华例）

(二) 使位移

使位移"V 来"中的"V"主要是使移动词"拉、推、拿"等。使移动词凸显动词的使动性，因此致使事物移动的有身体动作动词"踢""拉""扔"等［如例 (8)、(9)、(11)、(12)、(14)、(15)］，言语动词"叫""喊""哭"等［例 (10)、(16)］，或者其他具有致使性的行为方式的动词"约"、"派"等［例 (13)］。具体的概念语义结构如下：

1. 使事 +（从 + 起点衬体）+ V 来 + 主体

(8) <u>孩子的母亲拉来工作人员</u>，同他们理论，因为他们已经等候了半个多小时。(《新华社 2004 年新闻稿》3)

(9) <u>孩子们从邻居家拉来车子</u>，<u>从里屋拿来被子</u>，将他拉到镇医院。(《1994 年报刊精选》3)

(10) <u>徐凤英喊来了秀妮</u>。(杨沫，刘月华例)

2. 使事+把+主体+（向+终点衬体）+V来

（11）有几个战士把王老虎推来了，嚷嚷着说："连长，老虎躲在人背后，不敢露面。"（杜鹏程《保卫延安》）
（12）他没料到傅贵会突然把球向他踢来，蓦地竟涨红了脸："傅总，这事我还没考虑成熟。"（张卫《你别无选择》）
（13）他把我们约来的，就前天。（曹禺）

3. 主体+被/让/叫+（使事）+V来

（14）一次，一个病人被抬来见华佗，病人两手捂着肚子，痛得在担架上打滚。（《中国儿童百科全书》）
（15）越来越多的伤员被送来。（杜鹏程《保卫延安》）
（16）我刚刚被他喊来。（《新华社2004年新闻稿》2）

自位移事件中主体处于主语位置，起点衬体和终点衬体居于"V来"前，并分别通过介词"从"和"向"表现；使位移事件中主体位置比较灵活，可以居于宾语位置、把字介引的宾语位置和主语位置，分属于不同的句型：动词谓语句、把字句和被字句。但不管是自位移还是使位移，主体均发生趋向视点的位移。

二 状态性趋向：趋向获得者

状态性趋向的"V来"不再强调位置的变化和方向性位移，而是强调主体的所有者的变化，而且主要是凸显获得者。方向性位移伴随着位置的变化，而由某一所有者到另一所有者，虽然也会发生位移，但此时的位移仅仅是一种伴随情况。从"注意力视窗"的观点来看，位移已经隐化为背景，从而凸显某一事物由某一人所有到由另一人所有的变化。而这里的某一事物既可以是客观事物，也可以是虚拟事物，但无论是客观事物，还是虚拟事物均发生了趋向获得者的变化。我们将这种所有者的变化称为"状态性趋向"。具体来看，主要存在下面几种情况。

（一）趋向获得者——获得

趋向获得者——获得这一语义，表现在位移和路径这一对概念要素由凸显到淡化，甚至虚拟化的变化。运动要素也不再存在运动方式（即自动），而主要存在运动使因（即使动），而且是致使事物发生归属变化的使因。位移的淡化和虚拟化与主体的具体和抽象性质——对应。

A. 位移淡化

位移性趋向"V来"的主体发生了实际的位移，该位移表现为空间位置的物理变化。"V来"表示的是趋向主体视点的位移，若位移发生淡化而不加以强调的话，往往就会突出其他方面。这里凸显的是事物所有权发生了转移，表示获得义。表示该意义的动词主要是具有"获得"义的动词，如"买、赢、得、抢、偷、骗"等，其结构形式一般是"使事+从+衬体+V来+主体"。例如：

（17）福雷德里克采用了一个简便的方法，<u>从美国海军买来一些多余的导弹</u>。(《中国儿童百科全书》)

（18）<u>中国18岁小将黄珊汕在20日晚进行的女子蹦床比赛中获得铜牌</u>，<u>为中国赢来首枚奥运会蹦床奖牌</u>。(《新华社2004年新闻稿》3)

B. 位移虚拟

表示位移淡化的获得义，是具体的事物发生所有权的变化，所有权的变化伴随着事物位置的变化，但事物位置的变化被淡化，凸显的则是所有权的变化，即获得。表示虚拟位移的获得义则是源自主体性质的抽象性，如例（19）中的"教训"、例（20）中的"掌声"和例（21）的"皇权"。这是由抽象事物带来的虚拟性位移，同样突出获得义，其结构形式一般是"使事+V来+主体"。例如：

（19）（<u>张维权</u>）300多万元的损失，<u>买来一个大教训</u>："要想生产出百分之百合格的产品，必须先培养、造就出百分之百合格的工人。"(《1994年报刊精选》3)

（20）没等日本观众高兴劲过去，随即出场的<u>王曼丽</u>以38秒67的成绩，把上述3位日本运动员全部挤到了自己的身后，<u>赢来热烈掌声</u>。(《新华社2004年新闻稿》1)

（21）我国明朝明太祖朱元璋的四子燕王<u>朱棣</u>为争夺帝位，发动了靖难军兴的政变，<u>从侄儿朱允（史称建文帝）手里抢来了皇权</u>。(《读者·合订本》)

（二）趋向主体——常态

所有表示的状态性趋向源自位移性趋向，是由物理位移到虚拟位移的扩展。发生虚拟位移的事物具有抽象性，就"V 来/去"而言主要是发生虚拟位移的抽象事物是"意识"。但是，虚拟位移的参照并未发生改变，仍旧是观察主体，就"V 来/去"而言参照主体是意识所依附的主体。也就是说，"V 来/去"的状态性趋向义表示"意识相对主体发生虚拟位移"，即意识趋向或远离主体。意识相对主体发生虚拟位移，最后主体获得的是一种生命状态，或有意识，或无意识，甚至处于死亡状态。因此，我们把"V 来"称为"内趋向"，表示趋向主体常态。因此，"V"主要是表示意识存在的单音节动词，如例（22）中的"醒"；而双音节的表示意识存在的动词"苏醒"等由于韵律搭配不合而无法组合使用，其结构形式一般是"主体 + V 来"。例如：

（22）亚当被描绘成一个身体健美的青年，刚刚<u>从睡梦中醒来</u>，还没有力气，站不起来，他正仰起头，一只手臂撑着身子，另一只手伸向上帝，渴望获得力量和智慧。(《中国儿童百科全书》)

（三）趋向获得者——判断

有一些感官动词，如"说、看、听"等跟"来"搭配往往表示通过主体感官的判断活动而获得一种看法、观点或认识。而且，有的搭配已经固化为引出观点或认识的结构，例如"在我看来、说来、总的说来、一般说来、概括说来、具体说来、说来有趣，在……听来"等。

（23）他在全明星队的第二场比赛我见到他时，他把球衣送给了我。<u>在我看来</u>，我们是一生的朋友。(姚明《我的世界我的梦》)

（24）谈了一年的女朋友就这样分手了，我真是想不明白，那些刻骨铭心的山盟海誓，怎么会禁不起这么点风浪。<u>看来</u>，所有的誓言都是靠不住的。(《中国北漂艺人生存实录》)

（25）这样一位蛮横凶猛的家伙，居然也有一位知心的小朋友——犀牛鸟。<u>说来也怪</u>，它们从来不吵架，总是和和睦睦，朝夕相处。(《中国儿童百科全书》)

（26）祝传济提到"拉拉马步"四个字时，语调是十分平静的，但<u>在纪洪礼和赵金喜二人听来</u>，还是从这看似平静的语调中感到了一种杀气。(《中国农民调查》)

基于以上分析，"V 来"的语义扩展路径如图 4-1 所示。

```
                          ┌ 非意识 ──→ 获得
趋向视点 ──→ 趋向获得者 ┤ 意识 ──→ 常态
    ↓           ↓         └ 感官 ──→ 判断
位移性趋向    状态性趋向
```

图 4-1　"V 来"的语义扩展方式

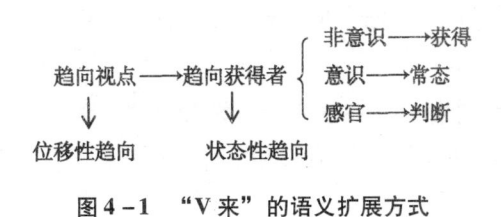

第三节　主体参照的概念化与"V 去"

一　位移性趋向

"V 去"表示离开观察主体视点（通常是说话人所在位置）的移动。由于这种运动强调观察主体的视点所在的位置，其运动的方向是以背离观察主体的视点为参照，并不强调空间方位性。因此，跟"去"组合的动词一般是泛向位移动词或具有使移性的非位移动词。

（一）自位移

自位移"V 去"中的动词主要是自移动词"走、跑、跳、飞"等。就"V 去"来看，在自位移事件中，终点衬体一般需要存在，起点衬体既可以显现也可以不出现。这与"V 来"所表达自位移事件中的衬体有所不同，终点衬体可以不出现，这主要是因为视点可以作为终点存在。主体视点处于位移起点的位置，有的可以通过"从+起点衬体"凸显，有的只出现终点衬体，其视点处于主体位移之前所处的位置。也就是说，远离主体视点所处的位置的位移称为"V 去"。主要有如下两种结构形式。

1. 主体＋朝/向/往＋终点衬体＋V 去

（27）张桂全显然不甘心，就朝张桂玉的屋后走去，边骂，边叫阵："小桥（张桂玉的小名）你个狗日的，有种跟我过来！"（《中国农民调查》）

（28）颜真卿二话没说，就纵身往柴火跳去，叛将们连忙把他拦住，向李希烈回报。（《中华上下五千年》）

（29）就在我犹豫的那一瞬间，他趁机战战兢兢地上了木架，向另一栋楼的阳台纵身跳去。（《读者·合订本》）

2. 主体+从+起点衬体+向/往+终点衬体+V去

（30）她常常一个人站在屋外的篱栅旁，久久地眺望着那一望无际的田畴：当年郭沫若就是<u>从篱栅的缺口处向田陇上走去</u>的，从此一去不见踪影。（桑逢康《郭沫若和他的三位夫人（11）》）

（31）<u>他们正从南粤大地向河源走去</u>，从神州处处向河源走去，从大洋彼岸向河源走去，从世界的每一个角落向河源走去……（《1994年报刊精选》4）

（二）使位移

使位移"V去"中的"V"主要是使移动词"拉、推、拿"等。使位移事件中的终点衬体可以出现〔如例（34）、例（36）、例（38）、例（39）〕，也可以隐含〔如例（32）、例（33）、例（35）、例（37）〕。由于使事的存在，表达使位移的动趋式结构形式中主体的位置比较灵活：主谓句中主体处在宾语位置（见1），把字句中主体由把凸显（见2），被字句中主体处于主语位置（见3），主谓句中主体处于受事主语位置（见4）。

1. 使事+（往+终点衬体）+V去+主体

（32）那小外甥告诉他："<u>我们拉去三卡车货</u>，他们一车都不要，愣说质量有问题。"（陆天明《苍天在上（5）》，载《作家文摘》1996年）

（33）秦可卿那晚从正房回到天香楼后，在贾珍到来之前，<u>搬去了一把椅子</u>，并准备好了套在画梁上的红绸带……（刘心武《秦可卿之死》）

2. 使事+把+主体+（往+终点衬体）+V去

（34）她低头看了看她，仍然<u>把她往楼上拉去</u>。（琼瑶《月朦胧鸟朦胧》）

（35）"要那样，干脆<u>把给我做的那口六寸厚的柏木棺材抬去</u>罢！"（冯志《敌后武工队》）

3. 主体+被/让/叫+（使事）+V去+终点衬体

(36) 1988 年仲秋，劳累疲乏的刘剑，被朋友拉去文化馆。（《人民日报》1993 年 1 月）

(37) 如果碰巧那家要娶媳妇，他们就被推去，"呜哩哇啦"地吹一天，吃一天好饭。（史铁生《我的遥远的清平湾》）

4. 主体+（被+使事）+往/朝+终点衬体+V 去

(38) 轿子飞快地往县衙门口抬去，衙役们紧紧地围随着轿子的前后左右。（姚雪垠《李自成》2）

(39) 朱老板低头苦思忽然似有什么事想起，"对了！我记得那天的轿子是朝西街抬去了。当时我还在想呢去官里该往南街怎么去西街呢？……"（《大宋提刑官》）

二 状态性趋向

状态性趋向的"V 去"不再强调位置的变化和方向性位移，而是强调主体的所有者的变化，而且主要是凸显所有者。此种情况与"V 来"的情况一样，位移已经隐化为背景，从而凸显所有者失去了所拥有的事物。而这里的事物既可以是客观事物，也可以是虚拟事物，但无论是客观事物还是虚拟事物，均发生了远离所有者的变化。我们将这种所有者的变化称为"状态性趋向"。具体来看，主要存在下面两种情况。

（一）远离所有者——失去

1. 位移淡化

位移性趋向的"V 去"表示远离观察主体视点的位移，位移主体与观察主体之间只存在位置上的参照关系。而位移淡化的"V 去"，其位移主体与观察主体之间具有一种所有关系，位移主体远离观察主体表现的是失去所有物的状态。"V"主要是具有失去义的动词，如"卖、输、失"等。其结构形式一般是"所有者+V 去+主体"。例如：

(40) 倪瓒（1301—1374）出身殷富，青壮年生活安逸，曾学佛参禅，晚年卖去家庐田产，云游四方达二十年之久。（《中国儿童百科全书》）

(41) 越景深总算起来，输去将近60 块。（《1994 年报刊精选》1）

还有一种情况，表示获得义的动词"买、赢、抢"等也可以跟表示失去义的"去"组合。该组合仍然表示所有者失去所有物，观察视点是所有者并非获得者。该结构中往往需要通过"被"字结构或其他方式显现所有者。获得者是事物远离所有者之后趋向的终点。其结构形式一般是"获得者+V去+主体"[如例（42）]，"主体+被+获得者+V去"[如例（43）]，或者"获得者+把+主体+V去"[如例（44）]。例如：

（42）城里人花几十元买去他的草，转手就赚成百上千甚至更多。（《1994年报刊精选》1）

（43）一是绝大部分轿车被单位买去，进入不了家庭，便没有急速发展的可能。（《1994年报刊精选》2）

（44）他这个麻将高手，两个小时下来，就将另外三个小青年的钱，悉数赢去（共计5200元）。（《人民日报》1993年10月）

2. 位移虚拟

位移虚拟主要由于主体是抽象概念造成的，与之相关的使事、动词等语义要素也具有抽象性，如例（45）中的"生命"。例如：

（45）岁月可以赢去我们的生命，却赢不去我们一路留下的欢声笑语，我们的祝福，无尽的爱意。（《读者·合订本》）

（二）远离衬体——消失

就"V去"而言，还有一种虚拟位移的情况，也是远离衬体，但衬体是主体的"宿主"，表示某一事物的消失。由于与"V去"有关的动趋式主要表示"事物远离参照主体"，若远离参照主体的视线便由此可以扩展出"事物消失"，正如"死去"一样表示由于意识远离主体而致生命消失。跟"去"搭配表示"消失"义的动词的语义主要也是表示"消失"，而且是单音节的，如"褪、除、消"等。例如：

（46）没有希望，人生将会黯然失色；没有希望，艺术将会褪去神秘的灵光。（《1994年报刊精选》7）

（47）一位刚届不惑之年的病人躺在病床上，形容枯槁，苍白脸上仅剩下的一丝血色正迅速褪去。（《1994年报刊精选》8）

（48）夜色褪去，天幕渐渐开启，又是一个春日灿烂的日子。

(《人民日报》1996年4月)

(三) 远离主体——常态

"V去"称为"外趋向",表示远离主体常态,如"死去",因此,"V"主要是表示意识暂时或永久消失的单音节动词,如"死、睡、昏、晕"等。例如:

(49) 赵志敬气得几欲晕去,脸皮紫胀,几成黑色。(金庸《神雕侠侣》)

(50) 你都要哭得嘴唇翻白,昏去一两分钟。(《读者·合订本》)

(51) 她终于安静地睡去,长眠不醒了。(《1994年报刊精选》2)

(52) 接着,她便平静地在自己那张破旧的单人木板床上躺下,盖上薄被,很快就昏昏沉沉地睡去。(《1994年报刊精选》8)

基于以上分析,"V去"的语义扩展路径如图4-2所示:

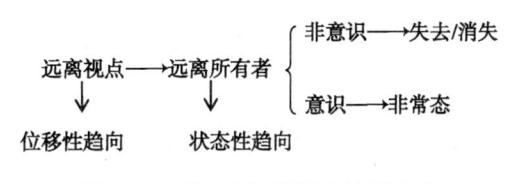

```
远离视点 ──→ 远离所有者 ┌ 非意识 ──→ 失去/消失
   ↓            ↓        │
位移性趋向    状态性趋向   └ 意识 ──→ 非常态
```

图4-2 "V去"的语义扩展方式

第四节 小结

"V来"和"V去"存在视点上的对立,这种对立对其语义及其扩展路径都产生了影响。就"V来"而言,主体发生趋向视点的位移,并表现出移动前后位置的变化,此时视点是位移的参照;主体趋向视点,淡化位移而凸显所有者的变化,即由某人手里到另一人手里,则趋向获得者。趋向获得者由于主体的性质差别,而存在三种情况。

第一,主体是非意识的具体或抽象事物,则具有获得义;动词则是获取义动词。

第二,主体是人的某种意识,则具有趋向生命常态义;动词则是获取生命意识义动词。

第三,主体是人的某种看法,则具有判断义;动词则是感官义动词。

与之对应的"V 去",主体发生远离视点的位移,也表现出移动前后位置的变化,视点是位移的参照。主体远离视点,淡化位移而凸显所有者的变化,即由某人手里到另一人手里,则远离所有者。远离所有者由于主体的性质差别,主要存在两种情况。

　　第一,主体是非意识的具体或抽象事物,则具有失去或消失义;动词则是获取义动词和消失义动词。

　　第二,主体是人的生命意识,则具有远离生命常态义,即非常态;动词则是失去生命意识义动词。

第五章 "V 上/上来/上去"的概念语义结构及其扩展路径

第一节 引言

目前,有关动趋式"V 上"的研究主要涉及语义类型(孟琮,1987;陈昌来,1991;邱广君,1995;刘月华,1998)。另外,还有的关注"V+上+数量"构式的语义功能及其语法化(董淑慧,2012),还有的关注"V 上"和"V 下"的对称和不对称(李思旭、于辉荣,2012;任鹰、于康,2007)。

针对动趋式"V 上"的研究主要经历了重语义分析轻语义扩展到两者兼顾的变化。孟琮(1987)、邱广君(1991,1995)细致地分析了"V 上"的语义类型,但并未关注语义之间的扩展关系。孟琮(1987)认为"上"有诸多"义项",即"向上""附着""得到、到手""进入某种状态"。邱广君(1995)采用有无对比的方式确定处于 V 和宾语的环境中"上"的语义。其中宾语的语义依次为"事件/动作""时量/距离""动量""处所(终点)""主体/客体/物量/工具/同事""施事"。

刘月华(1998)除了细致分析"V 上"的语义外,还兼顾语义之间的联系。刘月华(1998)认为,"V 上"结果义包括"接触、附着以至固定,着眼点不固定"、"实现了预期的目的或希望实现的目的"和"表示成功的完成";状态义指进入一种新的状态,即表示新动作或状态的开始。在此基础上,将语义归为趋向、结果、状态三类,而且三者之间具有依次扩展关系。于康(2007)在分析"V 下"的语义及其扩展机制时指出,动趋式的趋向义与结果义由于分类标准不统一,致使出现即此即彼的认识。同时,还指出结果义与趋向义之间是一种什么样的关系仍有待继续分析。

与此相关的还有范晓（1991）的研究，贯彻形式和意义相结合的原则，根据"V上"能否插入"得/不"表能否态，首先将其分为动补式（能插入"得/不"）和动态式（不能插入"得/不"），而后又将动补式分成三个小类：动趋式、准动趋式、动结式。

有关动趋式语义扩展机制的问题，除了"趋向—结果—状态"（刘月华，1998）这一主流观点外，还存在基于原型——空间位移的发散性扩展方式（王国栓，2005）。[①] 两种扩展方式的存在不仅是认知与历时的矛盾，而且还产生了状态义（有的也称"时体"）的来源问题：是来自结果、来自趋向（有的也称"空间位移"），还是来自抽象位移。要解决上述问题，不仅建立在对每一个趋向动词的分析基础之上，而且还基于语义之间的相似点或相似性特征。

因此，本章在分析"V上/上来/上去"语义要素变化、形式表现，以及衬体自身性质的基础上，探求其语义类型及扩展变化。同时，将对语义扩展的认知探究深入具体的分析之中。

第二节 "V上"的概念语义结构及其扩展方式

原型性的趋向动词"上"主要是以地球为绝对衬体，发生与地球引力相逆的位移。"V上"的绝对位移方向与地球引力方向相逆；然而，其相对位移方向并不一定垂直于地球，但要发生由低到高的位置变化。具有原型性的"V上"，其后往往需要具有位置衬托作用的物体来衬托位移的方向和最终处所。也就是说，某一物体（主体）发生由低到高的位移后，最终处于另一物体（衬体）上，该衬体是位移的处所性目标。主体与衬体之间的关系往往影响动趋式的语义，就原型义而言，衬体对主体的位移起位置衬托作用。因此，"上"不仅凸显物体位移的绝对方向或相对方向，而且还显现了主体位移之后的所在——"衬体+上"。

"V上"的语义扩展基于其原型语义，具体表现在绝对或相对位移的方向变化，主体与衬体之间关系的变化，以及动词自身语义特征的变化等方面。"V上"的语义扩展实际上是其包含的语义要素的此消彼长。与此同时，其语义要素的此消彼长还在形式结构上具有不同的表现。语义要素的发展变化及其相关的形式结构的差异，共同表现"V上"的语义类型

[①] 参见王宜广《现代汉语动趋式语义研究述评》，《汉语学习》2013年第3期，第74—75页。

及其扩展。

衬体的性质差别影响主观视点的变化和使用情况。若衬体无法使主观视点"立足"的话，往往不使用"来"，而使用"去"。比如，"他看到一面墙，顺手把广告贴上去"。由于墙壁表面不易使主观视点"立足"，致使主观视点往往处于墙壁之外的某处，发生远离主观视点但趋向衬体——墙壁的位移。不过，假如墙壁上有另外一个物体存在，且可以使主观视点"立足"的话，则可以用"来"。比如，"他看着我把脸贴上墙，她也贴上来"。

一 【由低到高】【物理位移】

该语义是"V 上"的原型语义，表示位移主体发生由低到高的相对位移，而且该位移的绝对方向与地球引力相逆。其语义要素主要包括：［使事］／［位移主体］［位移动词］［位移衬体］［绝对衬体］。位移主体与位移衬体之间的关系是一种位置衬托关系，而且是一种与地球引力相顺应的垂直性衬托。也就是说，位移主体位移后处于位移衬体之上，而且两者接触。动词主要是具有"向上"语义特征的定向动作动词，以及具有泛向或称不定向语义特征的泛向动作动词。从其结构形式来看，主要有下面三种情况。

1. 位移主体 + V 上 + 位移衬体

（1）厂长说的话宋听不太清，此时潘已走上楼梯了，宋桂军急了，拉了一下潘的衣服，让他停一下。(《1994 年报刊精选》8)

（2）她轻捷地跳上座位，伸臂去拎，可是拎不动。(《1994 年报刊精选》10)

2. 使事 + 把 + 位移主体 + V 上 + 位移衬体

（3）孩子们用绳子把袋子拉上楼。(自拟)

（4）大家七手八脚，把她举上舢板，让她趴在一块隔板上面，把肚子里的水吐出来。(欧阳山《苦斗》)

3. 位移主体 + 被 + 使事 + V 上 + 位移衬体

（5）一箱箱食物被战士们抬上山。(《1994 年报刊精选》7)

(6) 一只死了的鹿被老虎拉上树。(自拟)

由此可以看出，该语义以绝对衬体——地球为首要参照，不仅绝对方向与地球引力的方向相逆，而且主体与衬体的上下位置变化也与此向相逆。该语义具有原型性，而这种原型性就表现在方向性和位置关系上。那么，基于原型语义的扩展也主要从方向性入手，同时伴随着位置关系的变化。

二 【±由低到高】【趋向位移衬体】

该语义是"V上"原型语义中［由低到高］［绝对方向］语义要素淡化的结果，从而凸显其［趋向位移衬体］语义要素。其语义要素主要包括：［使事］／［主体］［使态］／［位移］（［衬体］）［依附］／［接触］。也就是说，位移主体是否发生由低到高的、逆向地球引力的位移并不重要，或者根本就不是由低到高且逆向地球引力的位移。但是，位移主体趋向位移衬体时的位移还是必需的语义要素。因此，有时发生由高到低的位移，或者是发生平行性位移。

与此同时，位移主体与衬体之间的关系也发生了变化。位移主体与衬体不再仅仅是位置的衬托关系，更多地表现出依附性和接触性关系，而这种依附性与接触性多通过物体的表面来体现。

1. 由高到低的位移

此种情况发生的是与原型语义相反的位移，但也可以用"上"表示，这说明此时已不再强调位移的方向，而是强调位移之后的位置所在，即位移之后主体与衬体的关系。例如：

(7) 警察从楼顶一跃跳上一辆正在行驶的货车。(自拟)

该例中警察的位移是从高处楼顶向低处的货车，这里不再是强调"上"的由低到高的位移，而是凸显位移之后警察所处的位置，即处于货车上面。由此，我们可以看出位移之后主体与衬体的关系变得重要。

2. 主体依附于衬体表面

此时，凡位移后依附于衬体表面的情况，往往可以用"衬体+上"表示。而且，主体与衬体具有一种接触性的紧密关系。这种情况下，动词多是一些表示致使事物与另一事物发生紧密关系的动作动词。其结构形式一般是"使事+在衬体上+V上+主体"，或者是"使事+把+主体+V上"。例如：

(8) 一到春节，<u>中国人都要在门上贴上春联</u>。(《新华社2004年新闻稿》3)

(9) 他每天要做三件事：<u>穿上衣服、戴上眼镜、戴上帽子</u>。(自拟)

(10) <u>他在学生证上贴上自己的相片</u>。(自拟)

例（8）春联贴于且留存于门上，例（9）眼镜、衣服和帽子分别处于并留存于鼻子上、身上和头上，例（10）相片贴于且留存于学生证上。三例中的动词"贴""戴""穿"除了表示动作之外，该动作还致使事物留存于某物表面，表现出一种静态持续存在。形式上，这种静态持续可以用存现句分别表示为"门上贴着春联"，"鼻子上戴着眼镜、身上穿着衣服和头上戴着帽子"，"学生证上贴着相片"。

这种情况值得注意的地方是，衬体往往并不一定非得出现，可以不出现或隐含。上述三例中例（9）衬体本身没出现，出现的话反而还显得冗繁，但是即使衬体不出现我们也都知道衬体是什么。例（8）、例（10）也可说"中国人都要贴上春联"、"他贴上自己的相片"。此时，我们可以看出衬体已变得并不是那么重要，重要的是主体留存于某物表面。

又如：

(11) <u>至于店老板把一些座位钉上木牌</u>，上面写上某个作家的名字以示这里曾是他的专座，这样的左岸咖啡馆就更多了。(《新华社2004年新闻稿》2)

(12) 这款小型张除可供一般顾客个人订购之外，还可接受大量订制，<u>让客户在空白处印上公司的商标</u>等。(《新华社2004年新闻稿》1)

(13) <u>她开始在自己制作的布娃娃上绣上她的名字</u>，使她制作的布娃娃不能再出售。(《1994年报刊精选》10)

例（11）—（13）与例（8）—（10）有些不同，不同之处在于这里所谓的主体在动作发生之前并未出现，在动作发生之后该主体便留存于衬体的表面。上述三例分别表示通过写、印和绣的动作致使作家的名字、商标和她的名字留存于所趋向的衬体上。

3. 主体趋向衬体且接触

此时，主体与衬体之间并不是依附性留存关系，而是两者接触且表现出一种状态，使本来没有关系的两者具有接触关系，使其由分离状态变为

接触且紧闭的状态。其结构形式一般是"使事+V上+主体",或者是"使事+把+主体+V上"。例如:

(14) 她上了车,关上门,我倒车。(姚明《我的世界我的梦》)
(15) 地铁1号线本来是与深圳河平行,但考虑到未来可能与香港地铁直接连上,所以微调线路,直对着香港,以方便将来对接。(《新华社2004年新闻稿》4)
(16) 拔起一双飞毛腿,钟焕娣终于在楼前的小花园追上了教练:"好嘛,我谈。"(《1994年报刊精选》12)

上述3例中,门与门框接触后表现出关闭的状态,地铁1号线与香港地铁接触后表现出联结在一起的状态,钟焕娣趋向教练接触后表现出在一起的状态。此种情形下衬体既可以隐含,也可以出现。

通过某种方式致使主体与衬体处于接触状态,而接触状态又具有以下不同的表现。

A. 闭合状态

闭合状态是指通过动作致使事物发生由存在距离的开放状态到封闭状态的变化。这种状态的变化情况实际上与"开"具有相对性,其反义情况都可以变化为"V开"。因此,与此语义相关的动词主要是致使事物由开到闭的使态动作动词,而且往往对主体有一定的适应性要求。一般来看,主要有以下两种:

A1. 由开到闭,主要动词有"关、闭、并、合、拉、掩、带、攥(拳头)"等,主体主要是"门、窗帘、眼、嘴"等可开可关的事物。例如:

(17) 他走了,我转身关上大门,一个人趴在大门上痛哭了一场。(《1994年报刊精选》11)
(18) 那天,外祖父颤颤地递他给一份遗嘱,便永远合上了眼。(《1994年报刊精选》12)
(19) 鳄鱼要等它们吃饱走净后,才会闭上嘴巴。(《人民日报》1993年11月)
(20) 我会去买瓶"汾酒"或"董酒",搞两包"云烟",拉上窗帘,人深陷在沙发里,四周一片漆黑,只有烟头偶尔的一点亮光。(《人民日报》1993年5月)
(21) 说着,他绷起嘴,攥上拳头,把腿一叉,抖了一下身子,

浑身骨节咯吱吱乱响。(梁斌《红旗谱》)

A2. 由存在空隙到封闭，主要动词有"堵、砌、封、围、填、补、塞、插"等，主体主要是具有一定空隙的事物。例如：

（22）然而，墙外是王高的地界，王高听有人在放水，立即出来把水眼堵上。(《1994年报刊精选》7)

（23）他看到墙上有一个大洞，就找来砖头和水泥，把这个洞给砌上。(《人民日报》1996年6月)

（24）每个小洞封上胶布，留一个小孔，以便雏鸟吸收空气，增强活力，能顺利破壳而出。(《人民日报》1994年第二季度)

（25）那时，全镇仅有两口大一点的井，有一口还被财主围上了栅栏，挂起灯笼卖水赚钱。(《人民日报》1996年4月)

（26）今春，他已将3亩蟹田填上，准备种一季西瓜，然后再种一季稻子。(《人民日报》1995年5月)

B. 约束状态

约束状态是指通过动作致使事物发生由松散可活动状态到约束不可活动状态的变化。这种状态的变化情况实际上与"开"具有相对性，其反义情况也都可以变化为"V开"。因此，与此语义相关的动词主要是致使事物由松散到约束的使态性动作动词，如"包、捆、绑、缠、拴、插（门）、锁、铐"等。然而，其主体往往具有松散性或者是可以活动的。例如：

（27）进入冬季，她和同伴们自己买布把汽车上的所有金属扶手都包上，使乘客感到温暖。(《人民日报》1993年5月)

（28）80多人住的学员大舱里，一个个从铺上摔下来，有的折断胳臂，有的躺在甲板上用绳子捆上。(《人民日报》1994年第二季度)

（29）其实，人类发明了电话，当然就有办法锁上它，让"梁上君子"干瞪眼。(《人民日报》1994年第3季度)

C. 联系状态

联系状态是指通过动作致使事物之间产生由没有关系到发生关系的变

化。这种状态的变化情况也可以变化为"V 开"。因此，与此语义相关的动词主要是致使事物发生联系的使态性动作动词，如"接、对接、衔接、连、联系、联结、连接、链接"等。例如：

（30）骨科副主任于强来了，摸过齐照周的足心后说，这是血管没接上，血不通了。（《人民日报》1994 年第 3 季度）

（31）有的将自行车改装，接上"翅膀"变成"脚踏车飞机"。（《新华社 2004 年新闻稿》3）

（32）如要使用的话，必须保证网络可用并且您手机已经连接上了它。（《Nokia E90 用户使用手册》）

（33）中泰果蔬"零关税"刚刚实施，许多商业环节和运输环节还没有对接上，所以泰国进口水果对中国老百姓生活的影响还没有显现出来。（《新华社 2004 年新闻稿》1）

该语义存在虚拟位移的情况，如"接上话茬"、"接上轨"等。

（34）当王惠民的话音刚落，省政府副秘书长钟伯荣马上接上话茬："我们省 10 亩以上的种粮大户已经有好几万户……"（《人民日报》1994 年第二季度）

（35）"处庙堂之高，则忧其民；处江湖之远，则忧其君"，顷刻之间与现实生活接上了轨，有了全新的内涵。（《人民日报》1994 年第 3 季度）

D. 附加状态

附加状态是指通过动作致使主体加入，或成为其中一员，或共同相加，或共同构成一个整体。与此语义相关的动词主要有"加、添、算、掺、混合、附、（搭）配"等。例如：

（36）他盘算着把自家的手扶拖拉机卖了，加上刚贷来的 1 万元钱，买一辆二手东风货车跑运输。（《新华社 2004 年新闻稿》1）

（37）算上这次，艾哈迈尔已经五次访华。（《新华社 2004 年新闻稿》3）

（38）1993 年初春，算上退休人员共有 4700 多人的长春电影制片厂宣布"解体"。（《1994 年报刊精选》8）

（39）歇工的日子，还得在黑面里掺上豆腐渣。(《人民日报》1993年11月)

（40）有人说，老张，为了工作你把自己交给了党，又把两个孩子搭上了，别人都琢磨做生意赚钱，谁像你这么傻。(《人民日报》1993年4月)

（41）为了增强裁判的国际认同感，我们打算给自由自选配上民族音乐《黄河》。(《新华社2004年新闻稿》2)

该语义存在虚拟位移的情况，主要是由主体自身的抽象性造成的虚拟位移，致使主体自身并不存在现实位移性。如例（42）—（45）中的"天寒水冷"、"命"和"本"等。

（42）由于翻车地点较为偏僻，这条路是狭小的等外路，加上天寒水冷，抢救十分困难。(《新华社2004年新闻稿》1)

（43）为了咱们的今天，他们连命都搭上了，俺献个厂子，为群众致富出点力又算得了啥！(《人民日报》1996年8月)

（44）他们不顾自己安全，拼上命地打眼、放炮、运矿石……(《报刊精选》1994年8月)

（45）我们不仅没赚到钱，连本都贴上了。

E. 遭遇状态

遭遇状态主要指主体与衬体相遇，或遭受且表现为接触。与此语义相关的动词主要是表示相遇或遭受的动词，如"碰、遇、赶（遇）、跟（随）、摊（事）、挨（遭遇）、应（验）"等。该语义同样存在现实与虚拟两种情况。现实位移如：

（46）记者走出体育场时，迎面就碰上一个中年男子。(《新华社2004年新闻稿》2)

（47）来到体育场外，我们迎面就遇上了赫林尼克体育场新闻办公室官员伊丽亚娜。(《新华社2004年新闻稿》3)

（48）"活着有人伺候，死了有人扫墓，高志云摊上孙茂芳，有享不完的福。"(《1994年报刊精选》7)

虚拟的情况主要是由于衬体的抽象化造成的，如例（49）—（53）

中的"这事"、"堵车"、"火星"、"交通事故"、"吃亏的事"等。

（49）"咱老百姓碰上这事，都不会见死不救的。"56岁的河北农民刘汝银说。（《新华社2004年新闻稿》1）

（50）几乎天天都乘车在雅典市内各处采访，虽然偶尔也会碰上堵车，但很少超过5分钟。（《新华社2004年新闻稿》3）

（51）当时现场情况十分危急，一旦遇上一点火星，这个区域将成为一片火海。（《新华社2004年新闻稿》3）

（52）在比赛结束回家途中，她又遇上交通事故，造成颈椎受伤。（《新华社2004年新闻稿》3）

（53）乡亲们想不通：吃亏的事咋全让她摊上了？（《人民日报》1995年1月）

综合上面三种情况可以看出，主体与衬体之间具有依附或接触关系，依附或接触之后往往表现出某种静态的持续存在。从另一个角度来看，这种静态的持续存在状态是由动作造成的，可以看作一种动作的实现。也就是说，动作的完成是以主体与衬体依附或接触来表现的。如果把目标看作具体衬体的隐喻，那么就可以扩展出趋向目标—实现的隐喻。而且，主体与衬体之前的关系与之后的关系往往形成对比。

三 【趋向目标】【目标实现】

此时，位移衬体已经虚拟化了，不再是具体的作为位移的参照体，而是已经抽象化为一种期待实现的目标。因此，发生的是趋向目标的虚拟位移。其语义要素主要包括：［状态主体］［目标衬体］［需求/情感/赶超/能力动词］。当达到目标时则意味着期待目标的实现。因而，整个结构就表示由没有实现到趋向目标而实现的变化。根据所要达到的目标的性质，分为下面五种情况。

1. 生活需求目标的实现

人的基本需求主要是要满足人的生存和生活，具体来说就是吃穿住行等方面。"V上"表示人的生存和生活需求的实现，同时，也意味着之前其生存和生活需求没有达到。因此，整个结构就表示生活需求目标发生由没有达到开始至达到的变化，之前与之后的状况形成了对比。此种情况对动词的语义要求主要是与生活需求有关的动词，具体而言是与"吃穿住行"等生活有关的动词。例如：

(54) 特困户春节能否吃上白面饺子？（《人民日报》1993年1月）

(55) 我小的时候，如果能穿上一双布底拖鞋，就会感觉非常高兴。（《人民日报》1994年第二季度）

(56) 全村工农业总产值一点七六亿元，人均收入四千元，家家住上了四合院。（《人民日报》1995年3月）

(57) 没想到自己会买车，能买得起车。直到那天，开上自己的车时，还不相信这是真的。（《人民日报》1996年2月）

(58) 建立乡镇卫生院，让边境地区农牧民听上广播、看上电视……此举深得民心。（《人民日报》1995年9月）

(59) 春节期间职工们都盼望能看上电影、看上戏，狮子龙灯都要起来，锣鼓敲起来。（《人民日报》1996年1月）

(60) 为了让更多的人看上病，几位老医师一看就是一天，连水也顾不上喝一口。（《人民日报》1996年6月）

2. 情感需求目标的实现

人的需求除了基本生存和生活之外，重要的还有情感方面的需求。情感需求的实现就是人对其认知的对象由没有情感到产生了情感。此种情况下动词主要是表示情感心理的动词，凸显过程义与属性义，如"爱、喜欢、看、瞧、迷、喜爱、交（朋友）"等。例如：

(61) 二女儿爱上了基布兹一个小伙子，嫁了过去。（《人民日报》1996年12月）

(62) 鲁迅从心底里已经深深喜欢上这位博学善谈、诙谐幽默、有着传奇般经历的年轻的红军将领。（《人民日报》1996年11月）

(63) 有个同学的妻子，看上了一个没学历但很能干、能挣钱、有摩托车的男人。（《人民日报》1996年9月）

3. 达到或赶超目标的实现

人类社会是一个到处充满竞争的社会。竞争的存在使人与人之间出现赶超的目标。因此，此结构主要表示从没有达到或赶超目标到达到或赶超目标的实现，动词主要是表示对比或竞争的动词，如"比、赶、超、够、算、数、配、称"等。正是由于可以表示达到目标或赶超目标的实现，因此"V上"前往往可带表示能够的能愿动词"可、能"等。例如：

（64）这次比武，<u>我肯定能比上他</u>。（自拟）

（65）日本自卫队的武器装备不断更新，<u>有些已经赶上美国</u>。（《人民日报》1996年9月）

（66）一个混蛋儿子，除去骄横无赖就是赌钱打架，<u>如此一个地痞哪里能配上一女大学生</u>？（《1994年报刊精选》5）

（67）<u>能称上歌词、对联、打油诗的，我也用上</u>。（《1994年报刊精选》12）

4. 自身能力的实现

人类适应社会需要诸多能力，比如听说读写能力、交流能力、判断能力、认知能力等。

与此相关的动词主要有"答、叫、说、录取、挑、选"等。正是由于可以表达自身能力的实现，因此"V 上"前往往可带表示能够的能愿动词"可、能"等。例如：

（68）如，对党章规定的 8 项权利和 8 项义务竟然不能完整地回<u>答上一条</u>，党纪观念模糊，责任目标不明确。（《人民日报》1995年11月）

（69）提起张世平，公司不少人都能<u>说上他</u>的几段小故事。（《1994年报刊精选》8）

（70）唉，这两次考你考不住，考不上的话，就不在名儿，就是啊<u>没录取上</u>，当兵<u>没录取上</u>。（戴鼎培《1982年北京话调查资料》）

5. 动作的实现

动作的实现主要指动词表示的具体动作完成，造成所支配对象出现某种状态并持续。该种结构主要是"V + 上 + 宾语"，动词主要有"烧（香）、焚（香）、生（炉子）、掌（灯）、泡（衣服）、腌（咸菜）"等。例如：

（71）在电炉上放一口不大不小的铝锅，<u>烧上水</u>，我们到水池边冲洗战利品。（《人民日报》1995年3月）

（72）信徒到寺庙拜神，先要<u>焚上香</u>。（《新华社2004年新闻稿》2）

（73）夏天每人房里都安一台电风扇，冬天<u>生上火炉</u>取暖，每人每年还发100多块钱的零花钱。（《人民日报》1995年8月）

(74) 每当儿子半夜归来，母亲总要亲自为儿子掌上灯。(《人民日报》1994年第1季度)

(75) 我先给抱病卧床的父亲买半斤红糖，然后买上五斤盐，给家里腌上一大缸咸菜，又把小妹欠的学费补交上。(《人民日报》1995年4月)

综上所述，该语义类型是趋向衬体隐喻化为趋向目标，当达到目标的时候亦即表明目标或动作的实现。由于衬体隐喻为要达到或实现的目标，因此现实位移发生虚拟化。由于现实位移的虚拟化，导致所谓的"路径"无法捉摸到而无法得到强调，与此同时，凸显了目标或动作的实现。因此，"V上"发展到此时是位移要素淡化、虚拟化，目标等要素强化的过程。

上述语义之间的扩展过程主要是物理空间要素不断虚拟化和心理化的过程，往往并不凸显时间因素。从另一个角度看，该过程同时也是时间因素不断凸显的过程。时间因素可以有不同的表现，主要通过时间词语显现，而且是一些标示有界性的时间词语。

四 【限时持续】【时量实现】

前文所述"V上"的三种语义是强调目标的实现，结构上的表现是其前往往可以加能愿动词，充当目标的往往是动词所支配的名词性宾语。然而，该语义与前文所述语义不同的是"V上"后成分的性质是时间量、空间量和动量成分。其语义要素主要包括：[主体] [持续/可重复动词] [时空量]。其结构形式是"主体+V上+时量/空量/动量"，主要表示主体所发出的动作在时间和空间上的有界性持续，以及主体发出的动作在次数上的有界性重复。根据结构形式差别，主要有下面三种情况。

1. V上+时间量

该结构表示主体发生的动作在有限时间上的持续量，动词主要是具有时间持续性的动词。因此，我们可以说"吃上一天"、"吃上十顿"，往往不说"吃上十里路"。例如：

(76) 150公里，谈何容易，健康人也要走上一两天，何况是饥饿劳累了几天的人！(《人民日报》1995年2月)

(77) (矿工) 如今到掌子面工作，不必在无处落脚的巷道和25度的斜坡走上一个多小时。(《人民日报》1996年12月)

（78）他们说，一住进这所学校，就觉得不舒服，硬着头皮干上一两年，就要带病离校。(《人民日报》1996年9月)

（79）有关专家计算，仅固体食盐的储量，就足够现今全世界人口吃上万年。(《人民日报》1996年10月)

2. V 上 + 空间量

该结构表示主体发生的动作在有限空间距离上的持续量，动词是具有空间持续量的动词。因此，我们可以说"说上一天"，"说上十遍"，而往往不说"说上十里"。而有些动词则持续时间、持续距离和持续次数都可以表示，如"走上/十天/十里/十趟"。例如：

（80）男女双方情投意合后，由双方老人陪同走上一段路，如路上未遇到兔子、狼等野兽，就算订婚了。(《中国儿童百科全书》)

（81）他明显感到胸口不那么闷、气不那么喘了，竟然一口气能走上一里多路了。(《1994年报刊精选》1)

（82）由于葡萄牙总统桑帕约要象征性地跑上一段，因此警方如临大敌，格外重视安全问题。(《新华社2004年新闻稿》1)

3. V 上 + 动作量

该结构表示主体发生的动作在有限次数上的重复量，动词是可以计量次数的动词，如例（81）—（84），或者是可以反复发生的动词，如例（87）。因此我们可以说"死上十次"，往往不说"死上十天"、"死上十里路"等。例如：

（83）只要你在昆明市内的大街小巷走上一圈，便不难发现那些小巧玲珑或装饰华丽或装饰典雅的门面。(《1994年报刊精选》6)

（84）而且客商要为一个产品货比三家，得在偌大的场馆内跑上一圈。(《1994年报刊精选》11)

（85）林中那种狂放的美，那么豪爽，那么率真，让人恨不能拿起铃鼓也跳上一遍。(《人民日报》1994年第二季度)

（86）面对诸如此类的一些难处，群众有的忍受着，有的不免要狠狠骂上几声。(《1994年报刊精选》5)

（87）南段的地雷、炮弹、引信、手榴弹等爆炸物品平分到每个扫雷官兵身上，每个人可能死上几百次，伤残几百次。(《1994年报

刊精选》4)

由上述三种情况可以看出，由于状态动词、结果动词及完成动词等与动作的状态或完成后的静态性所存在的持续性不相容，一般不能跟"上"搭配。但有一种情况需要说明，结果动词及状态动词内部有些动词后可以跟动量或时量短语，既可以表示动作的反复性发生，如"死上一百回""丢上三次""饿上三顿"等；也可以表示状态的持续性，如"饿上三天""死上三天"等。当然，也有些结果动词或状态动词只可以跟其中之一搭配，如"活上三天"等。

另外，有些动作动词后同样可以跟动量或时量短语，如"骂上三天""骂上三回"等均可以表示动作持续的时间性与动作反复的次数性。该结构中的"上"，孟琮将其认为是"衬字"。但我们认为"骂上三天"中"上"的作用跟"骂了三天"中"了"的作用相似，都作为一种助词而非衬字。因此，该结构仍然表示动作的持续，只不过该持续是一种有限性（限时、限量）的持续。

五 【无限持续】

无限持续主要强调动作持续时间和空间上的无界性，或者说，表现动作的无限性持续的趋向。其语义要素主要包括：[时体性主体][持续动词]。由于时空上的有界性，导致动作在持续一段时间或一段距离之后总要结束，也可以叫作"实现"。也就是说，有限持续强调的是一种量段，有始有终；而无限持续强调的不是量段，而是有始无终。其结构形式主要是"主体＋V上（了）"，其中动词主要是具有可持续性的动词。例如：

(88) 两国的军队在大湖一带打上了。(《中华上下五千年》)
(89) 弟兄俩到了饭店要了两个菜就吃上了。(《1994年报刊精选》5)
(90) 看到别人争先恐后，他也跑上了。(自拟)
(91) 他心里一直惦记着没看完的那部电影，一回到家就看上了。(《1994年报刊精选》5)

该语义的结构形式与表示实现义的结构形式是相同的，因此往往会造成理解上的歧义。不过，两者既存在歧义情况，也有不是歧义的情况。一般而言，其判别标准主要是看能否加"把＋主体"，如能加则表示实现，如不能加则表示开始并持续。另外，表示持续义的"V上"后往往不再跟宾语了，而表示实现义的"V上"后还可带宾语。如例（91）与例（95），例（93）与例（94）。

（92）但墨脱的居民都很明白，"神鹰"来了以后，墨脱人第一次用上了电灯，看上了电视，并第一次与外界通上了电话。（《新华社 2004 年新闻稿》4）

（93）病人心满意足地吃上了鱼，李春厚却为此在病床前站了 1 个多小时。（《1994 年报刊精选》5）

由此可以看出，"V上"主要强调持续状态，往往并不强调开始。一种是动作的动态持续，如"他俩互相骂上了"；一种是动作完成后所具有状态的持续，如"又等上了"。两种持续的皆是动作动词，但第一种是弱持续性动作动词，第二种则是强持续性动作动词。这里"V上"表示持续义往往需要跟"了"同现，否则便不能成句，基于此"V上"应该表示一种动作开始之后的动态持续。

除了"V"的语义因素对其与"上"的搭配会有影响之外，"V"若是双音节动词似乎也对搭配有影响。例如"建设"跟"上"似乎不能搭配，而单音节的"建"跟"上"搭配似乎也倾向于实现，如例（94）—（96）。"学习——学"也存在这种情况，如例（97）、例（98）。

（94）在前不挨村后不着店的山腰，建上几栋别墅，谓之××度假村……（《1994 年报刊精选》7）

（95）就是今后再建上十个八个核电站，在中国也不会怎么起眼。（《1994 年报刊精选》8）

（96）有的城市甚至将大约 80% 的规划绿地建上房屋。（《1994 年报刊精选》7）

（97）一个偶然的机会，他学上了中文。（沙博理《此心安处是吾乡》，载 1997 年《作家文摘》）

（98）怪的是我们有些演员、"歌星"，或者人们在日常生活中见到的某些先生、小姐，本来普通话说得很标准、很流畅，却学上了这种怪声怪气。（《人民日报》1995 年 3 月）

基于以上分析，"V上"的语义扩展路径如图 5-1 所示：

```
【物理位移】【由低到高】──→位移凸显性趋向
        ↓
【趋向衬体】【由低到高】──→过渡
        ↓
【趋向目标】【目标实现】──→状态性趋向
        ↓
【限时持续】【时量实现】──→过渡
        ↓
【无限持续】──→时体性趋向
```

图 5-1　"V 上"的语义扩展路径

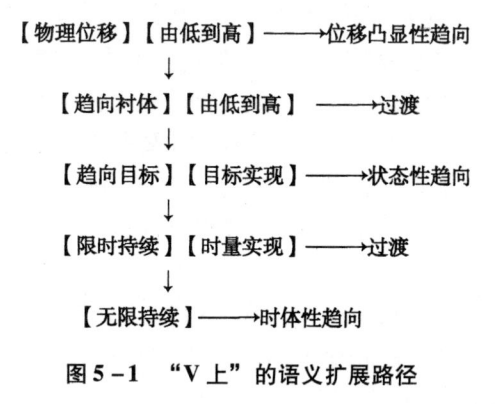

基于以上分析，我们认为动趋式"V 上"的语义扩展是概念语义要素的淡化、虚拟化、心理化的变化，存在由物理空间向心理空间的扩展。第一阶段，主体相对衬体发生由低到高的位移，伴随着位置变化，动词具有运动性、方向性、位移性，此时的五大概念语义要素都具有原型性；第二阶段，主体相对衬体的位移及其方向都开始淡化，甚至方向可以相反，并逐渐凸显主体与衬体的非位置性状态关系：依附性和接触性，动词具有自态性和使态性；第三阶段，位移要素虚拟化，衬体要素隐喻为目标，动词具有需求、情感、赶超、能力等语义特征；第四阶段，凸显时体要素，空间、衬体要素也已不再需要，根据时间持续的有界与无界，分别存在限时持续和无限持续，同时动词也具有可持续性或可反复性。

于康（2007）认为，如果凸显主体最后所处的位置，便具有结果义。我们认为，趋向义与结果义的判定不一致，主要是由位移要素和方向要素的淡化造成的。语义扩展过程中存在过渡性是一个自然而然的发展，这使其既具有前者的部分语义特征，也具有后者的部分语义特征。因此，这种情况很难一刀切，但是应该看到这种过渡性的存在。但若以主体最后所处的位置来判定的话，于文认为趋向义都具有结果义，这反而将判定标准扩大化了。若进而认为区分趋向义与结果义没有什么必要的话，那就有些矫枉过正了。

第三节　"V 上来"的概念语义结构及其扩展路径

一　【由低到高】【物理位移】【趋向主观视点】

该语义是在"V 上"原型语义的基础上增加了主观视点要素，即发生趋向衬体,同时趋向主观视点的位移。该语义所包含的概念语义成分主要是：［使事］／［位移主体］［位移动词］［位移衬体］［主观视点］。具体来看,位移主体与位移衬体之间是一种位置衬托关系,该位移衬体是终点衬体,同时也参照绝对衬体；位移动词主要是自移和使移动词,从方向性来看,主要是表示向上的定向动词［如例（101）—（103）］以及泛向动词［如例（104）—（107）］；主观视点被置于位移衬体所处的位置。其基本结构是"位移主体＋V上来","使事＋把＋位移主体＋V上来",而且隐含着绝对衬体,相对衬体往往通过在"V上"前加"从＋位移衬体＋中/下"凸显［如例（105）、（106）］。例如：

（99）到了夜晚,太阳落到地球的背面去,星星升上来。(《中国儿童百科全书》)

（100）由于这具马门溪龙化石所在的河滩距离嘉陵江并不远,他们将加快挖掘的进度,赶在水涨上来之前使化石出土。(《新华社2004年新闻稿》1)

（101）突然我也被人拦腰抱住往下沉,我当时觉得自己完了,拼命挣脱了那双手后浮上来攀住了铁链,这才被人拉了上来。(《1994年报刊精选》10)

（102）这种动力很像上端有"抽水机"将水抽上来,这个"抽水机"的作用叫蒸腾拉力。(《中国儿童百科全书》)

（103）他先用一根木棍将其中一个孩子从水中拉上来。(《新华社2004年新闻稿》1)

（104）这块岩石似乎是当外来撞击形成"持久"陨石坑时从火星表面之下抛上来的。(《新华社2004年新闻稿》2)

（105）他下到坑里一看,竟是一只乌龟。杨建发把乌龟抓上来,放到一只盛了冰水的脸盆里,稍加了一点温水,养在了帐篷里的炉子边。(《新华社2004年新闻稿》2)

该语义中位移主体、衬体或者路径的虚拟化,都可以扩展出心理位移意义上的位移性趋向义。就"V上来"而言,其虚拟主要源自位移主体的概念抽象化。例如：

（106）不知不觉就到了中秋节,当大如圆盘的月亮挂在院外的树梢上时,我的思家之情如一股滔滔洪水,不可遏止地涌上来。

(《中国北漂艺人生存实录》)

(107) 学棋的人要想入段得首先参加研究生阶段的学习，而在这个阶段中又分有不同水平的<u>组别</u>，只有<u>从低到高一级升上来</u>后，才有参加入段比赛的资格。(《新华社 2004 年新闻稿》1)

(108) "所以只有把市场培育好了，<u>泰国水果的进口量才会提上来</u>，市场价格才会降下去。"(《新华社 2004 年新闻稿》1)

(109) 老一辈退休了，<u>新一辈顶上来</u>，可老一辈传授给我们的不仅仅是过硬的技术本领，还有她们宝贵的精神和品格……(《新华社 2004 年新闻稿》1)

例（106）将"我的思家之情"隐喻为"滔滔洪水"，如此才可"涌上来"；例（107）、例（108）将位置由低到高的变化分别隐喻为级别和数量由低到高的变化；例（109）将老一辈与新一辈的关系隐喻为位移主体与衬体的位置关系。

另外，还有一种特殊情况，即由于社会等级差别造成的心理位移。其中主体和衬体都是社会等级职位，其中主体的等级往往低于衬体。这其实是将主体趋向衬体发生由低到高的位置变化，隐喻为等级由低到高的变化。所用动词也往往都是带有等级性差别的动词。例如：

(110) 在这之前，<u>无论是阜阳行署还是利辛县政府，都没有将这件事汇报上来</u>，再说，上面打来这样急迫的电话，安徽省政府办公厅的历史上还从来没遇到过。(《中国农民调查》)

(111) 他对公粮制改革给农村带来的新的气象，是十分清楚的，接到<u>金融贸易处送上来</u>的报告，心情是极其复杂的。(《中国农民调查》)

(112) 依法治税，<u>把应该收的税款全部收上来</u>，以全部完成和超额完成今年的税收任务。(《1994 年报刊精选》10)

二　【物理位移】【趋向衬体】【趋向主观视点】

该语义继承了前义中的主体趋向衬体及主观视点，淡化了发生趋向性位移时由低到高的位置变化。因此，主体趋向衬体的位移就可以由纵切面扩展至横切面，主体由发生纵向的位置变化扩展至横向的变化。其语义要素相比前语义主要淡化了［由低到高］纵向的位置变化。例如：

(113) 我一看势头不妙，撒腿就逃。一个警察<u>追上来</u>。(《中国北漂艺人生存实录》)

(114) 街头群众发出了雷鸣般的欢呼，人们不顾警察的警戒，<u>从四周围上来</u>。(《周恩来传》)

(115) 见有客人来，热情好客的<u>主人</u>十分高兴，<u>等醇香四溢的奶茶、炒米和各类奶制品端上来</u>后，"祭灶"就开始了。(《新华社2004年新闻稿》1)

(116) 范志毅极不冷静地<u>冲上来</u>与对方发生身体接触，结果被主裁判直接红牌罚下。(《新华社2004年新闻稿》2)

该语义中位移主体、衬体或者路径的虚拟化，都可以扩展出心理位移意义上的位移性趋向义。例如：

(117) 如果美国的工程师休息了，欧洲的工程师将接班，而欧洲的工程师下班后，<u>中国的工程师又将接着跟上来</u>，这样就大大缩短产品的研发周期。(《新华社2004年新闻稿》1)

(118) 郑洁和晏紫发挥较好，曾以5∶3领先并出现过盘点。可惜她们未能把握住这一有利战机，<u>反让对手追上来</u>，乱了自己的节奏。(《新华社2004年新闻稿》1)

(119) 赛前夺冠热门富田洋之第一项自由体操脚就踏出了线，一下落到后面，<u>再也没有赶上来</u>。(《新华社2004年新闻稿》3)

三　【心理位移】【趋向主体能力】【实现】

当主体趋向并达到衬体时，意味着整个事件的实现。由于"来"主要表示趋向主观视点，在位移性趋向中主要体现为趋向衬体的现实位移。然而，当位移虚拟化或心理化之后，趋向主观视点就发生了变化，不再是现实位移性的，而是心理性的。就"V上来"而言，主要表示趋向主体能力，从而使主体能力得到实现。其中所用动词较少，主要是跟言语有关的动词"说""答""回答""叫"等。例如：

(120) 独眼龙一听问他还看见了什么，<u>他立时没有说上来</u>。(刘流《烈火金刚》)

(121) 至于好在什么地方，<u>他冥思苦想了半天也没能答上来</u>。

(《人民日报》1993年12月)

(122) 这几枚子弹的名字，<u>你能叫上来几个</u>？（百度搜索）

基于以上分析，"V上来"的语义扩展路径如图5-2所示：

【由低到高】【物理位移】【趋向主观视点】——→位移性趋向
↓
【物理位移】【趋向衬体】【趋向主观视点】——→过渡
↓
【心理位移】【趋向主体能力】【实现】——→状态性趋向

图5-2 "V上来"的语义扩展路径

第四节 "V上去"的概念语义结构及其扩展路径

一 【物理位移】【由低到高】【趋向衬体】【远离主观视点】

该语义是在"V上"原型语义的基础上增加了主观视点要素，即发生远离衬体，同时远离主观视点的位移。该语义所包含的语义要素主要是：［使事］／［位移主体］［位移动词］［位移衬体］［主观视点］。具体来看，位移主体与位移衬体之间是一种位置衬托关系，该位移衬体是终点衬体，同时也参照绝对衬体；位移动词主要是自移和使移动词，从方向性来看，主要是表示向上的定向动词［如例(123)、(124)］以及泛向动词［如例(125)—(127)］；主观视点被置于位移衬体所处位置之外的位置。其基本结构是"位移主体+V上去"，"使事+把+位移主体+V上去"，而且隐含着绝对衬体，相对衬体往往通过在"V上"前加"从+位移衬体+中/下"凸显［如例(127)］。例如：

(123) <u>它</u>也并不慌张，而是听从指令迅速收缩四轮，将行走方式换成爬坡、爬楼梯和越障的履带，<u>沿着一节节台阶攀上去</u>……（《新华社2004年新闻稿》2）

(124) "在岸上。"石岜说，"<u>浮上去</u>就看见了。"他在屋里做游泳状，踩着椅子上了桌子。（王朔《浮出海面》）

（125）在小活塞上加压力时，小活塞对油的压强就会通过油大小不变地传给大活塞，把大活塞推上去。(《中国儿童百科全书》)

（126）在欢呼声中，那些下过"火海"的大汉，穿大红袍，戴蓝布帽，飞快跑向刀杆，踩着刀刃，一个跟着一个地爬上去，双手紧握着上层档上的锋刃，直到杆顶。(《中国儿童百科全书》)

（127）当天晚上，他们都被关进号子里，号子的顶棚上有个洞，守在上面的警察斥责着，要王永明把手从洞里伸上去。(《中国农民调查》)

该语义中位移主体、衬体或者路径的虚拟化，都可以扩展出心理位移意义上的位移性趋向义。就"V上去"而言，其虚拟主要源自位移主体的概念抽象化。例如：

（128）所以，保持国家稳定，沿着已取得成功的路线，集中精力发展生产力，坚持改革开放，努力把国民经济搞上去，增强国力。(《中国政府白皮书·中国的人权状况》)

（129）同样不会相信，用公款大吃大喝能把国民生产总值吃上去。(《人民日报》1995年11月)

（130）或是在常用药中多加一点无关紧要的东西，就申报为"新药"，价格马上翻上去几倍。(《新华社2004年新闻稿》1)

（131）波兰入盟后，外国人可以购买土地了，他们会把地价抬上去。(《新华社2004年新闻稿》2)

（132）因此，必须采取各种措施把质量抓上去。(《人民日报》1994年第4季度)

例（128）、例（129）将位置由低到高的变化隐喻为数量由低到高的变化；例（130）、例（131）将位置由低到高的变化隐喻为价格由低到高的变化；例（132）将位置由低到高的变化隐喻为质量由低到高的变化。

另外，还有一种特殊情况，即由于社会等级差别造成的心理位移有关的。其中主体和衬体都是与社会等级职位，其中主体的等级往往低于衬体。这其实是将主体趋向衬体发生由低到高的位置变化，隐喻为等级由低到高的变化。所用动词也往往都是带有等级性差别的动词。例如：

（133）上届奥运会刘璇也是全能铜牌，是在第一名拉杜坎兴奋

剂被取消成绩后递补上去的。(《新华社 2004 年新闻稿》3)

（134）如果安徽的同志不把试点工作中出现的这种有关义务教育上的问题，及时反映上去，并得到有效的解决……(《中国农民调查》)

（135）我建议你换一个思维方式，不要说不要报啊，不要披露啊，你赶快回去整改。你怎么整改的，我给你一起报上去。(《新华社 2004 年新闻稿》3)

二 【物理位移】【±由低到高】【趋向衬体】【远离主观视点】

该语义是"V 上去"原型语义中［由低到高］［绝对方向］语义要素淡化的结果，从而凸显其［趋向衬体］［远离主观视点］语义要素。其语义要素主要包括：［使事］／［位移主体］［位移动词］（［位移衬体]）［依附］／［接触］［主观视点］。也就是说，位移主体是否发生由低到高的、逆向地球引力的位移并不重要，或者根本就不是由低到高且逆向地球引力的位移。

1. 由高到低的位移。此种情况发生的是与原型语义相反的位移，但也可以用"上去"表示，这说明此时已不再强调位移的方向，而是强调位移之后的位置所在，即位移之后与衬体的关系。例如：

（136）楼下一辆汽车开过，蝙蝠侠一下子跳上去。(《蝙蝠侠》)

该例中蝙蝠侠的位移是从高处楼顶向低处的汽车，这里不是由低到高的位移，而是发生由高到低的位移，而且凸显位移之后蝙蝠侠所处的位置，即处于汽车上面。由此，我们可以看出位移之后主体与衬体的关系变得重要。

2. 该语义继承了前语义中的主体趋向衬体，但远离主观视点，淡化了发生趋向性位移时由低到高的位置变化。因此，主体趋向衬体的位移就可以由纵切面扩展至横切面，纵横构成空间系统，主体由发生纵向的位置变化扩展至横向的变化。其语义要素相比前义主要淡化了［由低到高］纵向的位置变化。与此同时，位移主体与衬体之间的关系也发生了变化。位移主体与衬体由纵向空间上的位置衬托关系变为横向空间上的衬托关系。因此，此时结构表示发生在横向空间内，主体趋向衬体且远离主观视点的位移。例如：

(137) 如果遇到狮子或其他敌兽，"先锋队"就冲上去搏斗，周围树上的狒狒则一起大声吼叫，给"先锋队员"壮威助战。(《中国儿童百科全书》)

(138) 有一次，柜台前站了位女同志，<u>张秉贵热情地迎上去</u>，她却生气了，绷着脸走向柜台另一头。(《中国儿童百科全书》)

(139) 不知有意还是无意，当后来中国队放慢进攻节奏时，<u>缺少经验的沙特队也忍不住攻上去</u>，防线拉开，反而给中国队造成了进球机会。(《人民日报》1994 年第 4 季度)

三 【趋向衬体】【远离主观视点】

"V 上去"跟"V 上"的差别主要在于前者有主观参照体，表示远离参照主体的位移性较明显，以致表示封闭状态动趋式中的动词不能与"上去"搭配，比如不能说"关上去"。或者有些能够跟"上"搭配表示接触状态的动词，跟"上去"搭配后位移性往往较明显。比如"把墙洞塞上去"不能说，因为墙洞不具有位移性，但"把两条烟塞上去"可以说，因为"两条烟"具有位移性，而且是远离参照主体的位移。由此，可以看出"V 上去"位移性较"V 上"明显，而且描述的只能是具有位移性的事物。

该语义的语义要素主要包括：[使事] / [位移主体] [使移动词]（[位移衬体]）。与此同时，位移主体与衬体之间的关系也发生了变化。位移主体与衬体由纵向或纵向空间上的位置衬托关系变为依附性、接触性关系。例如：

(140) 他认为，在切除胰头的同时，把这两根血管的一部分一起切除，然后将患者大腿内侧的<u>血管移植上去</u>，将提高手术的成功率。(《新华社 2004 年新闻稿》2)

(141) 上边的菱形纹饰曾让中外研究人员伤足了脑筋：这显然不是<u>嵌上去</u>的，这种已失传的奇妙工艺是怎么回事呢？(《人民日报》1994 年第二季度)

该语义中位移主体、衬体或者路径的虚拟化，都可以扩展出心理位移意义上的位移性趋向义。就此义而言，其虚拟主要源自位移主体的概念抽象化。例如：

第五章 "V 上/上来/上去"的概念语义结构及其扩展路径　97

　　(142)"可现在,人家成了一流强国,我们耽误得太多了,一定要发奋努力,尽快赶上去呵……"(《人民日报》1994 年第 3 季度)

　　(143) 以后就靠市场来评比,哪种茶叶品质下去了,市场营销搞不好,那就自己砸自己牌子,让其他好的品牌再补上去。(《新华社 2004 年新闻稿》2)

　　(144) 目前,在已经开展或正在开展农村社会养老保险的地区,管理工作还没有跟上去,整体管理水平尚待提高。(《人民日报》1995 年 10 月)

例(142)中"一流强国"作为主体"我们"要赶超且趋向的目标衬体;例(143)中品牌在市场中所处的位置作为主体"其他好的品牌"要替补且趋向的目标位置;例(144)中随着"农村社会养老保险"的提高,作为主体的"管理工作"也应该趋向管理工作应该达到的水平,即"社会养老保险"已经达到的水平。

表示留存状态的"V 上"(写、绣、印等)中的动词跟"上去"搭配更多的也是表示了一种位移性,而且位移之后处于留存状态。例如:

　　(145) 首先,只要我能证明窗台上的血迹是巴克故意印上去的,目的是给警方造成假线索时,你也就会承认,这一案件的发展变得对他不利了。(《福尔摩斯探案集》(三))

　　(146) 他建议把这座高入云霄,还没起名字的山峰叫作哥利纳帆峰,并且他很细心地在他那幅地图上把爵士的名字写上去。(《格兰特船长的女儿》)

　　(147) 她想:把鸟儿罩在笼子里,人们怎能看见笼子里宝贵的靛颏儿呢?又想把那只脯红靛颏绣上去,人们一看就会知道笼子里盛着宝贵的鸟儿。(梁斌《红旗谱》)

四 【心理位移】【远离主观视点】【主观体验】

该语义主要表示一种心理位移,即主体通过自己的主观认知能力,从自己的主观体验出发对衬体表达自己的主观评论。其基本结构形式是"衬体+V 上去+评论",有时也可以是"V 上去+衬体+评论"。主观的认知能力主要是感觉、知觉、嗅觉、听觉、视觉、触觉等,因此结构中的动词主要是跟感知觉等认知能力有关的动作动词,如"看、听、摸、闻"

等。另外，由于该语义主要表示主体的主观评论，主体往往隐含而并不出现在结构中。例如：

(148) 记者在制作中心看到，<u>这里制作的标本</u>不仅毛色十分光亮，<u>摸上去</u>还可以感觉到关节的软硬曲折，栩栩如生。(《新华社2004年新闻稿》2)

(149) <u>看上去她还是个小毛丫头</u>，大概大学刚刚毕业，就分配到她那个刊物做了记者，没受过人世间的凄风苦雨。(《中国北漂艺人生存实录》)

(150) 从前有人告诉我们，美国人都很贫困，缺吃少穿。但电视中<u>他们看上去很快乐</u>，面带微笑。(姚明《我的世界我的梦》)

(151) 如果你不懂英文，而喜欢福尔克的某些方面的话，<u>他听上去很自信</u>。如果你对他有不好的感觉，<u>他听上去就很粗鲁</u>。(姚明《我的世界我的梦》)

(152) 我不听饶舌歌，对我来说太吵了，而且<u>听上去不像音乐</u>，我也听不懂歌词。(姚明《我的世界我的梦》)

(153) 中文确实比较夸张，什么"千刀万剐，万炮齐轰"，还有"罪该万死"、"罄竹难书"。这些<u>语言听上去过瘾</u>，在国际外交斗争却经常于事无补。国际外交斗争讲实力。(《新华社2004年新闻稿》1)

由于该语义主要表示一种主观上的评论，这种评论与实际情况存在一致与不一致的两种情况。上述诸例都表示一种一致的情况，下例则表示的是一种不一致的情况。这种不一致其实表示的是一种表面的现象，或者是一般的看法。

(154) <u>看上去我防守的任务更重了</u>，其实不然。(姚明《我的世界我的梦》)

该例表示从表面来看，或者说在一般人看来"我防守的任务更重了"，但是实际情况，或者在我看来"不然"。

基于以上分析，"V上去"的语义扩展路径如图5-3所示：

【物理位移】【由低到高】【趋向衬体】【远离主观视点】→位移性趋向
↓
【物理位移】【±由低到高】【趋向衬体】【远离主观视点】→过渡
↓
【物理位移】【趋向衬体】【远离主观视点】【实现】→状态性趋向
↓
【心理位移】【远离主观视点】【主观体验】→状态性趋向

图 5-3 "V 上去"的语义扩展

第五节 小结

"V 上"主要表示远离起点衬体而趋向终点衬体的位移，宾语位置往往凸显终点衬体。"V 上"除了表示动作运动的方向之外，人或物体运动之后往往就处于移动后的位置，即"……上"。因此，"V 上"出现了一种扩展，即使有些动词的动作并不是向上的，但是位移主体最终的位置却是置于某个物体表面的话，同样可以用"V 上"。此时，"上"表现的不再是以地球引力为参照来源，而是以物体表面为参照来源。因此，跟"上"搭配的动词主要存在两种情况：一是动词本身具有"向上"的方向性特征，二是动词本身并不具有"向上"的方向性特征，但该动词可以表示人或物体运动后所处的位置是物体的表面，即"……上"。

基于对"上"原型语义的认识，"V 上"的语义扩展主要基于其原型语义的构成要素。具体而言，其扩展语义来源于 [由低到高] 的淡化、主体或衬体的隐喻化。主体或衬体的隐喻化主要表现在位置由低到高的变化隐喻为数量、等级等由低到高的变化。随着 [由低到高] 变化，主体与衬体之间的关系也发生变化，主要表现为由位置衬托作用，变化为依附、附着、固定等位置关系。"V 上"向时体领域的隐喻性扩展主要表现为有限持续与无限持续的差别；形式上，表示有限持续义的"V 上"后有"限时"、"限距"和"限量"的词语，而具有无限持续义的"V 上"多与"了"同现。这也恰好说明，由物理空间向心理空间的隐喻化是人类认知的主要方面，但由空间范畴向时体范畴的隐喻化则需要更多条件上的限制。因此，从整体上看，"V 上/上来/上去"的扩展过程就是从物理位移向心理位移扩展，是从空间领域向时间领域扩展。

不过,"V 上"与"V 上来/上去"两者之间的扩展具有不平衡性。"V 上"扩展至时体范畴,而"V 上来/上去"还都停留在空间范畴,这是两者的不平衡之处。然而,两者都存在由物理空间向心理空间的扩展,这又是两者的协调之处。这也恰好说明,由物理空间向心理空间的隐喻化是人类认知的主要方面,但由空间范畴向时体范畴的隐喻化则需要更多条件上的限制。

第六章 "V下/下来/下去"的概念语义结构及其扩展路径

第一节 引言

人类对空间的认识是以人类自身的活动为基础的，横向与纵向构成空间网络。"上"、"下"、"起"是"基于以地球为参照的绝对参照框架"[①]，即地心引力的顺应与背离。"下"则表示与地心引力顺应的方向性位移，"下来"和"下去"则是在顺应地心引力的基础上增加了主观视点，即趋向主观视点或远离主观视点。与此同时，"下"便与"上"、"起"一起构成具有互补性的绝对参照框架。身姿的变化"起"与"下"互补，高低位置的变化"上"与"下"互补。

"V下"的位移除了参照绝对衬体——地球之外，还有相对衬体的参照。也就是说，"V下"是绝对衬体与相对衬体的共同参照下的方向性位移。"V下/下来/下去"的语义类型及其变化都是基于该结构自身语义要素的变化。具体来说，主要是主体与衬体的关系、动词的语义特征及其空间和时间要素。因此，本章主要在"V下/下来/下去"语义要素变化和扩展的基础上探讨其语义结构及扩展路径。

第二节 "V下"的概念语义结构及其扩展路径

"V下"的扩展方式与"V上"存在相同点，那就是主体和衬体的语

[①] 黄月华、白解红：《趋向动词与空间位移事件的概念化》，《汉语研究》2010年第3期，第99—102页。

义类型影响语义的扩展方式。"V 上"中衬体主要是终点衬体,由此凸出主体与终点衬体的关系,即主体在终点衬体上:由存在于某一位置上到处于某一种状态(留存、闭合等)再到进入某一时体。"V 下"中衬体存在两种类型:起点衬体和终点衬体。远离起点衬体的"V 下"扩展出由一起到分离的状态变化,如"脱下衣服"等;而趋向终点衬体的"V 下"扩展出通过某种方式可以留存的状态变化,如"拍下照片"是把世界的任何事物储存于手机等存储设备里而留存下来。基于这种认识,"V 下"的概念语义结构及扩展路径分析如下。

一 【由高到低】

(一)【由高到低】【远离起点衬体】

1.【由高到低】【远离起点衬体】【主体衬体之间是纵向空间衬托关系】

该语义主要用来说明人或事物随动作由高处到低处的位移,其概念语义成分主要包括:［使事］／［主体］［起点衬体］［绝对衬体］［主体处于衬体之上］。由高到低的位移,也存在位移方式和位移使因两种情况,即自移和使移。与之对应的动词分别是表示身体运动的自移动词,以及表示致使人或事物移动的使移动词。

A. 自移

自移的"V 下"中动词主要表示身体运动的动词,如"走""跑"等。其概念语义结构主要有如下三种形式。

a. 主体 + V 下 + 起点衬体

"主体 + V 下 + 起点衬体"是一种远离起点衬体的由上至下的位移。位移之前主体与衬体之间的关系是强调的重点,主体处于衬体之上,衬体仅仅是主体纵向空间上的依托,并无其他关系。

(1) 李自成完全清醒了,知道是谁在吵嚷,于是忽地坐起来,跳下床,来不及穿上鞋,一边趿拉着鞋子往门口走一边说:"快进来吧,长顺。我正想找你来,你来得正好。"(姚雪垠《李自成》2)

(2) 戴维一转身出了办公室,三步并做两步跑下楼,冲出大门,穿过马路,进了雷金斯侦探所的办公大楼。(《福尔摩斯探案集》3)

(3) 惟恐儿童跌下悬崖,他就幻想自己在峭壁之下等候接救跌掉下来的儿童。(《读书》)

上面三例中的"床""楼""悬崖"都是运动的起点,分别表示由床上到床下、由楼上到楼下、由悬崖上到悬崖下的位移变化。

b. 主体+从+起点衬体+V下

该结构主要通过介词"从"来强调起点衬体，凸出主体位移的起点。例如：

(4) 下雨时，<u>雨水从又高又宽的崖檐流下</u>，状似极阔极大的水帘。(《1994年报刊精选》8)

(5) 院子的茅草被人踩成了红色——全是红色——那么多的鲜血。<u>从面颊流下</u>，<u>从钉穿的手上流下</u>，从受伤的胁部涌出热血。(《牛虻》)

(6) 夏仁请来的<u>一位帮工</u>在收摘苹果时，<u>从梯子上跌下</u>，将一手指骨折断，花去治疗费350元。(《人民日报》1995年2月)

上面三例中的"崖檐"、"面颊"、"梯子上"都是运动的起点，分别表示由崖檐上到崖檐、由面颊到地下、由梯子上到地下的位移变化。

c. 从+起点衬体+V下+主体

该结构是一个无主句，与"主体+从+起点衬体+V下"有所不同。不同之处主要在于主体性质的差别，后者主体既可以是有定的也可是无定的，而前者主体则往往是无定的，如例(7)的"一个鬼子"、例(8)的"一个男人"。正如，我们往往不说"从车上跳下小王"，而可以说"小王从车上跳下"。例如：

(7) 王强在鬼子群里穿来穿去，突然<u>从火车上跳下一个鬼子</u>，一把抓住王强的肩膀，王强不由得吃了一惊，当他听到鬼子一阵叽咕之后，他才放了心。(知侠《铁道游击队》)

(8) 不一会儿<u>从高地上跑下一个男人</u>。那男人也兴奋得全身发抖，弯下腰搂住小女孩连声说道："兰兰，你别哭，兰兰，你别怕！这是大人跟你闹着玩的……"(张贤亮《绿化树》)

B. 使移

使移的"V下"中动词主要表示致使事物运动的动词，如"拉"、"推"等。其概念语义结构主要是"使事+把+主体+V下+起点衬体"。该结构是一种使事致使主体远离起点衬体的由上至下的位移。例如：

（9）正当我们的火车从一个郊区小站缓缓地开动的时候，他却突如其来地跳到站台上，而且随手把我也拉下了火车。(《福尔摩斯探案集》2)

（10）她看了看床上的尸体，叫过女奴帮她把它推下床，两个人就一起走出帐篷。(《圣经故事》)

位移之前主体与衬体之间的关系是强调的重点，主体处于衬体之上，衬体仅仅是主体纵向空间上的依托。这里有少数表示主体下方运动的定向动词，如"跌"等；泛向动词指那些方向性不确定的动词，如自移动词"走"，跟"上/下/进/出/回/过"等组合；由于衬体与主体之间仅是衬托关系，将"拉"等称为使移动词。

2.【由高到低】【远离起点衬体】【主体与起点衬体具有一体关系】

该语义用来表达"附着在物体上的东西因动作跟物体分离"（冯胜利、施春宏，2015），其概念语义成分主要包括：[使事][主体][致离性动词][起点衬体][绝对衬体][主体与衬体是所有关系]。此义中主体由高到低的位置变化还是存在的，但由于主体与衬体存在的一体关系，使得此种情况凸出一体关系。由于主体与衬体的特殊关系，使得表达使因的动词具有致离性特征，如"丢"、"掰"、"摘"等。具体来看，其概念语义结构有下面两种形式。

A. 使事 + V 下 + 主体

此种情况，起点衬体由使事来充当，主体（书）与使事（他）处于同一位置。

（11）他丢下一本书，叮嘱一句，就走了。（自拟）

B. 使事 + 从 + 起点衬体 + V 下 + 主体

此种情况，主体和衬体是一体关系，主体是衬体的一部分。"面包果"是"果树"的一部分，"小枝"是"树"的一部分。

（12）人们从树上摘下成熟的面包果，放在火上烘烤到黄色时，就可食用。(《中国儿童百科全书》)

（13）西印度群岛中的法属马丁尼亚克岛的军事总督此时正在巴黎休假，他偷偷地从这棵树上掰下了一小枝，培养起来。[《读者》(合订本)]

3.【远离起点衬体】【脱离】【主体与衬体具有一体关系】

该语义表达事物的一部分跟事物的整体分离，以及附着物与所附着的主体分离，其概念语义成分主要包括：［使事］［主体］［致离性动词］［脱离］［起点衬体］［主体与衬体是一体］。绝对衬体已经淡化，主要是相对衬体起作用。衬体可以隐含，也可以在主体之后通过"从+衬体+上"凸显，表示主体所处的位置。位移的方向并不一定趋向地球，而是远离起点衬体。主体与衬体之间并不是纵向空间关系，主体是以衬体的表面作为衬托，而且主体与衬体之间往往具有一种特殊的关系：或附着而处于衬体表面，或是整体与部分关系。由此生发出的是一种表示脱离之义。其结构形式主要是"使事+V下+主体"。由于主体与衬体的特殊关系，使得表达使因的动词具有致离性特征，如"撕"、"掰"、"生"、"揭"等。从主体与衬体的关系来看，主要有下面两种情况。

A. 主体与衬体之间是整体与部分关系

（14）春玲望着那个小碗大的菜团团又要剩下了，就掰下一块，送给明轩。（冯德英《迎春花》）

（15）袋鼠妈妈怀孕四五个星期就生下一个像铅笔头大小的小袋鼠，长2厘米，重0.5—0.75克，没有毛，看不见东西。（《中国儿童百科全书》）

（16）他天天要读一堆报，撕下一堆可能有用的信息或文章。（《人民日报》1995年6月）

例（14）衬体通过前文"菜团团"显现，或者可以说"春玲掰下一块菜团团"；例（15）袋鼠妈妈和小袋鼠是整体和部分的关系；例（16）报纸和信息或文章是整体和部分的关系。

B. 主体紧密地附着于衬体的表面

（17）我走进自己的卧室，撕下了贴在耳朵上的膏药，伤心地哭了一整夜。[《读者》（合订本）]

（18）他的妻子第一次来队，见他下班回到宿舍，亲热地帮他揭下帽子。（《人民日报》1993年5月）

例（17）中的"膏药"附着于耳朵上，例（18）中的帽子附着于头上；分别表示通过撕的动作让附着于耳朵上的膏药脱离耳朵，通过揭的动作使附着于头上的帽子脱离头。

衬体可以隐含，但说话者知道主体所在位置；也可以在主体之后通过"从+衬体+上"凸显，或者以定语的形式表现。位移的方向并不一定趋向绝对衬体，而是突出"远离起点衬体"。主体是以衬体的表面作为依托，而且主体与衬体之间往往具有一种特殊的关系：或是整体与部分关系，或附着而处于衬体表面。由此生发出的是一种脱离之义。

4.【远离起点衬体】【主体与衬体具有一体关系】【脱离】【虚拟】

该语义表达附着物与所附着的主体分离，附着物具有抽象性，其概念语义成分主要包括：［使事］［主体］［致离性动词］［脱离］［主体与衬体是一体］。其结构主要是"使事+V下+主体"，这种虚拟的位移是主体概念抽象化造成的，是一种由具体概念到抽象概念的扩展。例如：

（19）至于不甘埋没自身本钱的漂亮小姐，想换个活法儿更好办，只需揭下面皮，丢掉廉耻，开价拍卖就是……（《人民日报》1994年第3季度）

（20）有些实在赖不过去，干脆摆起了无赖的架势，彻底撕下"真善忍"的伪装。（《文汇报》，2000年6月7日）

上面两例中的"面皮"和"伪装"都具有抽象性质，但"揭"和"撕"则是实义动作动词。

（二）【由高到低】【趋向终点衬体】

该语义表达人或事物随动作趋向终点衬体的由高到低的位移。"V下"由于衬体的差别而表现出不同的语义扩展路径。上述"V下"的衬体是起点衬体，由此扩展出远离或脱离的意义。而衬体是终点衬体的话，则由此扩展出获得或留存的意义。相对应的动词则分别是致离性动词和致存性动词。具体分析如下：

1.【由高到低】【趋向终点衬体】【主体处于衬体内】

A. 自移

该义表达的是一种趋向终点衬体的由高到低或由上至下的位移，位移之后主体与衬体之间的关系是强调的重点，主体处于衬体表面或内部。该结构不能用"从"字结构凸显终点衬体，其结构形式主要是"主体+V下+终点衬体"，如例（21）中的"河"和例（22）中的"山谷"。动词主要是表示身体运动的自移动词。例如：

(21) 也许会有笑声，也许默默无言；青蛙扑通一声跳下河，也许会把女的吓得惊叫起来，扑到男的怀里，这不是害怕，是一种娇媚。(陆文夫《人之窝》)

(22) "我想，乐梅本来是要去找你的，可是走到塌方的那段山路时，却不慎失足，跌下了山谷。"(琼瑶《鬼丈夫》)

B. 使移

该义表达的是一种使事致使主体趋向终点衬体的由上至下的位移，其结构形式主要是"使事+把+主体+V下+终点衬体"，如例（23）中的"水"和例（24）中的"河"。动词主要是表示致使事物移动的使移动词。例如：

(23) 离这里三十里地有个叫莲花汶的地方，不如我们一起乘舟去游玩，你顺便把我推下水，就说我是自己失足，岂不两全其美？(余秋雨《流放者的土地》)

(24) 翁天法说："好的，把他拉下河治治。"(《1994年报刊精选》10)

2.【由高到低】【趋向终点衬体】【留存】

这种情况下，衬体往往需要通过"在+衬体+上"显现，而且多数以绝对衬体为参照。其语义要素主要包括：[使事][主体][致存性动词][留存][终点衬体]，其结构形式主要是"使事+（在+衬体+上）+V下+主体"。例如：

(25) 1934年11月24日，一位壮实的"囚犯"，在一队国民党军士兵的押解下来到刑场，他用树枝在地上写下了就义诗："恨不抗日死，留作今日羞。国破尚如此，我何惜此头。"(《中国儿童百科全书》)

(26) 他在地上狠狠地踩下自己的脚印。(自拟)

3.【趋向终点衬体】【留存】

A.【留存】

A1.【趋向终点衬体】【主体留存于衬体表面】

该语义表示通过动作致使某一事物留存于（终点）衬体表面，衬体作为留存物可以是纸本等具有记录功能的事物。其结构形式主要是"使事 + 在 + 衬体 + V 下 + 主体",所使用的动词主要具有致存性,如"写"通过动作致使所写的内容留存于纸本等事物上。例如:

(27) 他<u>在天花板上写下自己的大名</u>。(自拟)
(28) 王守东想来想去,提议<u>在厂内建一座"丰功碑"</u>,<u>刻下创业者们的名字</u>。(《人民日报》1994 年第 4 季度)

A2.【主体存在】
该语义表示事物从不存在到存在的变化,该语义相比较前一语义不再强调主体是否留存于衬体的表面,仅仅具有留存或存在义。动词是具有致存性的动词,可以是动作动词"写",也可以是状态动词"留"、"剩"等。不过,要说明的是"写"既可以让事物留存于衬体,凸显的是具体的内容;也可以让具体文字形成作品,如"杂文"、"著作"等,如例(29)。主体与衬体具有整体和部分的关系,如例(30)中的"动物与骨头",例(31)中的"米树与树干"。

(29) <u>鲁迅还写下几百万字的杂文</u>,抨击反动势力,揭露黑暗现实,支持进步学生的爱国行动,反击封建守旧派对新文化运动的诋毁。(《1994 年报刊精选》4)
(30) 所经之处的<u>动物遭受蚁群的袭击</u>,顷刻间只<u>剩下累累白骨</u>。(《中国儿童百科全书》)
(31) 枯死后的<u>米树只留下了一株空空的树干</u>。(《中国儿童百科全书》)

A3.【留存】【虚拟】
根据虚拟的来源,主要有下面三种情况。
a. 位移路径的虚拟化
该语义的结构形式是"使事 + V 下 + 主体"。主体一般不具有位移性但归其他人所有,主体并未发生位移,发生变化的只是所有权,即由其他人所有到使事所有。例如:

(32) "英雄<u>吸了胜利烟</u>,一举<u>攻下'老秃山'</u>!"(老舍《无名高地有了名》)

b. 衬体的虚拟化

该语义的结构形式是"使事+在+衬体+上+V下+主体",衬体是抽象的事物。例如:

(33) 路透社说:"郑洁<u>在世界网坛上写下了中国的名字</u>。"(《中国网球女单一号郑洁的成长之路》)

c. 主体的虚拟化

该语义的结构形式是"对象+在衬体+中+V下+主体",主体是抽象的事物。例如:

(34) <u>任何哈佛经理</u>,必然要同公众联系,必然要同公众接触,<u>从而在人们头脑中留下印象</u>:或好、或坏、或一般。(《哈佛经理公关艺术》)

(35) 但驻守团城的国民党军队临阵脱逃,<u>给东路池一带的被围日军留下了机会</u>,使这部分日军得以突围逃走。(《中国十大元帅》)

B.【容纳】

该语义表达某一空间能否容纳一定数量的人或事物,衬体是主体的容纳处。根据衬体的性质差异,可以从物理空间和心理空间两个方面来分析:

a.【物理空间】【空间动词】【留存】【主体】

该语义的结构形式主要是"衬体+能/可+V下+主体",还存在可能形式"衬体+V 得/不下+主体"。其中,衬体具有容纳性,是一种具有物理性的空间,如例(36)中的"房子"、例(37)中的"汽车的两阶踏板"和例(38)中的"客厅";主体是可量化的人或事物。例如:

(36) 因为孙振邦家的<u>房子</u>小,洞也小,<u>里边只能盛下五六个人</u>。(刘流《烈火金刚》)

(37) 传说过这么一个笑话,上海土地金贵,然人均密度最高之处却在<u>汽车的两阶踏板上</u>,一共可站下十三个人。(《人民日报》1993年3月)

(38) 将军家客厅沙发围成正方形的一圈,<u>能坐下十一二个人</u>,还备有十三四张小凳子,共能容纳26人。(《1994年报刊精选》5)

b.【心理空间】【空间动词】【留存】【主体】

该义的结构形式主要是"衬体+能/不能+V下+主体",其可能形式是"衬体+V得/不下+主体"。其中,衬体具有容纳性,不过,是一种具有心理性的空间,如"心里"、"眼里";主体是表示人的名词或代词,也可以是抽象化的事物"一粒砂子"。例如:

(39)蕾:只要<u>你们能容下我</u>,我也就放心了。(《编辑部的故事》)

(40)要是既不肯走,又不老实,私通"匪党",吃里扒外,给我<u>眼</u>里插棒槌,独角龙只有一只<u>眼</u>,它是<u>不能容下一粒砂子</u>,这就是我今天要说的中心意思。(李英儒《野火春风斗古城》)

c.【停止】

该语义表示主体由运动状态到停止状态的变化,衬体是主体运动停止之处。该义的结构形式主要是"使事+V下+主体",其概念语义成分主要包括:[使事][主体][运动][停止动词][静止]。例如:

(41)不过<u>魏新</u>似乎怕影响不好,一看到有人来,就马上<u>停下手里的"活"</u>,看别人玩,一副与己无关的样子。(《新华社2004年新闻稿》1)

另外,其结构形式还可以是"主体+V下"。例如:

(42)上午10点整,随着以色列全国警报声的响起,<u>公路上正在行驶的车辆立即停下</u>,乘客走出车外;工人、职员和学生则停止工作或学习起立默哀。(《新华社2004年新闻稿》2)

(三)【身姿下方转换】

该语义是由高到低位移的具体化,即由指事物由高到低的位置变化到具体的指人身姿的下方转换。身姿下方的转换,主要表示主体由站姿到坐姿、卧姿、蹲姿、趴姿、跪姿,或由坐姿到卧姿、跪姿等身体姿态的变化。另外,还包括主体身体组成的某一部分下方的姿态变化,如腰由直到弯、头由抬起到低下等。身姿下方的转换,其概念语义成分主要包括:[使事]/[主体][身姿][定向动词][向下][衬体]。定向动词主要是表示躯体动作的下方运动。整个躯体或身体的部分姿态的转换是以地球作为衬体的，身姿变化的方向是趋向地球的。身姿下方转换这一语义，主要有下面两种表现形式。

1. 主体 +（在 + 衬体 + 里/上）+ V 下

"主体 + V 下"表示主体身体姿势的变化趋向衬体（地球），动词主要表示身体姿态的变化，有"蹲下/坐下/跪下/趴下/躺下"等搭配形式。例如：

(43) 宋太祖在厅堂里坐下，看到这十只坛，就问赵普是什么东西。(《中华上下五千年》)

(44) 看到三架"红膏药"飞机斜斜地俯冲下来，我慌忙趴下。[《读者》（合订本）]

2. 使事 + V 下 + 主体；使事 + 把 + 主体 + V 下

"使事 + V 下 + 主体"或"使事 + 把 + 主体 + V 下"，表示身体组成部分的变化趋向衬体（地球），动词主要表示身体组成部分的变化，有"弯下腰/低下头/垂下手/耷拉下脑袋"等。例如：

(45) 毛主席走到生产炭黑的火房前，梁锡远打开一号火房的一个小门，毛主席弯下腰，观看火炉里的燃烧情况。（《人民日报》1993 年 11 月）

(46) "我们家的桥桥……"阳春没说完，脸一红，把头低下。（蔡测海《远处的伐木声》）

"V 下"与"V 起来"互补，而不与"V 上"互补，主要是因为"起来"的原型义是"身姿由静态的卧姿或坐姿，向上转换为站姿"，即"身体姿态的转换"。同样，"V 下"则表示与之相反的身姿的转换，即由站姿等向下转换为坐姿、卧姿等。其中，"V"是躯体定向动作动词，即躯体下方运动动词。同时，这些动词表示躯体运动之后所具有的姿态，蹲着、坐着、跪着等。

由于身体姿势下方的转换是以原来的身姿作对比，因此，整个躯体或身体的部分姿态的转换是以地球作为衬体的，身姿变化的方向是趋向于地球的。由于任何物体向下的运动都是顺应着地球引力的，因此作为衬体的地球并不需要出现。或者说，地球引力仅仅凸显其运动的方向而已。

二 【由上向下】【远离起点衬体】【趋向终点衬体】

该义表示人或事物随动作由高到低的位移，前面两种概念语义结构由于分别凸显起点衬体和终点衬体而语义类型及其扩展各有不同。而此种概念语义结构中两种衬体均有所凸显，而无法进行前两种一样的扩展。其结构形式主要是"主体＋从/由＋起点衬体＋V下＋终点衬体"，凸显起点衬体的同时，也凸显终点衬体。概念语义成分主要包括：［使事］／［主体］［位移动词］［起点衬体］［终点衬体］［绝对衬体］。例如：

（47）若一个没按住，饭粒儿由衣服上掉下地，他也立刻双脚不再移动，转了上身找。(阿城《棋王》)

（48）在狱中他用了两年时间做准备，终于在一个没有月亮的夜晚，拽着用两条床单做成的降落伞从后窗跳下悬崖。[《读者》（合订本）]

基于以上分析，"V下"的语义扩展路径如图 6-1 所示：

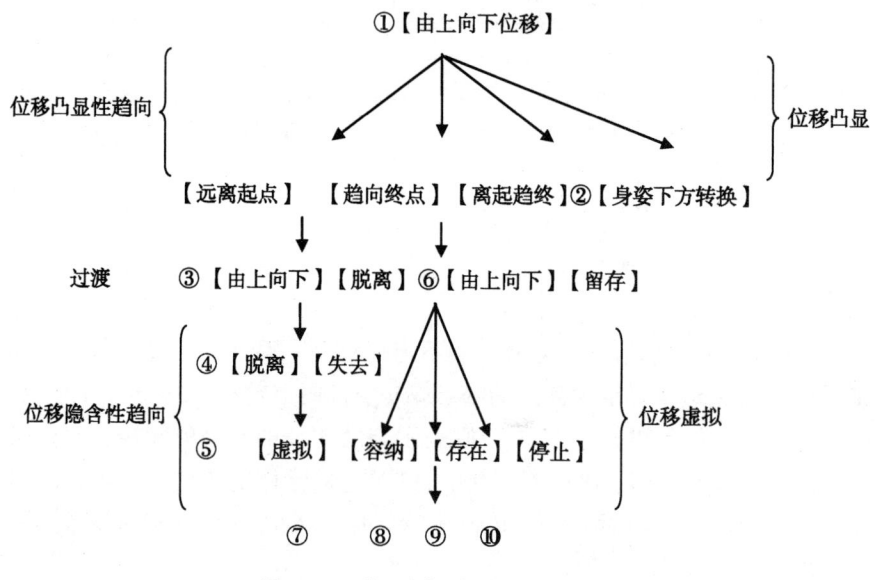

```
                    ①【由上向下位移】
位移凸显性趋向 {    ↙   ↓   ↘   ↘    } 位移凸显
              【远离起点】【趋向终点】【离起趋终】②【身姿下方转换】
                    ↓         ↓
过渡          ③【由上向下】【脱离】 ⑥【由上向下】【留存】
                    ↓              ↙ ↓ ↘
              ④【脱离】【失去】
位移隐含性趋向 {    ↓                              } 位移虚拟
              ⑤【虚拟】【容纳】【存在】【停止】
                    ⑦      ⑧   ⑨    ⑩
```

图 6-1 "V 下"的语义扩展路径

"V下"的语义扩展过程最主要的区别主要表现在下面四个方面：绝对衬体——地球的隐含及所起的作用；主体与衬体的关系；动词的语义特征差别；主体或衬体概念的具体与抽象。

1. ①和②绝对衬体起绝对作用，相对衬体起位置作用；③⑥绝对衬体逐渐淡化，相对衬体逐渐起主要作用；④⑤⑦⑧⑨⑩绝对衬体不怎么起作用，相对衬体起主要作用。

2. ①和②由于绝对衬体起主要作用，因此相对衬体只是纵向空间对主体的位移起起点或终点的衬托作用；③⑥存在绝对衬体的情况，但往往是有条件的，是一般情况，同时还存在主体与相对衬体之间具有一体或所有关系的情况；④⑤⑦⑧⑨⑩一般都是以

3. ①主要是部分定向动词与泛向动词；或者是自移动词、使移动词；②是表示躯体动作向下的定向动词；③④⑤主要是致使分离性质的动词；⑥⑦⑧⑨⑩主要是表示留存性质的动词。

4. ①和②是位移凸显；③和⑥是位移开始淡化，④⑦⑧⑨是位移已经淡化；⑤和⑩位移已经虚拟化。

第三节 "V下来"的概念语义结构及其扩展路径

一 【由高到低】【趋向主观视点】【远离起点衬体】

该语义用来表达主体随着动作发生由高处趋向主观视点所在的低处的位移，即发生远离起点衬体，同时趋向绝对衬体和主观视点的位移。其概念语义成分主要包括：［使事］／［主体］［位移动词］［起点衬体］［绝对衬体］［主观视点］，其结构形式主要是"主体＋从＋起点衬体＋上＋V下来"，"使事＋把＋主体＋从＋起点衬体＋上＋V下来"。主体与衬体（起点衬体、绝对衬体）之间具有位置的衬托作用。该结构中的动词主要是位移动词，从方向性来看，主要有两种情况：定向和泛向。

1. 定向

这里的定向动词主要是表示由高到低位移的动词，如"跌、塌、掉、坠、落、降"等。而且，表示定向的由高到低的位移主要是自移。例如：

（49）只见有一个小青年，看远影也像小双喜，爬上一棵大树，刚爬到树桩，只见他一下从树上跌下来，接着山包上那群人一齐蹦跳起来，两手一扬一扬，像是在呼喊。（曲波《林海雪原》）

（50）他起身含笑告辞："今天兄弟不小心，书架塌下来带累贵处，又妨害了先生的公事，真是抱歉得一言难尽。"（钱锺书《灵

感》)

(51) 楼板给他们践踏得作不平之鸣，<u>灰尘扑簌簌地掉下来</u>。（钱锺书《围城》）

(52) 小孩钻入高粱之群里，<u>许多穗子被撞着</u>，<u>从头顶坠下来</u>。（萧红《生死场》）

(53) 周大贵瞪着眼，双手把那两扇大门摇得哐当哐当直响，<u>土从房顶上沙沙地落下来</u>。（李晓明《平原枪声》）

2. 泛向

这里的泛向动词除了可以表示由高到低的位移之外，还可以表示其他方向的位移，如"走、跳、跑、飞、拉、推"等。而且，表示定向的由高到低的位移既可以是自移，如（54）—（56）；也可以是使移，如（57）—（59）。

(54) <u>一位年轻姑娘从车上走下来</u>问道："有上山的路吗?"（《青年文摘》2003年人物版）

(55) 常常看见<u>黄嘴的小雀飞下来</u>，在檐下跳跃着啄食。（萧红《生死场》）

(56) 唱完了把蓝袍脱下，<u>武端从床上跳下来</u>，帮助王佐换上青袍。（老舍长篇《赵子曰》）

(57) <u>太子又再从头上把宝冠与宝珠拿下来</u>。（《释迦牟尼佛传》）

(58) 一个人举着手枪，开口逼着要钱；<u>另一个把萨姆先生从车上拉下来</u>。（《读者》）

(59) "刚才有辆马车急驰而过，<u>那个人就是从马车上被推下来的</u>。"（古龙《陆小凤传奇》）

该语义中位移主体、衬体或者路径的虚拟化，都可以扩展出心理位移意义上的位移性趋向义。就"V下来"而言，其虚拟主要源自主体的概念抽象化，而且动词主要是具有位移性的动词。例如：

(60) 什么是逆势疗法呢？比如说，你发烧了，医生给你吃退烧药使你的<u>体温降下来</u>，这种逆势疗法对某些病因很简单的病可能是有效的。（《读者》）

第六章 "V下/下来/下去"的概念语义结构及其扩展路径　115

　　（61）仰起头，空间一直通到顶层，阳光从顶层玻璃天窗直洒下来，从曲折的柜台中走到这里，你立时会获得李白《梦游天姥吟留别》中所描写的"洞天石扉、訇然中开"的感受。（《人民日报》1993年12月）
　　（62）鸿渐抽了一支烟，气平下来，开始自觉可笑。（钱锺书《围城》）
　　（63）他最后奉佛陀的慈命，先归城去禀复净饭大王，他的心才放下来。（《释迦牟尼佛传》）

例（60）将位置由高到低的变化隐喻为体温由高到低的变化，这实际上是由位置的高低向数值的大小高低的隐喻性投射。例（61）阳光本身无法被洒，但将其隐喻为可以洒的水滴等，就可以像水滴一样由高到低洒下来。例（62）将位置由高到低的变化隐喻为人的脾性由气愤到平和的变化。例（63）表示的是与"提心吊胆"相反的意思，把心提起来表示趋于担心或紧张等心态，而把心放下来则表示不再担心或紧张而趋于平常心态。

由于以地球作为绝对衬体，物体发生的位移是绝对性的由高到低，或者说是垂直于绝对衬体的。因此，发生的由高到低的位移是按照位置由高到低的顺序性变化。由此，可以向按照一定顺序发生变化的领域进行投射。具体来看，主要有按照辈分由高到低、按照时间由过去到现在等。

　　（64）第一个字儿呀，有的家里儿是很早有一个家谱排下来的。（查奎垣《1982年北京话调查资料》）
　　（65）因为当时饮酒的风气相沿下来，人见了也不觉得奇怪。（鲁迅《而已集》）
　　（66）爸爸从来没跟她说过，艺人的身份什么时候改过样，他只常常对她说，他们唱的书是上千年来一代代传下来的。（老舍长篇《鼓书艺人》）

例（64）是按照家谱的由高到低的辈分进行的排列；例（65）、（66）则是按照由过去到现在的时间顺序进行的沿袭。

另外，还有一种特殊情况，即由于社会等级差别造成的心理位移。其中主体和衬体都是社会等级职位，或者主观上认为存在等级高低之分，其中主体的等级往往高于衬体。这其实是将主体趋向衬体发生由高到低的位置变化，隐喻为等级由高到低的变化。所用动词也往往都是带有等级性差别的动词，如"降"、"吩咐"、"命令"等。例如：

(67) 喂，我给你看件东西，昨天校长室发下来的。（钱锺书《围城》）

(68) 出了蘑菇还是真糟，往上升腾不易呀，往下降可不难呢。当过了巡长再降下来，派到哪里去也不吃香：弟兄们咬吃，喝！你这做过巡长的……这个那个的扯一堆。（老舍短篇《我这一辈子》）

(69) "屠先生，你吩咐下来，我们去办，不是就结了么？"（茅盾《子夜》）

二 【身姿下方转换】【趋向主观视点】

"V下来"也可表示身姿下方转换，既可以表示主体由站姿到坐姿、卧姿、蹲姿、趴姿、跪姿，或由坐姿到卧姿、跪姿等身体姿态的变化，也可以表示主体身体组成的某一部分下方的姿态变化，如腰由直到弯、头由抬起到低下等。不过，跟"V下"有所不同的是，"V下来"在表示身姿下方转换的基础上，增加了主观视点。因此，"V下来"除了表示身姿以地球作为绝度衬体进行下方转换外，还同时趋向主观视点。其概念语义成分主要表现为：[使事] / [主体] [身姿] [定向动词] [向下] [衬体] [主观视点]。定向动词主要是表示躯体动作的下方运动。身姿下方转换这一语义，主要有下面两种表现形式。

1. 主体 + V 下来

"主体 + V 下来"表示主体身体姿势的变化趋向衬体（地球），同时趋向主观视点，动词主要表示身体姿态的变化，有"蹲下来/坐下来/跪下来/趴下来/躺下来"等搭配形式。例如：

(70) "这话倒有趣。为什么不敢？怕李先生？你看李先生这样胡闹。说怕我罢，我什么可怕？你坐下来，咱们细细的谈。"爱默把身子移向一边，让出半面沙发拍着叫颐谷坐。（钱锺书《猫》）

(71) 老马需要饮水，它也需要休息，在水沟旁倒卧下来了！（萧红《生死场》）

(72) 晚上，面着一座黝黯的森林，傍着小涧，我静静地躺下来，通过疏稀的枝叶，月光洒到我的身上，洒到我的心上，很清，也

很凉。(唐韬《心的故事》)

（73）她懂他的暗示，慢慢地在老太太面前跪下来，磕了个头。(老舍《鼓书艺人》)

2. 主体+V下来；使事+把+主体+V下来

"主体+V下来"或"使事+把+主体+V下来"，表示身体组成部分的变化趋向衬体（地球），同时趋向主观视点，动词主要表示身体组成部分的变化，有"腰弯下来/头低下来/手垂下来/脑袋耷拉下来"等。例如：

（74）窝囊废的脑袋耷拉下来，像没了骨头似的。（老舍长篇《鼓书艺人》）

（75）矮子老郭的下巴垂下来；他厉害，所以见了钱也特别的贪婪。（老舍《四世同堂》）

（76）杨老疙疸不吱声，把头低下来，又喝了一樽。（周立波《暴风骤雨》）

（77）两岸的人背负的重量太大了，他的腰弹动着，原想尽力地挺起来，但最终还是弯下来。（张炜《秋天的愤怒》）

三 【±由上向下】【趋向主观视点】【脱离起点衬体】

该义表示人或事物的一部分随着动作与人或事物分离，是主体从衬体上脱离的情况，该情况下主体与衬体具有特殊的位置关系。一般而言，主体与衬体主要存在两种关系：一是衬体是主体的依附之所，二是衬体与主体是整体与部分的关系。不过，发生的都是主体脱离衬体的情况。其概念语义成分主要包括：[使事]/[主体][使移动词][衬体][主观视点]，所用动词主要是具有使离性质的动作动词，如"拧"、"揪"、"撕"、"解"、"摘"等。其完整结构形式是"使事+把+主体+（从+起点衬体+上）+V下来"。例如：

（78）还我，当时还我，不然，我要不把你的头拧下来，我不算第一学者！（老舍长篇《猫城记》）

（79）她在膝盖上把毛笔一折两半，把笔毛儿一根一根揪下来，放在手心里。（老舍长篇《鼓书艺人》）

(80) 无聊的，她把小手绢从腕上解下来，擦擦头上的汗，而后把它紧紧的握在手中。（老舍《四世同堂》）

由此可以看出，若主体与衬体之间具有依托性关系或一体性关系，当主体趋向衬体时，多用"V上"表示；而当主体远离衬体时，多用"V下"表示。而且，两种情况下所用的动词也往往意思相反，如"贴上"与"撕下"等。若涉及主观视点的话，当主体趋向衬体时，衬体往往无法作为主观视点的"立足点"而多使用"V上去"；而当主体远离衬体时，衬体往往无法作为主观视点的"立足点"而多使用"V下来"，如"贴上去"与"撕下来"等。

另外，还有一种情况值得注意，那就是主体与衬体关系的变化实际是所有者关系的变化。也就是说，主体本属于衬体，但使事致使主体脱离衬体同时归于使事。例如：

(81) 学生们一声不出。庆祝保定的胜利？谁不知道保定是用炸弹与毒气攻下来的呢！（老舍《四世同堂》）

(82) 总之，在没有人的地方，黄良子才把小主人的木枪夺下来。（萧红《桥》）

例（81）中的保定城本来被敌人占领，后被解放军攻下来并归于解放军；例（82）中木枪本来属于小主人，但黄良子才把木枪夺下来并处于黄良子之手。

四 【趋向主观视点】【趋向终点衬体】【留存】

当以起点衬体作为参照体的时候，主体与衬体表现出的是一种脱离关系；当以终点衬体作为参照体的时候，主体与衬体表现出的就是一种依存关系。该依存关系根据衬体的具体与抽象的差别往往有不同的表现，而且所依托的衬体也往往隐含或不出现。该语义主要表示通过动作致使事物留存，其概念语义成分主要包括［使事］［主体］［使存动词］，基本结构形式是"使事＋把＋主体＋V下来"。因此，该语义中使用的动词主要是致使事物留存的动词，并使事物通过不同的方式留存，如"写、拍、录、记；省、留、剩、挣"等。例如：

(83) 他无所不尽其极的嘲弄，笑骂，攻击大赤包，而每一段这

样的嘲骂都分行写下来，寄到报馆去，在文艺栏里登载出来。（老舍《四世同堂》）

（84）长顺立誓不贪便宜，一定极留神——他会把卖东西的人的相貌，年纪，地点，都用个小纸本记下来，以便有根可寻。（老舍《四世同堂》）

（85）PPT 上的内容如果记不下来，你可以先用手机拍下来。（自拟）

上面三例分别是通过写把嘲骂留存在信纸上；通过记把卖东西的人的相貌等留存在小纸本里；通过拍的方式把 PPT 上的内容储存在手机等电子设备里。

（86）这是你房上的钥匙，留下来交给你的。（钱锺书《围城》）
（87）吃了点心，就吃不下晚饭，东西剩下来全糟蹋了。（钱锺书《围城》）
（88）她一个月会赚多少钱！管管家事，这几个钱从柴米油盐上全省下来了。（钱锺书《围城》）
（89）我希望你把我凭良心挣下来的每一个钱，都看成我的爱，我的劳力，我的苦心的一个象征。（老舍短篇《一筒炮台烟》）

例（83）、（84）表示的留存情况衬体可以隐含可以出现，我们可以通过使用的动词来推断衬体隐含时的情况，或者通过"用+衬体"或"在+衬体+上"来凸显衬体。例（85）—（88）表示的留存情况衬体往往并不出现，也无法通过某些形式来凸显，仅仅表示的是一种留存状态。

该语义其实表示的是一种虚拟化的隐喻性位移，这种情况主要是由于位移路径的虚拟化造成的。或者说，主体本未发生位移，只是出现且留存，是一种静态性持续存在。还有一种情况是由于主体本身的抽象性造成的，如例（90）中的"小崔太太的命"。

（90）长顺回答得更加详细，而且有点兴奋，因为小崔太太的命实在是他与他的外婆给救下来的，他没法不觉得骄傲。（老舍《四世同堂》）

值得注意的是留存的特殊情况，即由主体本身的性质和状态造成。一是事物本身处于运动状态，当留存于某个位置时，即表现出停止义。停止的位置即其留存的位置，其留存的位置便是其停止时的位置，动词主要是表示停止的状态动词"停"。例如：

（91）一直等到她跑不动了，才<u>停下来</u>喘口气，转过头去看，他是不是追了上来。她周围是炸毁了的山城。（老舍长篇《鼓书艺人》）

二是应允对方的请求，从而使双方达成的协议留存，动词主要是应答动词"答应、应承、应"等。例如：

（92）鸿渐最怕演讲，要托词谢绝，谁知道父亲代他一口<u>答应下来</u>。（钱锺书《围城》）

五 【能力实现】

该义表示主体的能力或行为等的实现。前文所述"V下来"的语义本身就隐含着一种实现，尤其是［脱离］和［留存］义。不过，这里所讲的实现主要指某种能力或行为的实现。

1. 主体能力的实现

表示主体能力实现时，往往在"V下来"前面加上能愿动词"能"以及否定形式"不能"，或者用可能形式"V 得/不下来"表示。所使用的动词主要是表示人的能力，包括书写能力、记忆能力、理解能力、认知能力等。例如：

（93）一全份嫁妆，不管是四十八抬，还是三十二抬，我们便能由粉罐油瓶一直糊到衣橱穿衣镜。<u>眼睛一看，手就能模仿下来</u>，这是我们的本事。（老舍短篇《我这一辈子》）

（94）一般的说有高小文化程度的人都可以读，都有可能把它<u>读下来</u>，初中没上过都不要紧。（王蒙《〈红楼梦〉的"言"与"味"》，百家讲坛 2003 年 10 月 22 日）

（95）咸丰帝对向荣未能照他的主观愿望如期攻克金陵而大为恼怒。但又苦于找不到合适的将领来取代他于是只好边打边拉又骂又哄。向荣从小未曾读书。识字无多。<u>皇帝的谕旨也看不下来</u>。（《大

独裁者报告》）

2. 某种行为的实现

在表示某种行为实现时，可以在"V下来"前面加上表示行为实现的副词"终于"等，所使用的动词主要是表示人做某事的行为能力，如"做东西"、"拍电影"等。例如：

（96）<u>四片裤面做下来了</u>，裤腰、裤门不会做，就拆掉一条旧裤子仔细琢磨。（《人民日报》1995年1月）

（97）可不知为什么，<u>近20余部影视剧拍下来</u>，巫刚就硬是没能"火"起来。（《人民日报》1993年12月）

六 【动作实现】【由过去到现在】

该语义主要用来表达由现在看动作实现所经历的时间等，是一种有终结点的持续义，即表示动作从过去持续到说话时间，是一种有限性的持续。因此，该组合往往隐含事件的完成性。"V下来"之前需要跟表示有限性的成分，可以是限时的时量短语，可以是限量的动量短语，还可以是限距的空间性数量短语。其结构形式主要是"时量/动量/空间量+V下来……"；动词主要是动作行为动词。

1. "时量+V下来"

（98）去年春节刚过，他们就请人踏勘、立项、筹款，说不清多少次上西安、赴北京，<u>15个月跑下来</u>，行程10万公里。（《人民日报》1996年8月）

（99）人在监牢中，梦里想的还是那女人柔软白嫩的身子，何况这挖煤的劳动又重又累，下到井底一片墨黑，<u>一天干下来</u>，连毛细孔里都深深渗进了煤灰。（彭荆风《绿月亮》）

2. "动量+V下来"

（100）当当学校在城南，宋建平医院在城西，凭北京这个交通状况，这么<u>一趟走下来</u>，没有一上午也差不多少，宋建平别上班了。（《中国式离婚》）

（101）大学生许方勇军校毕业后分到八连，他组织战士做"丢手绢"游戏，几圈玩下来，手绢很脏，还撕开一个口子，游戏一结束，他就把手绢扔了。（《人民日报》1993年4月）

3. "空间量+V下来"

（102）80多公里跑下来，他下车时成了"煤黑子"。（《人民日报》1995年9月）

（103）她的脸被烈日晒得通红，她说："20公里走下来，体重差不多要减少3斤。"（《新华社2004年新闻稿》3）

有时，该用法对其后成分的语义类型也有要求，往往是表示感受性的词语。

（104）这工作十几天做下来，累得我筋疲力尽。（《新华社2004年新闻稿》6）

（105）这闻家大院地广房多，南门与北门之间，一趟走下来，谁都累得气喘吁吁，不下半里地。（肖克凡《膏药失灵》）

（106）三里路跑下来，我的脚都磨出了泡。（自拟）

由以上分析可知，"V下来"的语义扩展路径如图6-2所示：

【由高到低】【趋向主观视点】【远离起点衬体】→位移性趋向
↓
【身姿下方转换】【趋向主观视点】→位移性趋向
↓
【±由上向下】【趋向主观视点】【脱离起点衬体】→过渡
↓
【趋向主观视点】【趋向终点衬体】【留存】→状态性趋向
↓
【能力实现】→状态性趋向
↓
【动作实现】【由过去到现在】→时体性趋向

图6-2 "V下来"的语义扩展

第四节 "V下去"的概念语义结构及其扩展路径

一 【由高到低】【远离起点衬体】【远离主观视点】

该语义主要表达人或事物随动作由高处向低处并远离视点的位移，具体说就是主体参照绝对衬体和起点衬体，发生趋向绝对衬体，同时远离起点衬体和主观视点的位移。其概念语义成分主要包括：［使事］／［主体］［位移动词］［起点衬体］［绝对衬体］［主观视点］，结构形式根据是否有致使因素的参与而主要有两种结构形式："主体+从+起点衬体+上+V下去"，"使事+把+主体+从+起点衬体+上+V下去"。主体与衬体（起点衬体、绝对衬体）之间具有位置的衬托作用。该结构中的动词主要是位移动词，从方向性来看，主要有两种情况，即定向和泛向。

1. 定向

这里的定向动词主要是表示由高到低的位移的动词，如"降、掉、跌、塌、落、坠"等。而且，表示泛向的由高到低的位移主要是自移。例如：

(107) 它没有深思熟虑，没有思想斗争，只顾向前，马上就要<u>从空隙处掉下去</u>了。(宗璞《"甲鱼"的正剧》)

(108) 参、商两星相距遥远，这颗升上来，<u>那颗就落下去</u>，永远不得相见。(《中国儿童百科全书》)

(109) 由于咸水比重大，<u>人</u>可以像一根木头似地躺在水面上，<u>不会沉下去</u>。(《中国儿童百科全书》)

2. 泛向

这里的泛向动词除了可以表示由高到低的位移之外，还可以表示其他方向的位移，如"走、跳、跑、飞、拉、推"等。而且，表示泛向的由高到低的位移既可以是自移，如例（110）、（111）；也可以是使移，如例（112）、（113）。

(110) <u>他</u>慢慢地走到楼梯口，<u>踏着楼梯走下去</u>。(《中国儿童百科全书》)

(111) 军舰减速航行，突然间传来"呀"地一声惊叫，张君然赶紧跑下去，俯在舰舷往下一看，水下的珊瑚像一柄柄五光十色的剑，直插船底。（胡洪波《首次收复西沙群岛纪实》，载《作家文摘》1996/1996B）

(112) 沈培放满一浴缸温水，把祖斐连衣带人推下去。（亦舒《异乡人》）

(113) 我们打开地窖，把棺材抬下去，再盖好地窖。（《悲惨世界》）

有的并不需要起点衬体的作用，而完全依赖绝对衬体地球。例如：

(114) 如构造湖是由于在几千万年前，地壳发生了巨大的断裂运动，有的地方高高隆起，有的地方深深陷凹下去。（《中国儿童百科全书》）

(115) 屋顶被掀掉后又塌陷下去，破裂着露出了不整齐的茬口。（《新华社2004年新闻稿》2）

(116) 第二年将三倍体的种子种下去，长成的植株再用正常的二倍体植株授粉，三倍体的植株上就能长出无籽西瓜。（《中国儿童百科全书》）

该语义中位移主体、衬体或者路径的虚拟化，都可以扩展出心理位移意义上的位移性趋向义。就"V下来"而言，其虚拟主要源自主体的概念抽象化，而且动词主要是具有位移性的动词。例如：

(117) 全国形势大为好转，我们也十分高兴，期望小平同志大抓整顿，把一小撮坏蛋的气焰压下去。（钟灵《团泊洼的日子——忆小川》，载《作家文摘》1995/1995B）

(118) 起义虽然被北魏政权镇压下去，可是不久北魏也灭亡了。（《中国儿童百科全书》）

(119) "勇气"号尝试着在地面指挥下收缩这个气囊，但未能成功，气囊高度还是没有降下去。（《新华社2004年新闻稿》1）

例（117）、例（118）分别将位置由高到低的变化隐喻为：一小撮坏蛋的气焰的由高到低的变化，社会起义情势由高涨到低落的变化；例

(119) 将位置由高到低的变化隐喻为数量由高到低的变化。

由于以地球作为绝对衬体，物体发生的位移是绝对性的由高到低，或者说是垂直于绝对衬体的。因此，发生的由高到低的位移是按照位置由高到低的顺序性变化。由此，可以向按照一定顺序发生变化的领域进行投射，而这个顺序可以是纵向发生的，也可是横向发生的。例如：

(120) 一年级读完直接跳到了三年级，三年级读完又直接升入五年级。学校的老师们看到这三个学生年龄都偏大，如果按顺序读<u>下去</u>，可能会给以后的升学造成影响，便经常开些小灶，使他们顺利地连跳两级。(《新华社2004年新闻稿》2)

(121) 从东向西，或是从南向北，<u>你一个村庄一个村庄地走下去</u>，你会发现虽然道路阡阡陌陌，土壤是一模一样的，植物也是一模一样的。(李佩甫《羊的门》)

例(120)是按照年级的由高到低，例(121)则是按照村庄的先后顺序。

另外，还有一种特殊情况，即由于社会等级差别造成的心理位移。其中主体和衬体都是社会等级职位，或者主观上认为存在等级高低之分，其中主体的等级往往高于衬体。这其实是将主体趋向衬体发生由高到低的位置变化，隐喻为等级由高到低的变化。所用动词也往往都是带有等级性差别的动词，如"吩咐、派"等。例如：

(122) 魏汉津请量帝指尺寸时，内侍黄经臣以为"帝指不可示外人"，只量了个大概尺度。于是赶紧又重新量了指头<u>吩咐下去</u>。(《读书》vol-018)

(123) <u>秘书建议把大学里化工系的学生派下去</u>，帮助农民分析化验铁矿石。(《周恩来传》)

二 【身姿下方转换】【远离主观视点】

"V下去"也可表示身姿下方转换，既可以表示主体由站姿到坐姿、卧姿、蹲姿、趴姿、跪姿，或由坐姿到卧姿、跪姿等身体姿态的变化；也可以表示主体身体组成的某一部分下方的姿态变化，如腰由直到弯、头由抬起到低下等。不过，跟"V下"有所不同的是，"V下去"在表示身姿下方转换的基础上,增加了主观视点。因此,"V下去"除了表示身姿以地球作为衬体进行下方转换外,还同时远离主观视点。其概念语义成分主要表现为:[使事]/[主体][定向动词][向下][衬体][主观视点]。定向动词主要是表示躯体动作的下方运动。身姿下方转换这一语义,主要有下面两种表现形式。

1. 主体+V下去

"主体+V下去"表示主体身体姿势的变化趋向衬体(地球),同时远离主观视点,动词主要表示身体姿态的变化,有"坐下去/躺下去/蹲下去/跪下去/趴下去"等搭配形式。例如:

(124) 王强慢慢地站起来,又重重地<u>坐下去</u>;张开嘴想对母亲说什么,又闭上嘴什么也不说出来,把个王老太急得简直不知如何是好!(陈立祥《定心丸》,载《作家文摘》1997/1997B)

(125) <u>我的儿子微微地笑了一下,摇摇头,躺下去</u>,闭上眼睛。(《读者》)

(126) <u>小高忽然在人丛中蹲下去</u>,别人的脸虽然看不见了,可是一张又长又大的马脸已经到了他眼前。(古龙《英雄无泪》)

2. 主体+V下去;使事+把+主体+V下去

"主体+V下去"或"使事+把+主体+V下去",表示身体组成部分的变化趋向衬体(地球),同时远离主观视点,动词主要表示身体组成部分的变化,有"腰弯下去/头低下去/手垂下去/脑袋耷拉下去"等。例如:

(127) <u>他竖起身来又弯下去</u>,拼命在这个支点上站稳。他觉得自己好像踏上了生命阶梯上的第一级。(《悲惨世界》)

(128) 这一下,<u>马吕斯也把头低下去了</u>。(《悲惨世界》)

(129) 直到这时,他好像一桩心事已了,肩上的千斤担子已经卸了下来,<u>他的头渐渐耷拉下去</u>,身体一动也不能再动了。(杨沫《青春之歌》)

三 【±由高到低】【趋向终点衬体】/【远离起点衬体】【远离主观视点】

该语义相比较"V下去"的前一语义而言,主要表现在是否还以绝对衬体作为参照体。该语义不再以绝对衬体作为参照体，因此相对衬体的作用就显得很重要。该情况下主体与衬体具有特殊的位置关系。一般而言，主体与衬体主要存在两种关系：一是衬体是主体的依附之所，二是衬体与主体是整体与部分的关系。其语义要素主要包括：[使事] / [主体] [位移动词] [衬体] [主观视点]。其结构形式主要包括："主体＋V下去"，"使事＋把＋主体＋V下去"等。例如：

（130）他人累瘦了，原本丰满英俊的脸腮凹陷下去了，神气的大眼睛也经常因缺少睡眠而红丝密布。（《1994年报刊精选》1）

（131）阿格耶夫打开了门，脸色苍白，眼睛也凹下去了。（《读者》）

（132）感染性卵如果被人吞咽下去，就在小肠内孵化出幼虫；幼虫大多数钻进肠壁，进入血管或淋巴管，最后都进入肝脏。（《中国儿童百科全书》）

（133）他对孩子说："这个药对你很重要，吃下去吧。"（董鹏《毛金虎和他的京剧脸谱展》）

例（130）、（131）衬体是脸部，位于衬体上的脸腮和眼睛相比较脸的表面而有所凹陷；例（132）、（133）衬体是身体内部，一般无法作为主观视点的"立足点"。

若主体概念抽象化之后，往往可以表示虚拟的位移。例如：

（134）他猛地把下面的话咽下去，突然想到，相隔十年，还能像过去那么吵架？[唐颖《糜烂》（连载之三）]

四 【由现在至将来】【趋向将来】【远离现在】

无自然终结点持续义动趋式"V下去"表示动作从说话时间继续到将来，"继续"说明该动作之前发生过。"下去"表示行为从说话时间起持续到将来，"下来"表示行为从过去某时刻持续到说话的时间——现在。"来"、"去"由空间的主观参照向时间的主观参照的隐喻扩展，由指向/离开说话人的立足点到指向说话时间，说话时间为行为的时间上的终点/起点。（宋文辉，2007：198—199）

由此可以看出，其语义要素主要包括：[时体主体] [持续动词] [主观视点〕，其结构形式主要是"主体+V下去"，"V下去"前可以添加"一直"或"继续"等。由于该义表示继续义，因此所使用的动词主要凸显其持续性或可重复性。不过，该结构要求的动词语义上的持续性是一种动态持续，而非静态持续，如"知道、懂"等状态动词不易与趋向动词组合。例如：

(135) 周恩来服从组织决定，继续工作下去。(《周恩来传》)
(136) 看来，关于死亡的定义还得争论下去。(《中国儿童百科全书》)
(137) 它们在途中进行繁殖，产卵后自己就死亡了，孵化出的新一代君主蝶重新飞往南方过冬。就这样一代接一代地传下去。(《中国儿童百科全书》)

基于以上分析，"V下去"的语义扩展路径如图6-3所示：

【由高到低】【远离起点衬体】【远离主观视点】→位移性趋向
↓
【身姿下方转换】【远离主观视点】→位移性趋向
↓
【±由高到低】【趋向终点衬体】/【远离起点衬体】【远离主观视点】→过渡
↓
【由现在至将来】【趋向将来】【远离现在】→时体性趋向

图6-3 "V下去"的语义扩展路径

第五节 小结

人类对人与世界关系的认知，尤其是对人类与客观事物的空间位置关系及其变化的认知是动趋式的来源。"V下"之原型就是基于人自身与客观世界之间位置由高到低的变化。人类通过认识客观事物之间的位置以及位置变化，可以感知人类自身的身姿变化。也就是说，这种扩展是从人相对于客观事物的位置变化（如"走下楼"），到人体部分姿势变化（低下头），乃至人体整体姿势变化（躺下）。

"下"的原型意义主要是以地球作为绝对衬体发生的由高到低的位移。从相对衬体的角度来看，由高到低的位移则由于起点衬体与终点衬体

第六章 "V下/下来/下去"的概念语义结构及其扩展路径　129

凸显程度的差别而有所不同，造成的语义扩展也有所不同。当凸显的是起点衬体时，表示主体远离起点衬体的位移，由此扩展出了表示"脱离"及"失去"义；当凸显的是终点衬体时，表示主体趋向终点衬体的位移，由此扩展出了表示"留存"、"容纳"及"停止"义。与此同时，上述语义的差别分别伴随着主体与衬体关系、动词语义特征及结构形式等的差别。总体来看，主体与衬体的关系是从衬托到依附再到一体；动词的语义特征主要从凸显位移性到凸显动态性。

"V下来/下去"则是在"V下"的基础上增加了主观视点。主观视点的"立足点"影响"V下来/下去"的语义扩展。具体来看，当趋向主观视点时，主要使用"V下来"，而且往往可以扩展出"留存"及"停止"义，同时还进一步扩展出与时体相关的"由过去到现在"的有限持续义；当远离主观视点时，主要使用"V下去"，而且往往可以扩展出与时体相关的"由现在到将来"的无限持续义。表示"脱离"及"失去"义时仍用"V下来"而不用"V下去"，这主要是需要考虑衬体能否作为主观视点的"立足点"。

"V下"与"V下来/下去"在语义扩展能力上存在差异，这种差异主要表现在是否扩展到时体性趋向："V下"无法通过时间隐喻机制进行扩展，而"V下来/下去"则扩展顺畅。时间隐喻基于"过去→现在→将来"，观察时需要选择参照点。"V下来/下去"空间位移的参照点是主观视点所在，即发生趋向或远离主观视点的位移，而"V下"仅仅依赖衬体。当主观视点由空间域向时间域投射时，以"现在"作为主观视点，则"过去→现在"表示趋向主观视点，应用"V下来"；"现在→将来"表示远离主观视点，则用"V下去"。

第七章 "V进""V出"的概念语义结构及其扩展路径

第一节 引言

人类对世界的空间认知除了"上（高）下（低）"这一二维关系之外，还有三维关系。具有三维特征的事物往往具有可容性。人们把具有内"容"性或有界性的物体看成一个容器，踏破界限而到容器内为"进"，突破界限而到容器外为"出"。这也就是所谓的"容器隐喻"。（芦英顺，2007）典型的容器一般是三维物体，如盒子、房间等，有界性是其典型特征，具有封闭性的内部空间。二维物体往往不具有容器性，若将其概念化为三维物体或者将其看成更大平面内的一个有界的封闭性平面，则往往可以用"进/出"。前者如"街道"并把街道两旁的建筑物、树木等概念化为一个三维物体，后者如地球表面的"沙漠"、"草原"，甚至平面上的一个圆圈等。由不可知的容器内到容器外，是一种外现，由此隐喻出抽象事物的出现。

"V进"和"V出"用来表达人或事物"由外到里"和"由里到外"的位移活动。"由外到里"这一位移活动，若主观视点在容器里面则是"V进来"，主观视点在容器外面则是"V进去"；"由里到外"这一位移活动，若主观视点在容器里面则是"V出去"，主观视点在容器外面则是"V出来"。由此可以看出，两者的主观视点正好是相反的。当然，在趋向视点和远离视点这一认识上是一致的。

然而，我们需要考虑这个"容器"的性质，也就是该容器能否给主观视点提供可以依附的"立足点"。就拿人的大脑来说，虽然可以作为容器，但一般无法给主观视点提供立足点，所以主观视点只能处于外部，即"V进去"和"V出来"。因此这种情况也对使用的动词产生限制，即与

"进去"搭配的是"看/听",与"出来"搭配的是"想/看/听"。

基于上述认识,下面我们从概念语义成分和扩展路径进行分析。

第二节 "V进/进来/进去"的概念语义结构及其扩展路径

一 "V进"的概念语义结构及其扩展路径

1. 位移性趋向:由外到里

"V进"用来表达人或事物随动作由外到里的位移变化,该位移变化是以有界性的事物作为位移的终点衬体,终点衬体往往具有容纳性。其概念语义结构主要包括:[主体][起点衬体][自移/使移][终点衬体],动词主要是具有自移性的身体运动动词,以及具有使移性的动作动词。

A. 自移

"V进"自移的结构形式是:主体+(从+起点衬体)+V进+终点衬体。起点衬体可以出现也可以隐含不出现。例如:

(1)丁作明坦坦荡荡地走进了派出所。(《中国农民调查》)

(2)大约在8时抵达酒店后,乔丹从侧门走进饭店,令现场百余名球迷在正门白等了一个下午。(《新华社2004年新闻稿》2)

一般而言,自移性的泛向动词皆可以有上述结构,而对于自移性的定向动词而言,搭配则有些特殊性。能够跟"进"搭配的定向动词,往往具有向下的方向性位移,如"沉、落、陷"等,而且该结构往往需要凸显终点衬体。其结构形式可以表示为:主体+V进+终点衬体。例如:

(3)就看见秀秀一个人从屯子里挑着水桶走出来,踏上一块斜浸在水中的大青石,卸下桶,晃了晃,轻轻一扣,那桶咚地沉进水里。(礼平《小战的黄昏》)

(4)一次,镇上打烧饼的老汉窦连山听张其应广播讲话听走了神,一炉烧饼竟全部烤煳落进了炉膛。(《1994年报刊精选》6)

不过,由于"V进"更多的是强调位移之后所处的位置,因此,有些本身具有向上位移的自移动词"浮、升"等,若只强调位移之后所处位置而不凸出其由下至上的方向的话，往往可以搭配。例如：

（5）她两眼凝视着那闪烁的蜡黄色的豆油灯火一缕纤细的黑油烟，晃曳着升进黑暗的空间。（冯德英《苦菜花》）

（6）他没有游动，就那样漂浮着，慢慢地浮进山洞。（李英儒《野火春风斗古城》）

因此，这也说明"V 进"是以具有内"容"性的事物作为位移参照，而与动词自身位移的方向并没有太大关系。

另外，我们必须要注意的是哪些情况可以将其认为容器，除了一般意义上的具有三维性的空间事物"房间"、"盒子"等，以及二维性的空间事物"草坪"、"沙漠"等外，还有一维时间限制"10 秒"等。例如：

（7）这是奥运会史上竞争最激烈的一次男子百米大战，5 位决赛选手跑进10 秒大关。（《0.01 秒决定金银铜》，《文汇报》2004 年 8 月 24 日）

B. 使移

使移根据凸显方式的差别，主要存在两种情况：一是用"把"字凸显主体，使事处于主语位置；二是主体处于主语位置，用"被"引出使事，有时候使事隐含。这两种情况下的主体往往是具有定指性的。

B1."把"字结构

具体的结构形式为：使事 + 把 + 主体 + （从 + 起点衬体）+ V 进 + 终点衬体。例如：

（8）葛老师连忙把她拉进屋子，让她坐在火炉旁。（《人民日报》1995 年 10 月）

（9）接着，他把小鸡鸡从后拉进两腿之间，这就使他从前面看上去只剩下一道浅槽儿，的确像个女孩。（王朔《看上去很美》）

B2."被"字结构

具体的结构形式为：主体 + 被 + （使事）+ V 进 + 终点衬体。例如：

（10）一片喝彩声里我被拉进球场。（洪峰《夏天的故事》）

第七章 "V进""V出"的概念语义结构及其扩展路径　　133

（11）9月2日，强强被推进了手术室。（《新华社2004年新闻稿》3）

此种情况也存在终点衬体是抽象概念的情况，此时终点衬体不再是客观处所性容纳，而是抽象容纳，如例（12）中的"流氓集团"，例（13）中的"充满死亡的黑暗中"等。

（12）不久，他那不成器的儿子被拉进流氓集团，参加了盗窃活动。（《读书》vol-011）

（13）失去控制的汽车像在冰上滑行一样，被推进了充满死亡的黑暗中。（《人性的证明》）

一般而言，使移性的泛向动词都可以有上述结构，而对于使移性的定向动词而言搭配结构具有特殊性。有些定向动作动词"装、填"等表示致使人或事物进入某一具有内"容"性的容器内，可以与"进"类搭配表示位移性趋向。例如：

（14）"假粮"这天，亲友把筹来的粮食装进箩筐，送到做寿人家里。（《中国儿童百科全书》）

（15）我被塞进了一辆警车，被送到了一个不知名的露天沙场，在那儿做起了苦力。（《中国北漂艺人生存实录》）

当然，上述定向动词也可以跟"出"搭配，但并不表示位移性趋向了，而是表示状态性趋向。而且，这些定向动词不再表示方式了，而是表示致使事物出现的原因。例如：

（16）在三年多的时间里，西区的开拓者填出了6平方公里的土地。（《人民日报》1993年6月）

有些动词具有某种力量可以致使主体发生位移，但这些动词本身并不具有位移性，主要是与言语有关的具有致使性的"叫、喊、骂"等。

（17）考评开始了，他被叫进了考评室。（《1994年报刊精选》7）

(18) 第二天<u>主人把园丁喊进来</u>。(《安徒生童话故事集》)
(19) <u>奶奶三句两句就把爸爸骂进了屋</u>。(自拟)

2. 虚拟位移

位移虚拟的"V进"主要由于位移衬体是一个虚拟化了的抽象概念,这个抽象概念仍然具有可"容"性。例如:

(20) 和孩子在一起的时间愈多,<u>我们愈能走进他们的内心世界</u>。(《"标签"不能随意贴》,《文汇报》2004年9月20日)
(21) 英国移民来此"落户"之后,澳洲的发展进程大大加快了,<u>土著人却陷进水深火热之中</u>。(《人民日报》1993年)

例(20)中的"内心世界"、例(21)中的"水深火热"都是可容性的抽象概念,同样无法作为主观视点的立足点。

二 "V进来"的概念语义结构及其扩展路径

1. 位移性趋向:由外到里且主观视点处于里面

"V进来"用来表示人或事物发生由外到里且趋向主观视点的位移活动,主观视点处于衬体内部。其概念语义成分包括:[主体][起点衬体][自移/使移][终点衬体][视点]。但是,需要注意终点衬体与"进来"的位置,一般是处于"进"和"来"的中间。

A. 自移
A1. 主体+(从+起点衬体)+V进+终点衬体+来

(22) 他还没有来得及朝孩子下毒手,<u>外屋的刘斌已走进屋来</u>,他瞪起血红的眼睛,操着长长的牛角刀,不由分说,一刀朝小诺诺的脖子刺去。(《1994年报刊精选》10)
(23) <u>霍利亚瓦像球一样跑进房间来</u>。(奥斯特洛夫斯基《钢铁是怎样炼成的》)

A2. 主体+(从+起点衬体)+V进来

(24) <u>吴法宪从另一个会议室走进来</u>,坐下就是胡乱批评一通。(陈虹《所谓整理江青"黑材料"的始末》)

(25) 即使自己家里很干净，还是会有蚊虫飞进来。（《除"四害"，我们怎样做得更好？》，《福建日报》2008年6月17日）

A3. （从）＋起点衬体＋V进＋主体＋（来）

(26) 这时，门外走进一个人来。（《人民日报》1993年10月）
(27) 正在疑惑，一阵脚步声，从门外走进几个人来。（邓友梅《记忆中的老舍先生》）

A4. （从）＋起点衬体＋V进来＋主体

(28) 1994年9月10日上午，北京市朝阳区人民法院酒仙桥法庭庭长办公室，走进来一群庄稼人。（《人民日报》1995年5月）
(29) 只见从院子的外面慢慢走进来一个高大魁梧的人，他正是毛主席，我的心咚地跳到了嗓子眼上。（《人民日报》1994年第1季度）

B. 使移
B1. 使事＋（从＋起点衬体）＋把＋主体＋V进＋终点衬体＋来

(30) 他一个人就能把车子推进屋里来。（自拟）
(31) 归途中，骑车走在田埂上，居然和一个农夫各不相让，吵了起来，农夫挑着两桶水，硬是从他身边挤过去，把他给挤进了田里去，跌了一身烂泥。（琼瑶《水云间》）

B2. 使事＋（从＋起点衬体）＋把＋主体＋V进来

(32) 卫毅的警卫员把马褡子搬进来。（杜鹏程《保卫延安》）
(33) "我要进去洗澡了，"她说，"我马上就会出来的。我跟你一起吃晚饭，然后把帆布床抬进去。"（《乞力马扎罗的雪》）

B3. 主体＋被＋（使事）＋V进来

(34) 他被约翰领进来，后者便转身离去了，还极其周到地为我

们关上门。(《洛丽塔》)

(35) 职工总医院普外科护士长马晓晋忙于抢救伤员,几个小时后,转身看到自己的孩子被抬进来,身体已经发硬。(《1994年报刊精选》12)

此种情况终点衬体虽然在结构中并未出现,但通过语境可以推知。此种情况也存在主体是抽象概念的情况,如例(36)中的"许多中国的思想"等。另外,终点衬体也可以是具有容纳性的抽象概念,如例(37)中的"'二月兵变'的传闻"等。

(36) "现在以色列出现了中国文化热,许多中国的思想被介绍进来,像孔子、老子、鲁迅等先贤哲人的著作都被译成希伯来语。"(《人民日报》1995年10月)

(37) 关于"二月兵变"的传闻,许光达早就听说了,他一直在为贺总捏着一把汗,可是,今天自己怎么也被牵扯进来……(纪晓华《许光达之死》)

还有一种情况,主体处于宾语位置,处于宾语位置上的主体往往并不具有定指性。

B4. 使事 + (从 + 起点衬体) + V 进来 + 主体

(38) 彩云将禀事的健妇送出,随即带着两个丫鬟抬进来一口皮箱,她自己捧着一个螺钿黑漆小盒,背后还有两个丫鬟,每人用托盘端着两封银子。(姚雪垠《李自成》)

有些动词具有某种力量可以致使主体发生位移,但这些动词本身并不具有位移性,主要是与言语有关的具有致使性的"叫、喊、骂"等。

(39) 外面100多个小孩,每次叫进来10个或20个。(《余世维在中国人寿的讲座》)

(40) 第二天主人把园丁喊进来。(《安徒生童话故事集》)

2. 状态性趋向

位移虚拟的"V 进来"主要由于位移衬体是一个虚拟化了的抽象概

念，这个抽象概念仍然具有可"容"性。例如：

(41) 每个人都知道赌博不是件好事，他们自己沉湎其中，是因为积习难改，但并不希望自己的家人也陷进来。(《天魔心法》)

上例的说话者（同时也是主观视点）已经处于赌博的泥潭而无法自拔，而当自己的家人进入赌博的泥潭时，便可以说"陷进来"。当然，如果自己处于赌博的泥潭外，则可以说"陷进去"。

三 "V 进去"的概念语义结构及其扩展路径

1. 位移性趋向：由外到里且主观视点处于外部

"V 进去"用来表达人或事物随动作由外到里远离主观视点的位移活动，且主观视点处于外部。其概念语义成分包括：[由外趋里] [主体] [自移/使移] [起点衬体/终点衬体] [主观视点]。"V 进/进来/进去"同样存在自移与使移的差别。

A 自移

A1. 主体 + (从 + 起点衬体) + V 进 + 终点衬体 + 去

(42) 他尚在踌躇，却有两个人跟在天玑道人之后，跑进"灵堂"去了。(《幻剑灵旗》)

(43) 说罢，母亲在佣人们的簇拥下，走进房里去了。[林希《"小的儿"》(连载之五)]

A2. 主体 + (向 + 终点衬体) + V 进去

(44) 不过小孩却似乎早熟悉了这样的环境，脚下不停地向山洞里跑进去。(《茅山道士异界游》)

(45) 在同一间屋里，还有为刚刚学步的孩子们设计的一座城堡，这里面有滑梯、隧道、爬梯和楼塔，孩子们走进去，就像进了迷宫一般。[《读者》(合订本)]

A3. V 进去 + 主体

(46) 在看到跑进去几十人，里面刀剑声不绝于耳时，后面的人

便更是充满信心。(《传奇再起》)

(47) 正待蹙眉苦思，大厅的中央门口，已躬身<u>走进去几人</u>。(《新华社 2004 年新闻稿》2)

一般而言，自移性的泛向动词皆可以有上述结构，而对于自移性的定向动词而言，搭配则有些特殊性。能够跟"进去"搭配的定向动词，往往具有向下的方向性位移，如"沉、掉、陷"等。衬体可以出现，也可以隐含，其结构形式分别可以表示为：主体＋V 进＋终点衬体＋去（例），"主体＋V 进去"。例如：

(48) 隔着窗户，他听见他的疲惫的低语："我在来的路上，<u>一条腿陷进一个很深的烂泥坑里面去了</u>，拔也拔不出，有什么东西咬在腿肚子上，针扎似的痛。"(《残雪自选集》)

(49) 陷阱做好已经两个月了，这还是头一次有<u>猎物掉进去</u>。[《读者》(合订本)]

不过，由于"V 进去"更多的是强调位移之后所处的位置，因此，有些本身具有向上位移的自移动词"浮、飘"等，若只强调位移之后所处位置而不强调其由下至上的方向的话，往往可以搭配。例如：

(50) <u>她像白云似的飘进去</u>。(《江湖夜雨十年灯》)

(51) "没关系，妈妈，省城是片大海，<u>我好比叶子鱼儿，摇摆着尾巴就浮进去了</u>。"(李英儒《野火春风斗古城》)

B. 使移

B1. 使事＋把＋主体＋V 进＋终点衬体＋去

(52) 有时，晚上一个人回去，车子要出什么问题，<u>他都得把车子拉进修车店去</u>，再快快地跑回去，为了不想让他外公、外婆担心。(当代文学《暗地繁华》)

(53) 归途中，骑车走在田埂上，居然和一个农夫各不相让，吵了起来，<u>农夫挑着两桶水，硬是从他身边挤过去，把他给挤进了田里去</u>，跌了一身烂泥。(琼瑶《水云间》)

B2. 使事 + 把 + 主体 + V 进去

（54）他需要工人清理货仓内的日本货，然后把英军的货物搬进去。（李光耀《风雨独立路——李光耀》）
（55）"我要进去洗澡了，"她说，"我马上就会出来的。我跟你一起吃晚饭，然后把帆布床抬进去。"（《乞力马扎罗的雪》）

B3. 主体 + 被 + （使事）+ V 进去

（56）有一扇门哗地打开，妈妈被推进去。（《艾晓明小说集》）
（57）盖亚皇陵只有死去的女王才可被抬进去。（《狙击王》）

此种情况终点衬体虽然在结构中并未出现，但通过语境可以推知。此种情况也存在主体是抽象概念的情况，如例（58）中的"他的事迹"等。另外，终点衬体也可以是具有容纳性的抽象概念，如例（59）中的"为争东西而你死我活"等。

（58）你在写小说吧，以后一定要把他的事迹也写进去。（当代文学《影子情人》）
（59）李堂主长出了一口气，这事总算没把自己给牵扯进去。（《渡神仙》）

一般而言，使移性的泛向动词可以有上述结构，而对于使移性的定向动词而言搭配结构具有特殊性。有些定向动作动词"装、填"等表示致使人或事物进入某一具有内"容"性的容器内，可以与"进去"搭配表示位移性趋向。例如：

（60）孟贵又找了一个包，把武器弹药、手电筒等东西全部装进去。（《狙杀悍将》）
（61）爸爸拿过草篓来，把鱼塞进去。（桑地《看上去很丑》）

有些动词具有某种力量可以致使主体发生位移，但这些动词本身并不具有位移性，主要是与言语有关的具有致使性的"叫、喊、骂"等。

(62) 内侍如实相告。天启把三人叫进去。（人物传记《吴三桂》）

(63) 你怎么说他都不进去，是经理过来把他骂进去的。（自拟）

2. 状态性趋向

若衬体只可以作为主观视点的外参照，那么往往只能与"V 进去"搭配使用。同时，由于位移衬体是一个虚拟化了的抽象概念，观察主体往往无法以虚拟化了的衬体作为其视点所在之处，往往将视点置于主体所在之处。位移虚拟的"V 进去"主要由于位移衬体是一个虚拟化了的抽象概念，这个抽象概念仍然具有可"容"性。根据"进去"之前和之后的状态情况，主要有下面三种情况：

一是由正常的自由状态进入禁锢或包含状态。例如：

(64) 三人大叫不好，就像忽然陷进一个噩梦去。（《大唐双龙传》）

(65) 他扯扯老爷的衣襟，小声提醒："老爷，您这不是把自己都骂进去了吗？"（《汉风》）

二是由正常的平整状态而进入凹陷状态，动词主要有"陷"、"凹"、"塌"等。例如：

(66) 这是一个50多岁的老妇人，头发全白了，眼眶陷进去不少，无形的神色不敢正视我。（《唯我独魔》）

(67) 睡得真死，摊手摊脚的，一副愁眉苦脸的样子，眼睛深深地凹进去。（张洁《沉重的翅膀》）

三是由无法用心的状态进入用心状态，动词多是"听、读、看"等表示认知能力的动词。例如：

(68) 但是，一部名著，一旦你读进去了，它会把你带到更高的境界。[《读者》（合订本）]

(69) （杨清民）回到家又累得不想动，一看电视就看进去了，更不想动了。[谈歌《城市警察》(4)]

(70) 作战科长刘岩向他汇报情况，说了好久，他连一个字也没

有听进去。(《1994 年报刊精选》5)

例 (68) — (70) 表示心理空间的虚拟位移，认知或意识进入书或电视的内容或情节里。由于人的大脑无法作为主观视点的立足点，因此主观视点只能立足于外部，以致无法使用"进来"。

基于以上分析，"V 进/进来/进去"语义扩展路径如图 7 – 1 所示：

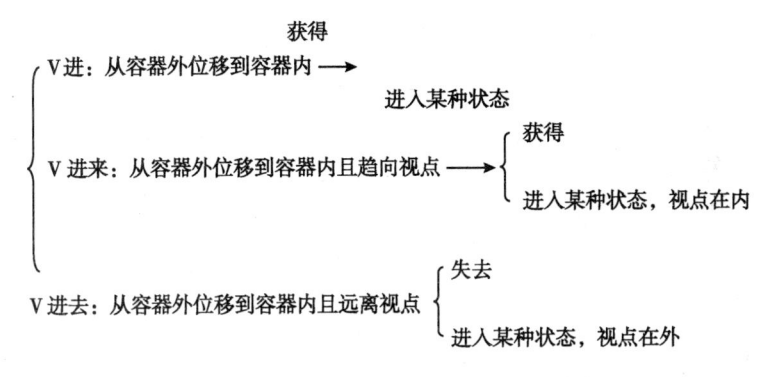

```
            获得
V 进：从容器外位移到容器内 →
            进入某种状态
                                获得
V 进来：从容器外位移到容器内且趋向视点 →
                                进入某种状态，视点在内
            失去
V 进去：从容器外位移到容器内且远离视点
            进入某种状态，视点在外
```

图 7 – 1 "V 进/进来/进去"语义扩展路径

第三节 "V 出/出来/出去"的概念语义结构及其扩展路径

一 "V 出"的概念语义结构及其扩展路径

1. 位移性趋向：由里到外

"V 出"用来表达人或事物随动作由里到外的位移变化，该位移是以有界性的事物作为位移的起点衬体，起点衬体往往具有容纳性。其概念语义结构主要包括：[主体] [起点衬体] [自移/使移]，动词主要是具有自移性的身体运动动词，以及具有使移性的动作动词。

A. 自移

A1. 主体 + V 出 + 起点衬体

(71) 然后，<u>人们走出家门</u>，走亲访友。(《新华社 2004 年新闻稿》1)

(72) <u>一些人质</u>冒着枪林弹雨惊慌失措地<u>跑出学校</u>，衣衫不整，不少人只穿着内裤。(《新华社 2004 年新闻稿》3)

(73) 接着布拉格队任意球直接开向后点，但后点的球员已经被费队后卫看死，<u>球直接飞出底线</u>。(《新华社2004年新闻稿》3)

主体可以是抽象的，如例（74）中的"歌声"。起点衬体也可以是抽象或虚拟的，且与客观处所同样具有容纳性。如例（75）—（78）中的"困境"、"低谷"、"阴影"和"常规"等。

(74) <u>歌声飞出礼堂</u>，飞越千山万水，飞向中国。(《新华社2004年新闻稿》4)

(75) （记者支林飞）据最新一期《好莱坞记者》杂志报道，<u>美国音乐产品市场正在走出困境</u>。(《新华社2004年新闻稿》1)

(76) <u>西亚和太平洋地区则尚未走出低谷</u>。(《新华社2004年新闻稿》1)

(77) 悲怆笼罩下的<u>纳加帕蒂纳姆小镇不知要多久才能走出灾难的阴影</u>。(《新华社2004年新闻稿》4)

(78) 反向思维法是在思维路线上，与正向思维方法相反的一种创造性思维方法，是指<u>人们</u>在思考问题时，<u>跳出常规</u>，改变思考对象的空间排列顺序，从反方向寻找解决办法。(《哈佛管理培训系列全集》第四单元之《哈佛经理的谋略》)

A2. 主体 +（从 + 起点衬体）+ V 出

(79) 他接克洛泽助攻后转身打门，<u>球从对方球门外飞出</u>。(《新华社2004年新闻稿》3)

(80) 就在灯光一闪的刹那，汪起超看到持着手枪的<u>赵明石从公安局的大门跑出</u>。(《黑茜》)

A3. （从 + 起点衬体）+ V 出 + 主体

(81) 兵士报告任福，任福吩咐兵士把盒子打开。只听得"噗噗"几声，接连<u>飞出了一百多只带哨的鸽子</u>，在宋军的头上盘旋飞翔。(《中华上下五千年》)

(82) 万草坪已经清晰可见了，<u>从路边跑出三个人</u>。(《星落九天》)

第七章 "V 进""V 出"的概念语义结构及其扩展路径　　143

例（81）中的起点衬体是隐含的，是由前文的语境提供；例（82）中的起点衬体"路边"也同样是由前文语境使其明确化。此种情况下，主体也可以是抽象的事物，如例（83）中的"灾祸"等。

（83）潘多拉打开了盒子，飞出灾祸，也留下希望——这就是人类的抗争与创造。（《1994 年报刊精选》4）

B. 使移
使移根据凸显方式的差别，主要存在两种情况：一是用"把"字凸显主体，使事处于主语位置；二是主体处于主语位置，用"被"引出使事，有时候使事隐含。这两种情况下的主体往往是具有定指性的。
B1. "把"字结构
a. 使事 + 把 + 主体 + V 出 + 起点衬体

（84）大伙用劲来拉，终于把车子拉出了泥坑。（自拟）
（85）战士们含泪把他抬出坑口。（《人民日报》1994 年第 3 季度）

起点衬体有时是抽象概念，表示抽象位移，如例（86）中的"陷阱"。

（86）这时他正在绍兴筹备创办一张专供小学生阅读的报纸，就是因为过去这点因缘，又听说我在上海编刊物，却不知道我正兵败垓下，狼狈不堪，误以为我有些编辑才能，就写信劝我为桑梓效力，回绍兴帮他办报纸，这才把我从这十里洋场上拉出了陷阱。（《读书》vol‑034）

b. 使事 + 把 + 主体 + （从 + 起点衬体）+ V 出

（87）京中习俗，寡妇嫁，只能在太阳未出来前，或者太阳下山后，把寡妇从后门悄悄抬出。（《重生于康熙末年》）
（88）吴道蓉竭力反抗，任永林竟卡住她的脖子，要把她从窗口推出。（《1994 年报刊精选》3）

该情况下起点衬体有时是抽象概念，表示抽象位移，如例（89）中的"艺术队伍"。

（89）走在街上听到<u>一些流行歌</u>，觉得这种东西真应该死掉，或者该一脚把它<u>从艺术队伍</u>里踢出去。（《读书》vol-200）

B2. "被"字结构
a. 主体+被+使事+（从+起点衬体）+V出

（90）上午10点至11点时，李烈强见到<u>马平安</u>闭着双眼躺在平板车上，<u>被人从砖窑中</u>拉出。（《1994年报刊精选》7）
（91）这里的居民说，该单元墙内电线曾经着过火，<u>电线</u>被拽出墙外修理后，就一直裸露在外面，十分危险，可六年了还没有修好。（《人民日报》2000）

b. 主体+被+使事+V出+起点衬体

（92）不料，因顾客购肥心切，销售人员大意，<u>被抢购装车</u>拉出了厂外。（《市场报》1994年）
（93）我们都要被赶出上海了。（BCC，微博）

2. 状态性趋向
位移性趋向的"V出"表示事物突破某一容器的界限而到外面，可以称之为"显现趋向"。发生位移性趋向的事物从容器内部到容器外部表现出的是一种客观位移，可以凸显位移之前（里面）和之后（外部）的位置。凸显的差别产生了语义类型的差别：（A）凸显起点衬体，起点衬体抽象化且隐喻化为容器，使得位移也变得虚拟，使得语义出现状态的变化，即消失；（B）凸显容器外部，由此扩展出事物从不可见到可见的状态变化，即出现。例如：

A. 失去或消失
衬体的抽象使得位移也变得虚拟以至于不再凸显位移，而凸显不再处于容器内的状态。其概念语义成分主要是：［状态主体］［致使］［起点衬体］。例（94）表示伊朗人不再能参加世界杯；例（95）表示法国队已经不在八强内了。

(94) 伊朗人为自己的简单粗暴买单了，代价是被踢出世界杯。(《为简单粗暴买单》，《福建日报》2006 年 6 月 18 日)

(95) 本届团体赛抽签有些偶然性，亚洲的男子强队正好集中在一起，欧洲强队法国队被淘汰出八强。(《男子：突破性技术没有进展》，《文汇报》2000 年 2 月 27 日)

B. 出现且存在

一般而言，处于内部的事物往往不可见，当由内到外时是由不可见到可见，强调可见状态，也就比较自然地扩展出"出现"的语义。因此，可以用来表示经过某种行为致使某种事物出现。其概念语义成分主要是：[使事][致使][出现][状态主体]。一般而言，由于动词的语义特征差异，其语义类型往往也有差异。具体来说：

B1. 表示思考和感官的动词

这种情况"用来表达经过思考从脑子里出来的结果"（冯胜利、施春宏，2015）。所使用的动词主要是表示思考的动词"想"、"算"、"猜"，"看"、"听"等。例如：

(96) 他已经想出了一个好办法。(冯例)
(97) 我已经算出了这道题的结果。(冯例)
(98) 他看起来虽然很神秘，但我已经猜出他的身份。(冯例)
(99) 话短，掌声却长，朱家臣听出了一种厚望和期待。(《1994 年报刊精选》5)
(100) 我从她的那双眼睛里看出了失望。(《人民日报》1993 年 7 月)

B2. 表示身体动作的动词

这种情况用来表达由身体动作而使某种事物出现。具体而言，可以表示：

a. 经过人的动作而出现的某种事物，如例 (101) — (103)。

(101) 一会每位参赛者都要亲自品尝里面的酒，然后在纸上写出一种酒的名字。(《北宋枭雄》)
(102) 薄薄的木板门被踢出一个大洞，姜培无法倾泻的愤怒就在那洞里咆哮。(《诡念》)

(103) 在沙丁鱼的人丛里，小心翼翼地走出一条路，是并不容易的。(《季羡林文集·学问人生》)

b. 由于长期的感官动作形成而出现的某种情况。感官动词主要有"看""吃""喝"等，长期看电视会看出近视眼［例（104）］，长期吃辣椒面胃吃出毛病［例（105）］，长期喝酒会喝出胃病［例（106）］等。

(104) 现在的孩子看动画片特别多，大多数都看出了近视眼。(自拟)

(105) 好些战士吃不下，就拌辣椒面下饭，时间一长，胃都吃出了毛病。(《人民日报》1993 年 7 月)

(106) 我祝你们你干我干喝出酒精肝，你陪我陪喝出胃下垂。(《1994 年报刊精选》5)

c. 由于生长而基于母体出现的新事物，主要是具有生长义的动词"生""长""发"等，如例（107）—（109）。

(107) 背后肉翅立刻长出。(《修妖》)

(108) 他的妻子怀孕三年，剖腹产，生出六个儿子。(《中华姓氏来源》)

(109) 现在虽说是初春，树叶也只是发出嫩芽。(《踏秦川》)

d. 经过查找而使隐藏的事物变得清楚，主要是具有查询义的动词"查""查询""找""搜索"等，如例（110）—（112）。

(110) 侯朝宗不免有些紧张起来，唯恐那夜掩护红姑，藏身在他房内，若被公差查出，那就惹上麻烦了。(《桃花新传》)

(111) 大家互相提醒，互相督促，虽然谈了许多不相干的琐碎，却要尽量搜索出一切不该遗忘的细节。(杨绛《洗澡》)

(112) 丁开顿了一下，找出一个理由，接道："那是在夜暗时分，风雨如晦，那批强盗个个都蒙着面孔……"(《飞刀醉月》)

e. 消息、情况等经过传播而使很多人都知道，主要是具有传播义的动词"传""泄露""散播"等，如例（113）、例（114）：

(113) 就算我们两人同时在一地出现，江湖间也会立刻传出消息，你还怕听不到么？（《留春谷》）

(114) 赞普只要略施手段在长安散播出一些消息，最好是派出细作买通一些跟大唐皇帝走得很近的贪官。（《残唐重生李世民》）

二 "V 出来"的概念语义结构及其扩展路径

1. 位移性趋向：由里到外且趋向主观视点

"V 出来"用来表达人或事物随动作由里到外且趋向主观视点的位移活动，主观视点处于"容器"外部。该位移是以有界性的事物作为位移的起点衬体，起点衬体往往具有容纳性。其概念语义结构主要包括：［主体］［由里到外］［趋向主观视点］［起点衬体］［自移/使移］；动词主要是具有自移性的身体运动动词，以及具有使移性的动作动词、言语动词等。

A. 自移

该语义结构中起点衬体可以出现也可以不出现，主体的位置影响自身的有定性，一般处于主语的位置为有定的（如 A1、A2），处于宾语的位置为无定的（如 A3、A4）。

A1. 主体 + 从 + 起点衬体 + V 出来

(115) 人们开门从屋里出来，大少爷也提着枪从屋里跑出来。（阿来《尘埃落定》）

(116) 但是当琴弦发出最后的声音的时候，忽然有一只歌鸟飞出来——好像是直接从竖琴里飞出来似的。（《安徒生童话故事集》）

A2. 主体 + V 出 + 起点衬体 + 来

(117) 他看江涛睡着了，轻轻披上大褂子，戴上个小帽盔，化好装轻轻走出门来。（《红旗谱》）

(118) 程咬金嘴里咬着块面饼，跑出屋来，口齿不清地道："表舅，你找我有啥事？"（《隋唐英雄芳名谱》）

A3.（从）起点衬体 + V 出来 + 主体

(119) 从里面跑出来一个七八岁的小孩，领着中年汉子向后面

去了。(《民国投机者》)

(120) 旁边跳出来一个书生模样的男子，拉着薛易道："这就是你说的那位岑家三娘子？好生泼辣，她那妹妹倒还可亲些。"(《家和》)

A4. （从）起点衬体 + V 出 + 主体 + 来

(121) 项刚刚嚷两声，靠东一座小楼里飞似的跑出个人来，是个身穿青衣的美姑娘。(《铁血柔情泪》)

(122) 孙美英这里话刚说完，宅院的两扇朱门豁然大开，从里头走出个人来。(《关山月》)

B. 使移

由于使事的存在，使得主体通过"把""被"，以及处于宾语位置来凸显。从所使用的动词来看，主要存在两种情况：一是身体动作致使；二是言语、权利致使。具体如下：

B1. 身体动作致使：使事 + 把 + 主体 + V 出来［例（123）］；使事 + 从 + 起点衬体 + V 出来 + 主体（例124）；使事 + V 出 + 主体 + 来（例125）。

(123) 医院的被子有一种腐败的气味，她赶紧又把头伸出来。(《毕淑敏文集》《血玲珑》)

(124) 他伸手从怀里又摸出来一个什么东西，捏碎了之后"噗"地一声冒出一股白烟。(《仙界走私大鳄》)

(125) 老高又捧出一缸酒来。(谌容，刘月华例)

B2. 言语、权利致使：使事 + 把 + 主体 +（从 + 起点衬体）+ V 出来（例126）；使事 + V 出 + 主体 + 来［例（127）、例（128）］。

(126) 好吧！你把她叫出来！(《孤剑行》)

(127) "他们既然交过手，一定是相互为敌了，四奇已请出唐凤仙，再请出他来，岂不要相互残杀？"(《江湖风雨十年寒》)

(128) 大理派出他来，看来诚意不小。(《再造神州》)

2. 状态性趋向

由于"V出来"没有主观视点，使得位移时可以凸显人或事物所处衬体的内部或外部，凸显内部则扩展出"失去"义；凸显外部则扩展出"出现"义。由于主体视点处于外部，使得位移时只能凸显外部，而只能扩展出"出现"义。人或事物出现之前的存在情况与出现之后的存在情况的对比，表现出事物出现方式的差别，这种差别表现在动词的语义特征的差异上，具体来说主要有下面几种情况：

A. 通过动作使不存在的东西出现而存在，动词的结果是使得某物存在。动词主要是动作致使某物留存的动词，如"走"、"写"、"拍"、"制作"等。例如：

（129）这之后我将把我走过的城市以及经历的故事和想象中的情绪都写出来——这是一个不坏的计划。（《心灵的力量之类物质世界》）

（130）他们披荆斩棘，在无路的幽谷中走出一条路来，一些多长的弯曲幽谷。（《黑豹传奇》）

（131）一天之内你必须将人皮面具制作出来。（九城君《虎吼》）

B. 使已存在的事物通过别的方式呈现出来。事物以某种不易感知的方式存在着，通过别的方式使其呈现，主要是言语类动词、致使动作动词，如"说"、"复述"、"演奏"等。例如：

（132）老和尚，你的小命已在小爷掌握之中，快老老实实的把事实经过说出来！（《夺命阎王》）

（133）袁大人，请你将所听到的全部复述出来。（《碧血大明》）

（134）我虽然不会乐器，但却会在电脑上编曲，到时候你再把它们演奏出来。（《异脑人生》）

C. 通过调查等方式使处于隐藏的事物显露出来。人、事物或某种情况处于某种隐藏状态，通过动作可以使这些人、事物或某种情况显露出来，主要是致使事物显露的动词，如"查""查询""调查""洗"等。有必要说明的是，所谓隐藏可能是事物存在某一个地方而找不到，或者某个事物由于外在因素而无法识别出来等。

(135) 算了，你既然一口咬定我是凶手，若再分辩就无聊，只是请你宽限一些日期，我定把凶手调查出来。(《血河魔灯》)

(136) 寡人限你三天之内，把贼子找出来。(《寻秦记》)

(137) 她低头看着自己的鞋子……但是现在它已经脏得洗不出来了。(《水仙已乘鲤鱼去》)

D. 通过思考等方式使思考的结果出现。动词主要是与思考、判断有关的动词，如"想""猜""看""听"等。例如：

(138) 真不知道这小子是不是打游戏把脑子烧坏了，这种主意他也能想出来。(《仙界走私大鳄》)

(139) 其实隐瞒也没有用处，因为母亲一定能够猜出来。(摩合罗传)

(140) 青衣老妇笑道："老身等都是这麽大岁数的人了，什么事没有见过，你们的事情瞒不了我，我一眼就看出来……"(《阳关三叠》)

E. 通过生长的方式而使新事物出现。动词主要是生长类动词，如"生""长""发""孕育"等。例如：

(141) 她道："一切都很好，你不用担心，一定能把孩子生出来。"(《魔合罗传》)

(142) 一阵春雷过后，树枝争先发出嫩芽来。

(143) "天"把一切生命孕育出来，难道，如今真的要全收回吗？(《天子外传》)

三 "V 出去"的概念语义结构及其扩展路径

1. 位移性趋向：由里到外且远离主观视点

"V 出去"用来表达人或事物随动作由里到外且远离主观视点的位移活动，主观视点处于"容器"内部。该位移是以有界性的事物作为位移的起点衬体，起点衬体往往具有容纳性。其概念语义结构主要包括：［主体］［由里到外］［远离主观视点］［起点衬体］［自移/使移］；动词主要是具有自移性的身体运动动词，以及具有使移性的动作动词、言语动词等。

A. 自移

由于位移性趋向的"V出去"表示事物从容器内到容器外且远离主体视点，意味着事物的失去。

A1. 主体+（从+起点衬体）+V出去

（144）他像被狗蚤咬了一样跳起来，摇摇晃晃地跑出去。（《残雪自选集》）

（145）小孩子从屋里跑出去，在暮色苍茫中捉迷藏，多快乐啊！[《读者》（合订本）]

A2. 主体+V出+起点衬体+去

（146）万毒宫主微微点头，缓缓地走出门去……（《毒眼龙》）

（147）他跑出家去，掐死了一只猪。（伊恩·弗莱明《谍海恋情》）

A3. （从+起点衬体）+V出去+主体

（148）飞出去一只苍蝇，我拿你是问！（《素手遮天》）

（149）从这儿跑出去一个叫吉半乳的，是扬磕巴的媳妇，也是真事儿。（《民国奇案演风雷》）

主体可以是抽象的，如例（150）中的"糊涂思想"，此时由"从"介引的起点衬体"脑海里"也是抽象的。起点衬体也可以是抽象或虚拟的，且与客观处所同样具有容纳性。

（150）他抚摸一下女儿的面颊，"糊涂思想就会从脑海里跑出去。"（《战争与和平》）

B. 使移

由于使事的存在，使得主体通过"把""被"，以及处于宾语位置来凸显。从所使用的动词来看，主要存在两种情况：一是身体动作致使；二是言语、权利致使。具体如下：

B1. 动作致使：使事＋把＋主体＋（从＋起点衬体＋）V 出去（例 151、152）；使事＋（从＋起点衬体＋）V 出去＋主体（例 153）；使事＋（从＋起点衬体＋）V 出＋主体＋去（例 154）；使事＋把＋主体＋V 出＋起点衬体＋去（例 155）等。

（151）在这么短的时间之内，他也不能够将那些宝藏完全搬出去。(《骷髅帖》)

（152）吴道蓉竭力反抗，任永林竟卡住她的脖子，要把她从窗口推出去。(《1994 年报刊精选》3)

（153）周围也有老丈人派来的高手盯梢，想要从这个书房中拿出去一页纸，那可是件非常困难的事情。(宋风《戒念》)

（154）王利发：快着点吧！李三随后端出两碗面去。(老舍《茶馆》)

（155）俩人又没能带来一分钱，她的爹娘恨不得一脚把她踢出门去。(《海上牧云记》)

该情况下起点衬体有时是抽象概念，表示抽象位移，如例（156）的"艺术队伍"。

（156）走在街上听到一些流行歌，觉得这种东西真应该死掉，或者该一脚把它从艺术队伍里踢出去。(《读书》Vol-200)

B2. 言语权利致使：使事＋把＋主体＋（从＋起点衬体）＋V 出去（例 157）；使事＋V 出去＋主体（例 157）；主体＋被＋使事＋（从＋起点衬体）＋V 出去（例 159）等。

（157）据金说，24 日早上早自习时，吕老师把他叫出去，问他昨天晚上是怎么回事。(钱江、蒋萍《金华一学生砍伤老师》，《文汇报》2000 年 5 月 26 日)

（158）实际上他们都是以一当百，派出去两个队员，就能完成撞火车的重大任务的。(知侠《铁道游击队》)

（159）王先生被护院从后门赶出去。(老舍《茶馆》)

2. 状态性趋向

由于"V出"没有主观视点，使得位移时可以凸显人或事物所处衬体的内部或外部，凸显内部则扩展出"失去"义；凸显外部则扩展出"出现"义。由于主体视点处于内部，使得位移时只能凸显内部，而只能扩展出"失去"义。人或事物出现之前的存在情况与出现之后的存在情况的对比，表现出事物失去方式的差别，这种差别表现在动词的语义特征的差异上，具体来说主要有下面两种情况。

A. 通过动作致使事物的所有（或领有或占有）关系发生转移。由于视点是以所有者为立足点，故动词主要是致使事物由所有者向其他人转移的外向动词，如"卖""发""押"等；或双向动词"租""借"等。其概念语义结构主要包括：［使事］［状态主体］［外向/双向］，主要通过"把"字结构来凸显所有权的转移。例如：

（160）又问："什么叫摆旧货摊？"又答："把破铜烂铁买进来再卖出去。"（王旭烽《茶人三部曲》）
（161）我们的家产全卖了，连住房都押出去了。（杨绛《洗澡》）
（162）你也可以当房主，把这房子租出去。（杰克·伦敦《马丁·伊甸》）
（163）三太爷如今好不手松，大把的银子借出去，说声不要了，就不要了。（《明朝五好家庭》）

B. 通过动作致使消息等发生扩散。由于视点是以知道（或拥有）消息较少的人为立足点，故动词主要是致使消息由较少人知到很多人知的外向动词，如"传""宣扬""泄露""张扬""散播"等。既可以通过"把"字结构来凸显，也可以置于主语位置来陈述。例如：

（164）求婚人被杀的消息迟早会传出去。（《希腊神话故事》2）
（165）金羽绝不会把这个秘密泄露出去。（《修真之龙的传人》）
（166）白老大两眼登时放起光来，高兴地道："对对对，此办法好，我一会便让兄弟们将此消息散播出去。"（《岳麓书院》）

基于以上分析，"V出/出来/出去"语义扩展路径如图7-2所示：

```
                              ┌→ 出现且存在
  ┌ V出：物体从容器内位移到容器外 ─┤
  │                           └→ 失去或消失
  ┤ V出来：物体从容器内位移到容器外且趋向主观视点 ──→ 出现且存在
  │
  └ V出去：物体从容器内位移到容器外且远离主观视点 ──→ 失去或消失
```

图7-2 "V出/出来/出去"语义扩展路径

第四节 小结

动趋式"V进"和"V出"主要用来表达汉语位移事件中"由外到里"和"由里到外"的位移活动。由于位移的动力来源有差异，主要有自移和使移两种方式，而且两种方式的概念语义结构也有不同。这种认知来源于我们对容器的隐喻扩展。"容器"这一认知概念也存在典型性差异，一般典型的是三维立体的空间（处所），二维空间甚至一维都可以成为容器的隐喻扩展，当然这种二维和一维需要有界性和可容性，比如"草地""圆圈"，甚至时间"9秒56"。因此，从某种意义上说，具有有界性和可容性的具体空间、抽象空间以及心理空间，甚至时间都可以用"进""出"来表达。

在明确"进""出"发生的场景和具有的功能以后，那么扩展能力也就会比较清楚地呈现出来。由于"进""出"都是以"容器"为起点或终点衬体，以致"进""出"具有双向性，因此既可以说"买进""买出"，也可以说"卖进""卖出"。若以"容器"为起点衬体，则可扩展出失去或消失义；若以"容器"为终点衬体，则可扩展出出现且存在义。

由于没有主观视点的限制，"V进""V出"的语义扩展呈现双向性（王宜广，2011）。加入主观视点"来"和"去"使得其语义扩展呈现单向性，在分析"V来""V去"时，趋向视点扩展出获得义，远离视点扩展出失去义。因此，"V进来"扩展出"获得"义，"V出来"扩展出"出现且存在"义；"V进去"扩展出"失去"义，"V出去"扩展出"失去或消失"义。

位移事件是人对空间感知的结果，"来""去"反映了以主观视点为参照的位移活动。"来""去"视点的存在以能否给主观视点以立足点为根本。若可以让主观视点"立足",则可以用"V进来""V出来";若无法让主观视点立足,则可以用"V进去""V出去"。比如"爱情的旋涡"这一虚拟衬体则可以作为主观视点的"内立足点",因此可以说"你也陷进来了",当然也可以说"他陷进去了";而看书或听音乐等人的思维活动,由于人的大脑或书、音乐无法作为主观视点的"内立足点",因此无法说"看进来""听进来",而只能说"看进去""听进去"。由此可知,衬体能否作为主观视点的立足点,对使用何种动趋式存在关键影响。

第八章 "V回/回来/回去"的概念语义结构及其扩展路径

第一节 引言

动趋式所表达的事件具有参照性,即之前的位置、状态、时体和之后的位置、状态、时体具有一种对比关系。具体到"V回/回来/回去"则是终点和原点的对比关系,换句话说,没有起点到终点的变化,也就不存在由终点到起点的变化。在此对比关系中,起点被赋予了另外一层意义,即"原点"。因此,"V回/回来/回去"主要用来表达由终点到原点的位置、状态变化。

"原点"这一概念在人的思维中具有特殊的含义。或者说,哪些概念可以称之为"原点"。一是要回到的那个"起点"或者"出发地"(刘月华,1998);二是具有家乡概念的词语,如"故乡""家乡""家""祖国""籍贯"等;三是回到人或事物的本来(或最初)的样子,如"做回自己""打回原形"等;四是本属于自己的人或事物归于原主,如"找回孩子"等。前两种情况是位移性趋向,后两种情况是位移的虚拟化,是一种状态性趋向。下面我们将会进行具体分析。

第二节 "V回"的概念语义结构及其扩展路径

一 位移性趋向

位移性趋向"V回"主要表达人或事物随动作由终点到原点的位移活动。由于位移活动动力来源的差别,"V回"也存在自移和使移两种

第八章 "V 回/回来/回去" 的概念语义结构及其扩展路径　157

情况。

1. 自移

表达自移的 "V 回" 的概念语义结构主要包括：[主体] [自移动词] [原点]，语义结构形式主要是 "主体 + V 回 + 原点"。例如：

（1）他急忙又爬回洞口，和孙定邦一说，孙定邦为了弄得更清楚，他也上去看了看。(刘流《烈火金刚》)
（2）江涛和严萍，坐上车赶回保定。(刘月华例)
（3）在王勇军老师的帮助下，我顺利返回家乡。(《卧底记者》)
（4）每当听到祖国又遭受到外国侵略的消息，他就愤怒不已，恨不能自己肋生双翅，飞回祖国。(《蝴蝶效应之穿越甲午》)

2. 使移

表达使移的 "V 回" 的概念语义结构主要包括：[使事] [主体] [使移动词] [原点]，语义结构形式主要是 "使事 + V 回 + 主体" [例（5）、（6）]，"使事 + 把 + 主体 + V 回（+ 原点）" [例（7）、（8）]，"主体 + 被 + 使事 + V 回（+ 原点）" [例（9）、（10）]。从使事来源看，又分为动作致使 [例（5）、（6）] 和言语、权利致使 [例（7）—（10）] 两种情况。

（5）元旦这天下午，李贵兴匆匆搬回一个古怪的木头匣子。(《崛起在黑土地》)
（6）两年后，孙犁到了保定，母亲和表姐也搬回原籍。(《孙犁传》)
（7）你两人继续追赶，把他叫回。(《蚁贼》)
（8）刘红眼出现在门口，把她和他又叫回上房里屋。(陈忠实《四妹子》)
（9）在国民党的监狱里"休整"一段时间后，川岛芳子被派回东北，在这个中日交锋的最前线尽情展示她阴柔而邪恶的智慧。(《真实的川岛芳子》)
（10）张学良突然收到王以哲军长由洛川发来的一封密电，内称："前被红军俘去的高福源团长现被红军派回，有机密要事，要求向副司令面陈。"(《二战全景纪实》)

二 状态性趋向

状态性趋向的"V 回"主要用来表达人或事物由现在的状态回到原来的状态。在这种状态性变化中，位移已经淡化，甚至虚拟化了；主体和衬体的关系也不再是位置和方向的衬托作用，而变成了原先的状态与变化后的状态的对比关系。具体来说，主要有下面两种语义情况。

1. 复原

任何变化之后的人或事物都存在原形，让其回到原形，可以称之为"复原"。其概念语义结构主要包括："状态主体 + V 回 + 状态衬体"（如例 11—12）；"使事 + 把 + 主体 + V 回 + 状态衬体"（如例 13）。其中状态衬体主要是主体的原形。例如：

(11) 回想今天晚上碰到的人和事，(他) 心中终于做出了决定：回归本源，<u>做回自己</u>。(《五笔人生》)

(12) 就一会儿功夫，<u>这宝塔</u>一下又猛地缩小，最后<u>变回原样</u>——一座小巧的黄金塔落在李靖的左手掌中。(《玄门道教》)

(13) "下次再看你带着狐狸尾巴，<u>我马上把你打回原形</u>。"李丹大笑道。(猛子《大隋风云》)

2. 复得

事物本属于某人，失去后又重新回到自己手里（物归原主）；或者话语由某人说出，后此人又将此话收回等，都可以称之为"复得"或"获得"。其概念语义结构主要包括："状态主体 + V 回 + 状态衬体"［如例 (14) — (16)、(18)］；"使事 + 把 + 主体 + V 回 + 状态衬体"［如例 (17)］。状态主体和状态衬体之间是一种所有或占有关系，状态主体既存在具体的［例 (14)、(17)］，也存在抽象的［例 (15)、(16)、(18)］。例如：

(14) 混战中<u>韩芷早已收回"圣旨"</u>，一行四人，快马奔驰，出了紫禁城了。(《玄门道教》)

(15) 所以，<u>刘威先要见识一下海外那些年轻高手，从那些人身上找回自信</u>。(《兽拳》)

(16) 他说，"为今之计，你得赶紧写信到烟台。第一，绝不可再招摇；第二，<u>收回'夫人'那个称呼</u>……"(高阳《状元娘子》)

(17) 她可以获得公共援助,但要是她接到丈夫的一个子儿,就得放弃所有申请,把钱退回"大药房"。(《安琪拉的灰烬》)

(18) 一些贫困地县大量劳力外出打工,不但可抓回收入,还能学回致富技术。(《1994年报刊精选》1)

例(18)中"收入""致富技术"本不属于贫困地县的大量劳力,而"抓回""学回"表达了一种"获得"义。

第三节 "V回来"的概念语义结构及其扩展路径

一 位移性趋向

位移性趋向"V回来"主要表达人或事物随动作由终点到原点且趋向视点的位移活动。由于位移活动动力来源的差别,"V回来"也存在自移和使移两种情况。

1. 自移

表达自移的"V回来"的概念语义结构主要包括:[主体][自移动词][原点][趋向视点],语义结构形式主要是"主体+V回+原点+来""主体+(从+终点+)V回来"。例如:

(19) 一个星期六的下午,严知孝夹着书包,从学校走回来。(梁斌《红旗谱》)

(20) 黄安没有办法,只好跨出门,分开围观的人,走前去同那公差说了几句,然后带着他走回书坊来。(刘斯奋《白门柳》)

2. 使移

表达使移的"V回来"的概念语义结构主要包括:[使事][主体][使移动词][原点][趋向视点],语义结构形式主要是"使事+(从+终点+)V回来+主体"[例(21)],"使事+(从+终点+)V回+主体+来"[例(22)、(23)],"使事+把+主体+V回+原点+来"[例(25)、(26)];"主体+被+使事+V回(+原点)+来"[例(27)]。从使事来源看,又分为动作致使[例(21)—(24)]和言语、权利致使[例(25)—(27)]两种情况。例如:

(21) 我爸在城里还拿回来一把铜壶，前年在巴扎上卖了三百块。(《绝地风暴》)

(22) 刚走到门边，黄锦却又突然转回身来。(《大明首辅》)

(23) 表哥把二百斤大米装到车上，亲自送到县城里一位居民家里，牛娃搞不清是送人情呢，还是表哥替这户居民代买的。昨天晚上，答案不找自明了，表哥指挥司机和牛娃，连夜从砖场拉回一万块砖来。(陈忠实《初夏》)

(24) 然后她嘱咐他明天务必去棺材商那里，用马车把棺材拉回来。(《安琪拉的灰烬》)

(25) 你明天就把阿培喊回家来！燕子窠那种地方，越早离开越好。(高阳《状元娘子》)

(26) 我气笑了，也想转个话题就告诉他："对了，刘春回来了。你猜怎么着，原来他是去了东辰总公司，肖东琳这回把他派回东北来了，现在他是东辰的第一副总经理，我上司！"(《女特警：为你钟情》)

(27) 赵琦认识其中领头的——高明光，本是与童贯联络的密使，而后又被调回参谋部。但一年前又被派回东京来。(《大宋帝国征服史》)

二 状态性趋向

状态性趋向的"V 回来"主要用来表达人或事物由现在的状态回到原来的状态，且视点处于状态衬体处。在这种状态性变化中，位移已经淡化，甚至虚拟化了；主体和衬体的关系也不再是位置和方向的衬托作用，而变成了原先的状态与变化后的状态的对比关系。而且更重要的是，由于视点的参照使得语义受到了限制，即"V 回来"能够搭配的情况是状态衬体能够为视点提供立足点。因此，我们需要判断状态衬体的性质。基于此，"V 回"中表示"复原"义的情况，状态衬体（原形）"原形""自己""原样"等无法为视点"来"提供立足点，故我们无法说"打回来原形"或"打回原形来"等。而能够为视点提供立足点的"V 回来"主要表示"复得"义，这同时也是"来"作为视点的基本功能，这一点我们从前面的分析也可以看出来。

"复得"义主要用来表示人或事物的所有、占有关系的转移，且视点"来"立足于"原点"（因具体例句而有所不同，或称"原主"）。其概念

语义结构主要是:"使事+把+状态主体+(从+状态衬体+)V回来",例如:

(28) 军官和士兵、老人和小孩、商人和学生、记者和医生,都有一个共同的心愿:把两个年轻的生命从死神手中夺回来。(《人民日报》1993年9月)

(29) 要是你行棺将木了,我就把话收回来,你还是不要找伴了,免得误人青春。(于晴《亲亲我的爱》)

(30) 看着宋钢和林红的永久牌远去以后,李光头才把自信找回来,他自言自语地说:"来日方长呢,谁是落水狗还难说……"(余华《兄弟》)

上面三例中的状态主体"生命""话"和"自信"都是无法发生客观位移的事物,位移的虚拟化则凸显了状态对比,从而扩展出"复得"义,即所谓"失而复得"。

第四节 "V回去"的概念语义结构及其扩展路径

一 位移性趋向

位移性趋向"V回去"主要表达人或事物随动作由终点到原点且远离视点的位移活动,视点处于终点处。由于位移活动动力来源的差别,"V回去"也存在自移和使移两种情况。

1. 自移

表达自移的"V回去"的概念语义结构主要包括:[主体] [自移动词] [原点] [远离视点],语义结构形式主要是"主体+(从+终点+)V回+原点+去"[例(31)、例(32)]、"主体+(从+终点+)V回去"[例(33)、例(34)]。例如:

(31) 这是村内两百多户人家的子弟,每天傍晚放学,从这里走回家去。(《青天飞龙》)

(32) 次日清晨,蒋介石就和蒋经国飞回南京去了。(《张学良的红颜知己赵四小姐》)

（33）马林生跑过来捡起球又跑回去，弯腰执拍拎球前腿弓后腿蹬。（王朔《我是你爸爸》）

（34）啸风如丧考妣，满面灰败从钦缉监走回去。（《仙界走私大鳄》）

2. 使移

表达使移的"V回去"的概念语义结构主要包括：［使事］［主体］［使移动词］［原点］［远离视点］，语义结构形式主要是"使事+（从+终点+）V回去+主体"［例（35）］，"使事+把+主体+V回（+原点）+去"［例（36）、例（37）］；"主体+被+使事+V回（+原点）+去"［例（27）］。从使事来源看，又分为动作致使［例（35）—（38）］和言语、权利致使两种情况。例如：

（35）听那些个技术军官们说，即使外来入侵者把整个核心计算机房全都搬走也无济于事，他们最多就是花大力气搬回去一堆废铁！（《1994年报刊精选》6）

（36）她正把饭碗放在桌子上，一滴眼泪掉在米饭上，她赶紧又把那碗饭拿回去。（《京华烟云》）

（37）（夏阳）当下决定不走了，又要店小二把行李搬回屋子去。（《侠客梦》）

（38）原来屋里都是玉米，全都被他拉回自己家里去了。（自拟）

二 状态性趋向

状态性趋向的"V回去"主要用来表达人或事物由现在的状态回到原来的状态，且视点处于终点。在这种状态性变化中，位移已经淡化，甚至虚拟化了；主体和衬体的关系也不再是位置和方向的衬托作用，而变成了原先的状态与变化后的状态的对比关系。而且更重要的是，由于视点的参照使得语义受到了限制，即"V回去"能够搭配的情况是终点能够为视点提供立足点。因此，我们需要判断状态衬体的性质。基于此，"V回"中表示"复原"义的情况，终点状态"现在的形状""现在的我""现在的样子"等无法为视点"去"提供立足点，故我们无法说"打回去原形"或"打回原形去"等。而能够为视点提供立足点的"V回去"主要表示"失去"义，这同时也是"去"作为视点的基本功能，这一点我们从前面的分析也可以看出来。

这里需要注意的是,"获得"与"失去"具有相对性,但从视点的视角来看的话,趋向视点的是"获得",远离视点的则为"失去"。所以,当我们说"东西被抢回去了"时,被抢的那位是"失去",抢了东西的那位则是"获得",但是由于视点立足于被抢的那位,故凸显的是"失去"。这也是前文所说的视点的作用。

"失去"义主要用来表示人或事物的所有、占有关系的转移,且视点"去"立足于"原点"(因具体例句而有所不同,或称"原主")。其概念语义结构主要是:"使事+把+状态主体+(从+状态衬体+)V回去",例如:

(39) 巧珠奶奶把眼睛一瞪,质问儿子,"你说啥?""我没说啥。……"张学海吞吞吐吐地又想把话收回去。(周而复《上海的早晨》)

(40) 我要把盐城经验带回去,结合我们旗的实际,探索出一条发展贫困地区经济、解决群众后顾之忧、有效控制人口增长的新路。(《1994年报刊精选》6)

基于以上的分析,"V回/回来/回去"的语义扩展路径如图8-1所示:

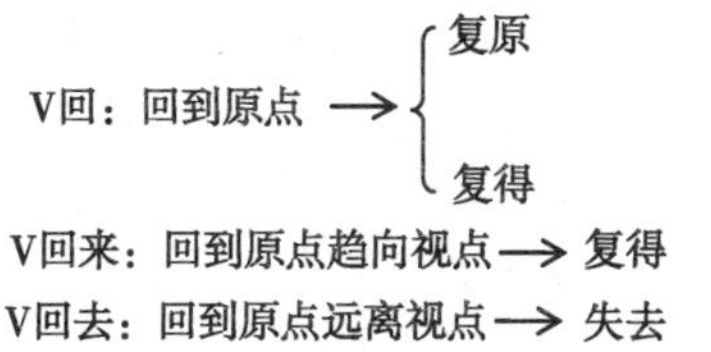

V回:回到原点 → { 复原
                  复得 }
V回来:回到原点趋向视点 → 复得
V回去:回到原点远离视点 → 失去

图8-1 "V回/回来/回去"语义扩展路径

第五节 小结

"V回/回来/回去"是基于"原点"的概念隐喻,原初思想是人类的认知思维方式之一。因此,在人类的认知经验中需要去界定"原点"概念的所指。人类对其他概念的认知经验皆源于对空间的认知。所以,"V

回/回来/回去"空间意义上的"原点"是之前发生的可以作为位移活动起点的处所。更进一步,"原点"还可以指具有"家乡"概念的一组词语"家""乡""家乡""祖国""祖籍""籍贯"等。这一组概念也具有空间性,但已经融入了"根深蒂固"的情感。由于两者都具有空间性,而且均可以为视点提供立足点,所以均可以表达位移性趋向。

由空间意义的"原点"向非空间意义的"原点"投射,是动趋式语义扩展的普遍机制。这些非空间意义的"原点"主要有"原形""原样""自己""原主""原话"等人或事物最初的情形或归属。我们根据语义性质差别,分别称之为"复原"和"复得"。由于"复原"和"复得"没有视点的限制,所以均可以用"V 回"这一形式来表达。但是由于具有"复原"性质的一组概念,无法为主观视点提供立足点,因而不能用"V 回来/回去"这一形式来表达。"复得"与"复原"不同,前者表示所有关系、占有关系等某种所属关系的转移,分别可以为主观视点提供立足点,所以均可以用"V 回来/回去"这一形式来表达。

第九章 "V过/过来/过去"的概念语义结构及其扩展路径

第一节 引言

"V进/出"类动趋式是以有界的"容器"作为位移的参照，是以突破容器的部分限制来表达"进"和"出"。"V过"的背景框架既不是源点也不是目标，而是位于目标与源点之间的一个有界的物体或场所，而这个有界的物体或场所便是衬体。"V过"便是对这个衬体限制的"突破"。具体来说，可以在衬体的上面和下面、内部、旁边。简单地说，就是衬体的内部和外部（包括上面、下面和旁边）。因此，我们可以说"小鸟飞过头顶""小鱼在我脚下游过""他小心地趟过这条河""他绕过前面那辆车"等。这正显示了主体和衬体的关系对动趋式语义的影响。当然，"有界的物体或场所"也可以是一段"距离"，比如"走过去10米就到了"。

"有界的物体或场所"还可以视为一个"点"，这个"点"同样起到衬体的作用。这些"点"也要起到有界限制的作用，只是不再是处所性质。比如某一时间点，我们可以说"超过八点/13米/10秒"；某一个比较的对象，可以说"比过他"；具有阻挡作用的某一个人，可以说"这件事绕过他"；需要经过某一个人，可以说"这件事需要经过他的手"。由于"点"无法为主体提供内部可穿越的空间，所以不能说"穿过八点"等。

"有界的物体或场所"还可以被视为一个"时段"和"量段"，这个"时段"和"量段"同样起到衬体的作用。这个"时段"和"量段"可以为主体提供"内部穿越性"，表示度过、经过多长时间等。比如可以说"他度过了人生中最困难的时期""他和她一起走过一生"等。

当主观视点"来""去"参与表达位移事件的时候，衬体为视点提供的并不是自身的立足点，而是自身之外的某一个地方。"来"立足于运动的终点，"去"立足于运动的起点，分置于"有界的物体或场所"的两边。而且由于"来""去"视点的强势，使得作为衬体的"有界的物体或场所"可以作为立足终点，也可以作为立足起点。而作为"点"的衬体无法为视点提供立足点，所以不能说"超过去八点"或"超过来八点"。而作为"时段"的衬体可以为视点提供立足点，所以可以说"十年都熬过来了""剩下的十年我一定能挨过去"等。

另外，"过来""过去"还可以用来表达人的生命意识的正常和非正常状态，以及事物的正常。比如"活过来"与"死过去""改过来"等。

基于上面的认识，我们对"V过/过来/过去"的分析如下。

第二节 "V过"的概念语义结构及其扩展路径

一 位移性趋向

"V过"主要用来表达主体由衬体的一侧运动到衬体的另一侧。位移主体相对于位移衬体的移动，既可以从衬体外部，也可以从衬体内部。无论移动发生在衬体外部还是衬体内部，起点与终点的距离都应该大于衬体自身的长度。因此，"过"凸显的是与衬体等长的路径，突破的是衬体的双界限。

移动发生于背景内部的"过"，要求动词要么具有"内部穿越性"，如"穿过一片森林"；要么是可以在背景内部施展的动词，如"走过一段走廊，就可以看到湖心亭"。而"跳"往往并不具有以上性质，不能表示发生于背景内部的移动，但该动作可以表示发生于背景外部的移动，如"他一下子就跳过那栋房子"。

移动发生于背景外部的"过"则相对比较复杂，位移起点与终点的位置对"过"的概念有不同的影响。若起点与终点都在背景的同侧，或者连接起来的直线不在背景内部穿过的话，"过"表示从旁边经过，而往往并不涉及移动方向的改变，如"走过广告牌"。若起点与终点分别在背景的对侧，"过"表示从上部越过，如"跳过沟"。若起点与终点分别在背景相连的两侧，"过"表示从连接处拐过，往往涉及移动方向的改变，如"拐过弯就到了"。

上面的情况若从移动的动力来源来看的话，主要有自移和使移两种方式。

1. 自移

表达自移的"V过"用来表达以衬体为参照的由起点到终点的位移活动，其概念语义成分有：[主体][自移][衬体]，语义结构形式主要有：主体+V过+衬体[例(1)、例(3)、例(4)]；主体+从+衬体+V过[例(2)]；衬体+V过+主体[例(5)]。表达自移的动作动词的语义差异使得"V过"可以表示"经过"（如"走、跑、爬"等）"越过"（如"越、跳、飞、跨、迈、超"等）"穿过"（如"穿、钻、蹚、游、透"等）"绕过"（如"绕、飞、闪"等）等形式。

(1) <u>(蓝九卿)走过"朝天坪"</u>，蓝九卿搀扶着云始直登峰顶。(《剑花红》)

(2) 克瑞忒人伊多墨纽斯机智地蹲下身去，用盾挡住身体，<u>投枪从他头顶上飞过</u>。(《希腊神话故事》)

(3) 军队护卫着百姓且战且退，<u>穿过峡谷</u>，<u>趟过一条大约有百米宽、却只齐腰深的大河</u>，又一口气儿走过了一片丛林，这才摆脱了卢一生的人马追踪，在一片山坡上停了下来。(《步步生莲》)

(4) <u>李剑凡一路疾驰，绕过"司徒世家"</u>上了后山，原来后山上的桩卡全撤了。(《报恩剑》)

(5) <u>天空飞过几只大雁</u>，他仰起头眯着眼睛倾听着雁鸣，甚至想拿起弓箭射下几只来，来发泄自己这种兴奋的心态。(马伯庸《街亭》)

2. 使移

表达使移的"V过"加入了使事，其概念语义成分有：[使事][主体][使移][衬体]，动词主要有使人或物体改变位置的动作动词和言语动词，以及身体自身运动的动词或者使身体部分运动的动词。因此根据动词语义特征差别，使移主要有下面两种情况。

A. 动作使移

这里所使用的动词主要是使物体改变位置的动作行为动词，语义结构形式主要有："使事+把+主体+V过+衬体"；"使事+V过+主体"。例如：

(6) (日军)后来感觉开封也不是那么保险，干脆又将司令部搬

过了黄河，跑到了新乡。(《抗日之铁血河山》)

(7) 她费了一番力气才把花环从脖子上摘下，然后踮着脚，用尽全力，把它扔过了栏杆。(《复活节岛的秘密》)

(8) 他搬过一个大纸箱，打开翻弄着，说要找出衣服明天好换洗一下。(《高山下的花环》)

(9) 宋晓冉坐到床上，随手抱过一只兔宝宝公仔，揉捏着发泄胸中郁闷……(《修正人生》)

动作使移还有一种情况，动词主要是躯体自身运动的动词，如"转、掉、翻、背、扭"等。这种情况主要是主体与衬体具有一体关系，主体主要是人的"头""身""脸""肩膀"等，衬体则是人的身体，主要表示人体由正面（背面）向背面（正面）的方向变化。其语义结构形式为："使事+把+主体+V过+衬体"；"使事+V过+主体"。例如：

(10) 他把手伸过桌子，和我握手。(刘月华例)

(11) 沈源嘘了口气，坐上椅子，向李可心探过身子……(《紫藤花园》)

(12) 袖口传来轻微的拉扯，天定再一次转过头。(鬼神职业)

(13) 天池尊者的脸色很难看，背过脸不理她。(《无敌勇士》)

B. 言语使移

这里所使用的动词主要是使人或事物改变位置的言语动词，语义结构形式主要有："使事+（从+起点衬体+）V过+主体"。例如：

(14) 孔融忙叫过一个仆人，命他去通知孔义。(《东莱太史慈》)

(15) （他）伸手喊过一辆黄包车，他吩咐车夫向北平城里而去。(《鸣镝》)

需要指出的是，"使事+（从+起点衬体+）V过+主体"这一语义结构形式并不像本章开始所认为的那样是以一个"有界的处所"为参照，因此也并不表达"经过""越过""穿过""绕过"等语义，而主要表达主体趋向使事，如例(8)、例(9)、例(14)、例(15)。

二 状态性趋向

表达位移性趋向的"V 过"主要强调突破"有界的物体或处所"的诸多位移方式，因此重要的是存在两个因素：一是存在有界物体或处所，二是有多种突破方式。基于空间概念向非空间概念投射，主要投射出哪些具有界限性的事物。基于前文的探讨，主要有两种情形：一是以"点"的形式产生的界限；二是以"段"的形式产生的界限。"点"的形式可以是超过"时点"（如 8：00）和"处所点"（刘月华，1998）、胜过"对象"、躲过"对象"、骗过"对象"等；"段"的形式主要是度过"时段"（如 10 小时）、超过"量段"等。表达状态性趋向的"V 过"的概念语义成分主要有：［状态主体］［动词］［状态衬体］，下面详细分析。

1."点"的突破方式

A. 超过

此义主要表示超过某一个处所点或时点，所使用的动词主要是持续性动作动词，其语义结构形式主要是："主体 + V 过 + 处所点"［如例（15）、（16）］或"主体 + V 过 + 时点"［如例（17）、（18）］。表示超过某一处所点这一语义时，"过"的语气相比位移义时的"过"要强得多。例如：

（16）石轩中怀疑地停住前奔之势，一面打量四下形势，一面想道："毒叟朱向冷所居的恒春谷，照名字来说，一定是四时长春，谷中并无冰雪。可是眼下所见的冰雪，都是业已凝结多年，再也难以找到一片没有冰雪盖覆之地，莫非<u>我已经走过了地方么</u>？"（《八表雄风》）

（17）有一回，<u>他竟自把座儿拉过了地方</u>，忘了人家雇到哪里！（老舍《骆驼祥子》）

（18）那天晚上我怎么睡得着呢？<u>睡过了两点</u>就完了。（《长征的艰险历程》，《厦门晚报》1996 年 10 月 20 日）

（19）<u>做过 10 点</u>，贴三角夜餐费。（刘月华例）

B. 胜过

此义表示能力上胜过比赛、较量、竞争的对象，动词的语义主要表示主体的能力：思维能力、言语能力、身体运动能力，以及综合能力等方面，如"比、争、斗、抗、胜、跑、算、说"等。动词后面往往需要跟要超过的对象，即对我的能力起衬托作用的衬体。其语义结构形式主要是："主体+V过+衬体"，例如：

（20）如此功绩在座的所有人都不可能比过他。(《秦三世》)

（21）为这事我跟他们争了一番，没争过他们，弄得我好没面子。(《李世民私秘生活全记录》)

（22）汪永富跳上台去，历数林阿五的罪状，说他千方百计地照顾地主婆费亭美，不仅没有斗争过她，还给她留下东西六间大房子。(《陆文夫文集》之《人之窝》)

（23）他知道校长从小苦练过演讲，口才了得，自己可说不过他。(《非洲帝国》)

C. 躲过

某人原本会遭受某种困难，但通过某种方式使其避免遭受；或者做某事会经过某人，但通过某种方式使其不经过此人之手；我们可以将这些情况均称之为"躲过"，此义是"绕过"的语义扩展。所使用的动词主要是具有躲避义的动作动词，如"躲、绕、经"等，其语义结构形式是"主体+V过+衬体"。例如：

（24）奥雷良诺躲过14次暗杀，73次埋伏和一次行刑队的枪决。(《当代世界文学名著鉴赏词典》)

（25）原因是榜开先后，都不经过皇帝，审核者只选出佳作，核定名次，却行公布了。(《潇湘月》)

（26）（王静辉）毕竟火器是大宋保密程度最高的武器装备，任何和火器制作相关的人才、设备都是被朝廷严格控制的，况且自己的身份敏感，绕过皇帝搞火器恐怕会产生非常严重的后果。(宋风《戒念》)

D. 骗过

此义表示通过谎言、诡计等方式使某人上当或使某人相信自己，动词主要是具有欺瞒意义的动词，如"骗、瞒、哄"等。其语义结构形式是"主体+V过+衬体"，"衬体+被+主体+V过"。例如：

（27）他也与你们一样，八成也未炼到神察之境，这种"无神借

第九章 "V过/过来/过去"的概念语义结构及其扩展路径 171

物"能瞒过你们，也能瞒过一般武林人类，他却骗不过我。(《百兽邪门》)

(28) 以至于在看第一眼的时候，姜笑依完全被对方骗过。(《八荒诛魔录》)

(29) 何况就算自己当真一头撞去，今日的朱由检也早已不同往昔，又怎能给他轻易哄过。(《空明传烽录》)

2. "段"的突破方式
A. 渡过"时段"
此义可以表示艰难时期的渡过或难关的渡过，动词主要有"熬、挨、忍、躲、挺、拖；瞒、骗"等，动词后面往往需要跟表示时段的时间词语。这里表示时段的时间词语表示主体所经历的时长，是"穿过"义的隐喻性扩展。例如：

(30) 我不知道自己能不能熬过一个赛季。(姚明《我的世界我的梦》)

(31) 一次，他们被突然袭来的暴风雪围困在5300米的唐古拉山顶区，没吃没喝、无遮无盖地挨过三天三夜，硬是把汽车推出雪阻地段，完成了任务。(《人民日报》1994年第1季度)

(32) 但纸终究包不住火，瞒过十多天之后，嗅觉灵敏的新闻界，还是闻到了异样的味道。(陆步轩《屠夫看世界》)

B. 超过"量段"
此义表示次数、距离等超过某一"数量"的限制，动词主要是动作动词和"超"等动词。"V过"的后面有表示次数、距离等的数量词组。例如：

(33) 特制家酿碧螺春，量最好的人也喝不过三壶！(《环剑争辉》)

(34) 发令枪声响过，罗宾斯第一个冲了出去，而且以跑100米的节奏迅速地占据了领先的位置，跑过200米的时候，他已经领先了将近十米了。(《奥运故事精选》)

(35) 王修暗中估计攀登山峰形势，这一阵奔走，大约已经将近到前山，这石室原在山腹之内，但深度不超过三丈。(卧龙生《翠袖

玉环》)

基于以上分析,"V过"的语义扩展路径如图9-1所示:

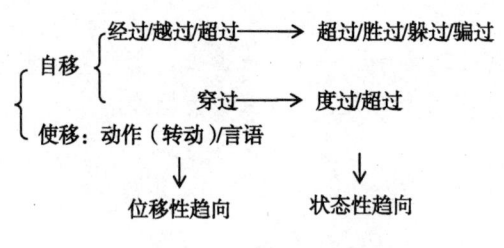

```
        ┌ 自移 ┬─ 经过/越过/超过 ──→ 超过/胜过/躲过/骗过
        │      │
        │      └─ 穿过 ──→ 度过/超过
        │              ↓              ↓
        └ 使移:动作(转动)/言语
                    位移性趋向      状态性趋向
```

图9-1 "V过"的语义扩展路径

第三节 "V过来"的概念语义结构及其扩展路径

一 位移性趋向

位移性趋向的"V过来"相比"V过"多了主观视点,是在"V过"表示的"经过""越过""穿过""绕过"等义的基础上,趋向主观视点,而且主观视点处于"有界物体或处所"的另一端。从位移动力来源来看,也可以从自移和使移两个方面分析。

1. 自移

表达自移的"V过来"用来表达以衬体为参照的由起点到终点且趋向主观视点的位移活动,其概念语义成分有:[主体][自移][衬体][视点],语义结构形式主要有:主体+(向终点衬体+)V过来(例36);主体+(从+起点/过程衬体+)V过来(例37—39);衬体+V过来+主体(例40)。表达自移的动作动词的语义差异使得"V过来"可以表示"经过"(如"走、跑、爬"等)"越过"(如"越、跳、飞、跨、迈、超"等)"穿过"(如"穿、钻、蹚、游、透"等)"绕过"(如"绕、飞、闪"等)等形式。例如:

(36)王岩向着她走过来,王岩拉住了她的手。(邵丽《我的生活质量》)

(37)最可笑是这几人,明明大门都开着,非要从围墙上跳过来。(《黄沙百战穿金甲》)

(38) 两人正在抬杠,王满堂的二女儿坠儿从人群里钻过来。(《全家福》)

(39) 周大勇从一棵大树边闪过来。(《保卫延安》)

(40) 在她身后,一点土黄色的光芒在水波中轻轻荡漾,远处游过来一只鱼头水怪。(《无字天书》)

2. 使移

表达使移的"V过来"加入了使事,其概念语义成分有:[使事][主体][使移][衬体][视点],动词主要有使人或物体改变位置的动作动词和言语动词,以及表示身体自身运动的动词或者使身体部分运动的动词。因此根据动词语义特征差别,使移主要有下面两种情况。

A. 动作使移

A1. 趋近视点

这里所使用的动词主要是使物体改变位置的动作行为动词,语义结构形式主要有:"使事+把+主体+V过来";"使事+(从+衬体+)V过来+主体";"使事+V过+主体+来"。例如:

(41) 将就一晚上,明天我再把被褥搬过来。(《天命》)

(42) 要歇的时候,吴廷栋从书房里拿过来一函图书,递给曾国藩道:"大人,您看看这几卷书和现行印制的书有何区别?"(《曾国藩的升迁之路》)

(43) 亚飞有气无力地扔过一个枕头来:"你丫闭嘴吧你……"(《地下室》)

A2. 向视点翻转

动作使移还有一种情况,那就是表示身体及其部分的转动,动词主要是表示躯体自身运动的动词,如"转、掉、翻、背、扭"等。这种情况主要是主体与衬体具有一体关系,主体主要是人的"头""身""脸""肩膀"等,衬体则是人的身体,主要表示人体由正面(背面)向背面(正面)且趋向视点的方向变化。其语义结构形式为:"使事+把+主体+V过来";"使事+V过+主体+来"。例如:

(44) 介绍完了,雷天鹏把头转过来。(《龙啸都市》)

(45) 晏星寒待她去后,把门关上,背过身来,面色一片铁青。

(《雪落马蹄》)

除了人体之外，或者如果某种事物具有正反两面的话（如一张画等），也可以表示另一种语义，即翻转。该语义所使用的动词主要是使物体改变正反面的动词，如"翻、转、折、倒、顺、反、掀"等。例如：

(46) 他把尸体翻过来，这才看出竟是叶伯庭的下堂妻江杏。(《龙在江湖》)

(47) 向问天盯着他的面孔好一会，才将手中牌掀过来。(《坏蛋是怎样练成的》)

(48) 如果我们装满一杯水，在杯口盖上一张纸，再把杯子倒过来。(《我不是教你使诈》)

B. 言语使移

这里所使用的动词主要是使人或事物改变位置的言语动词，语义结构形式主要有："使事+（从+起点衬体+）V过来+主体"，"使事+把+主体+V过来"。例如：

(49) 汤二狗亲自将他送到大门外，目送他上马带着人离去了，这才走回了团部，然后写了一封信，从门外喊过来一名传令兵，吩咐他立刻送往南苑军部。(《鸣镝》)

(50) 接着，我转过脸对谢凡娟道，"凡娟，你去把明仪叫过来。"(《非常十年》第二部)

(51) (她) 这一下把行路人哭过来了，眨眼间就围了一百多口子。(《童林传》)

二 状态性趋向

由位移性趋向扩展到状态性趋向，伴随着位移的淡化、虚拟，主体或衬体的抽象化，以及主体与衬体关系的变化等。由于主观视点的存在，则衬体需要为视点提供立足点，而被视为点的"处所点"、"时点"和"对象"等无法为视点提供立足点；而被视为段的"时间"则可以为视点提供立足点。就"来"来说，那就是以所渡过的时段的"现在的时间"为立足点，即趋向现在的时间。这是基于位移性趋向的扩展。

由于主观视点"来"的存在,使得扩展过程中的语义更强调视点的作用,前文反复分析到的"获得"(所有关系转移)便是如此。另外,由于人或事物都有两面:正面或反面、积极面和消极面、正确面和错误面等,而视点"来"则凸显的是其正面、积极面和正确面。这也是视点作用的结果。基于这种认识,具体分析如下。

1. 能否完成

前面讨论过,"V 过"可以表示经过某一处所,若所经过的处所比较多,则就存在所有的处所能否都能经过的问题。若由处所概念向其他非处所概念扩展,则可以扩展出由于"数量太多而能否完成"这一语义。其功能是用来表达主体在面对数量非常多的事情时能否完成,所以主要使用可能补语的形式,即"V 得/不过来",或者"能/不能 V 过来"。这里所使用的动词主要是与主体能力有关的动作动词,如"写、记、打、做、看、管理、安排"等。例如:

(52) 再看我们影视创作的大环境,目前我国<u>年产电影上百部、电视剧上万集</u>,而好的作曲家全国就那么些,<u>写也写不过来</u>,滥竽充数者就遍地出现。(《影视为何缺好歌?》,《厦门商报》1999 年 6 月 18 日)

(53) 萧月生点头,径直走过去,温声道:"小荷,让你再找两个人帮忙,为何一直拖着?!"小荷放下剪刀,伸手掠了掠秀发,轻轻摇头:"老爷,<u>我做得过来</u>,人多了家里太乱!"(《金庸世界里的道士》)

(54) 别人家正月里串门那叫一个忙,<u>亲朋好友多得都安排不过来</u>,要拖到二月。(《明朝眼镜店》)

2. 渡过(由过去趋向现在)

此义可以表示艰难时期的渡过或难关的渡过,是以艰难时期的结束时间为参照,动词主要有"熬、挨、忍、躲、挺、拖"等。这里表示时段的时间词语表示主体所经历的时长,是"穿过"义的隐喻性扩展,概念语义成分主要是[状态主体][视点]。例如:

(55) 一个月,整整一个月,<u>终于熬过来了</u>。(《凤囚凰》)

(56) 是啊,<u>我们兄弟算是共生死过了</u>,<u>好不容易挨过来</u>。(《国刃》)

(57) 反正这么多年都<u>忍过来了</u>,多忍一阵子有什么?(《三国求生记》)

3. 获得

该语义表示领有关系或占有关系趋向立足点的转移。所使用的动词本身带有［获取］的语义特征，如"娶、买、夺、抢、争、夺"等。其语义结构形式主要是"使事＋把＋主体＋V过来"，"使事＋V过来＋主体"等。例如：

(58) 那晚三富把他叫回家，大吉和三姆妈只告诉他，要提前把云梦娶过来。（黄国荣《乡谣》）

(59) 雨悦又从他手上抢过来一些。（《亲情树》）

4. 趋常

前面讨论过视点"来"凸显的是人或事物的正面、积极面和正确面。也就是说，"V过来"可以表示趋向正常身体状态、积极心理状态和正确状态，可统一称之为"趋常"状态。

A. 表示趋向正常身体状态时，动词主要是跟生命意识等有关的动词，如"活、醒、清醒、恢复、回（神）、暖和、救、唤、抢救、喘（气）"等。例如：

(60) 高远劝他说："说不定大白还能活过来。"（桑地《看上去很丑》）

(61) 假如我不出去，我真以为我要晕倒了。我在门外站了几分钟，现在已经完全恢复过来了。(《福尔摩斯探案集》7)

B. 表示趋向积极心理状态时，动词主要是表示与积极心理意识有关的动词，如"觉悟、明白、悔悟、醒悟、寻思、意识、反应"等。例如：

(62) 当我从幻觉中醒悟过来后，我急忙跑去打电话，把当时发生的一切统统告诉家里人。[《读者》（合订本）]

(63) 果然，孙策马上明白过来，冷然道："事已至此，多说无益，太史慈！休走！"（《东莱太史慈》）

C. 表示正确状态时，动词主要是表示使变化或使由错变正的动词，如"变、改变、改、改造、改正、矫正、教训、纠正、扭"等。例如：

(64) 妮子名叫夏侯芳，芳草的芳，不是方圆的方，你小子下次可千万记住改过来。(《秋水芙蓉》)

(65) 在冯教练的帮助下，她不知沿着一条白线跑了多少遍，跑得浑身都像散了架，但"内八字"终于被她矫正过来了。(《1994年报刊精选》10)

有时候，还可以表示处于习惯状态，此时主要是表示某种习惯的改变。例如：

(66) 二小赶忙露出一个抱歉的笑容，孙总叫习惯了，一时间还真不容易改过来。(《天庭狱卒》)

基于以上分析，"V过来"的语义扩展路径如图9-2所示：

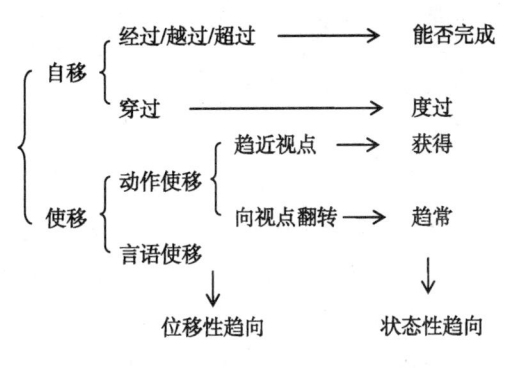

```
          ┌ 自移 ┬ 经过/越过/超过 ──→ 能否完成
          │     │
          │     └ 穿过 ──────────→ 度过
          ┤
          │     ┌ 动作使移 ┬ 趋近视点 ──→ 获得
          │     │         │
          └ 使移 ┤         └ 向视点翻转 ──→ 趋常
                │                           ↓
                └ 言语使移                   
                         ↓
                    位移性趋向         状态性趋向
```

图9-2 "V过来"的语义扩展路径

第四节 "V过去"的概念语义结构及其扩展路径

一 位移性趋向

位移性趋向的"V过去"相比"V过"多了主观视点，是在"V过"表示的"经过""越过""穿过""绕过"等义的基础上，远离主观视点，而且主观视点处于"有界物体或处所"的起始端。从位移动力来源来看，也可以从自移和使移两个方面分析。

1. 自移

表达自移的"V过去"用来表达以衬体为参照的由起点到终点且远离主观视点的位移活动，其概念语义成分有：[主体][自移][衬体][视点]，语义结构形式主要有：主体+（向终点衬体+）V过去[例(35)]；主体+（从+起点/过程衬体+）V过去[例(67)—(69)]；衬体+V过去+主体[例(70)]。表达自移的动作动词的语义差异使得"V过去"可以表示"经过"（如"走、跑、爬"等）"越过"（如"越、跳、飞、跨、迈、超"等）"穿过"（如"穿、钻、蹚、游、透"等）"绕过"（如"绕、飞、闪"等）等形式。例如：

(67) 但即使是这样，它依然用两个前爪扒着地，努力地<u>向小狮子爬过去</u>……（《战争之王》）

(68) 楚留香道："譬如说，群羊出栏，你若将一根木头横挡在栏门外，羊自然就会<u>从木棍上面跳过去</u>。"（《蝙蝠传奇》）

(69) <u>等在岸边的士兵</u>焦急地扑进水里，奋力<u>朝船游过去</u>。（《民国投机者》）

(70) 又比如他的马上占卜，看到<u>飞过去一只乌鸦</u>，就说有什么征兆。（《走下神坛的智者：诸葛亮成长之谜》（选载））

前面在谈到言语使移的时候，主要强调言语的致使性，当言语动词仅仅表示动作时，并不具有致使性，而是表示一种方式。而由此构成的"V过去"用来表示"V着过去"，结构前面往往有表示空间距离的"一路"等。例如：

(71) 所谓宣传队，其实只是负责写写诸如"广阔天地炼红心"、"抓革命，促生产"、"一不怕苦，二不怕死"之类的大标语，或者开着一辆不知从哪里弄来的破拖拉机，<u>从这个村子到那个村子用大喇叭一路喊过去</u>。(蔡俊《肉香》2)

2. 使移

表达使移的"V过去"加入了使事，其概念语义成分有：[使事][主体][使移][衬体][视点]，动词主要有使人或物体改变位置的动作动词和言语动词，以及表示身体自身运动的动词或者使身体部分运动的动词。因此根据动词语义特征差别，使移主要有下面两种情况。

A. 动作使移

A1. 远离视点

这里所使用的动词主要是使物体改变位置的动作行为动词，语义结构形式主要有："使事+把+主体+V过去"；"使事+V过去+主体"。例如：

（72）我心里暗笑，看准霜红，就把手中的雪球扔过去。(《穿越之恋之相约在古代》)

（73）山岗就拉过去一把椅子也坐下。（余华《现实一种》，载《中国名家小说集》）

（74）他转头吩咐一名部下给童清风搬过去一张椅子，让他坐下。(《中华异史》)

A2. 背离视点

动作使移还有一种情况，那就是表示身体及其部分，或者某一事物（如"书本"）的转动，动词主要是表示躯体自身运动的动词，如"转、掉、翻、背、扭"等。这种情况主要是主体与衬体具有一体关系，主体主要是人的"头""身""脸""肩膀"或者"纸张"等，衬体则是人的身体或者书本，主要表示人体由正面向背面且远离视点的方向变化。其语义结构形式为："使事+把+主体+V过去"；"使事+V过+主体+去"。例如：

（75）我把脸转过去，哭了出来。(《古典文学》亲情文章)

（76）我皱了一下眉，转过头去。(《天的约定》，载《100天的约定》)

（77）吴用故作矜持，捻着胡子起身，四方步迈到宋江跟前，郑重其事接过天书，又踱到晁盖身旁，将那天书打开，一页页翻过去。(《高衙内新传》)

B. 言语使移

这里所使用的动词主要是使人或事物改变位置的言语动词，语义结构形式主要有："使事+（从+起点衬体+）V过去+主体"，"使事+把+主体+V过去"。例如：

(78) 她先去见了陈亮佐，亮佐就把袁大娘喊过去，说陈先生有个亲戚，要说几句话。(《双枪老太婆》)

(79) 李际春把小西叫过去。小西，你过来。(姚建新《水国志》2)

(80) 我们本来人就不多，他还叫过去我们十个人。(自拟)

二　状态性趋向

前文讨论"V过来"的状态性趋向义时分析过，由位移性趋向扩展到状态性趋向，伴随着位移的淡化、虚拟，主体或衬体的抽象化，以及主体与衬体关系的变化等。被视为"段"的"时间"则可以为视点提供立足点。就"去"来说，那就是以所渡过的时段的"现在的时间"为立足点而趋向将来的时间。另外，被看作"点"的"对象"可以为表示远离的视点"去"提供立足点。这些都是基于位移性趋向的扩展。

由于主观视点"去"的存在，使得扩展过程中的语义更强调视点的作用，前文反复分析到的"失去"（所有关系转移）便是如此。视点"来"凸显的是其正面、积极面和正确面，而"去"仅仅凸显其反常状态。基于这种认识，具体分析如下。

1. 骗过

此义表示通过诺言、诡计等方式使某人上当或使某人相信自己，动词主要是具有欺瞒意义的动词，如"骗、瞒、哄、蒙、蒙骗"等。其语义结构形式主要是"主体+V过去"、"主体+被+使事+V过去"，并有可能形式"V得/不过去"。例如：

(81) 环眼汉子道："我说可能是，因为，他们说我瞒不过你，我果然没瞒过去"。(《潜龙飞凤》)

(82) 若非奉孝提醒，我险些被你骗过去……嘿，何止是我被你骗了，这天下人，怕都是被蒙骗过去了。(《恶汉》)

(83) 却听苏苏仰天长叹："唉，这下可怎么办？剑他见过了，估计蒙不过去了……"(《妖剑记》)

2. 渡过（由现在趋向将来）

此义表示艰难时期的渡过或难关的渡过，既可以艰难时期的结束时间为参照起点（例），也可为参照终点（例），动词主要有"熬、挨、忍、

躲、挺、拖"等。该语义是"穿过"义的隐喻性扩展,概念语义成分主要是 [状态主体] [视点]。例如:

(84) (冷月) 反正只有一个月,再困难也要熬过去。(《天下第一当》)
(85) 好不容易,这一天总算挨过去了。(《关洛少年游》)
(86) 潜艇里储存有青霉素,米亚谢夫应该能挺过去。(《苏联英雄》)

3. 失去

该语义表示领有关系或占有关系远离立足点的转移。所使用的动词本身带有 [获取] 的语义特征,如"娶、买、夺、抢、争、夺"等。其语义结构形式主要是"使事+把+主体+V过去"等。例如:

(87) 当然了,她这样有胆色的操作下来,才能最终把那单我准备给表弟做的生意抢过去。(《分手后的淫乱生活》)
(88) 他一来,就发现我们这里的同志们不听他的,硬是把苏同久和徐月路枪毙了,于是就想把领导权夺过去。(《双枪老太婆》)

4. 离常

前面讨论过视点"去"凸显的是人的非正常。也就是说,"V过去"可以表示远离正常身体状态,可称之为"离常"状态。而人的积极心理状态和事物的正确状态则本身就是一种最后的状态,所以往往不能和"过去"搭配。

"V过去"主要表示远离正常身体或意识状态,动词主要有"死、晕、昏、昏死、昏厥、昏迷、迷糊、背(气)、闭(气)、睡"等,其语义结构形式为"主体+V过去"。例如:

(89) 不会游泳的刘晶,乱抓挠了一阵,喝了许多泥水,昏迷过去。(《人民日报》1994年第3季度)
(90) 这样折腾到下夜两三点钟,她才昏昏沉沉睡过去。(彭荆风《绿月亮(13)》,载《作家文摘》1994\1994B)
(91) 那姓王的老师本已经镇定少些,此时闻言,顿时差点眼前一黑,就要晕过去。(《舞月剑情录》)

基于以上分析,"V过去"的语义扩展路径如图9-3所示:

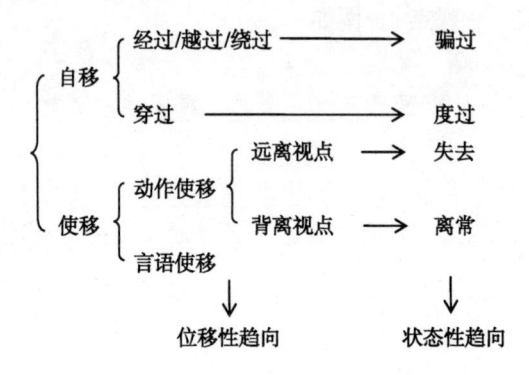

```
        ┌ 自移 ┬ 经过/越过/绕过 ──→ 骗过
        │     │
        │     └ 穿过 ──────────→ 度过
        │
        │     ┌        ┌ 远离视点 ──→ 失去
        │     │ 动作使移 │
        └ 使移 ┤        └ 背离视点 ──→ 离常
              │
              └ 言语使移
                  ↓              ↓
              位移性趋向      状态性趋向
```

图9-3 "V过去"语义扩展路径

第五节 小结

"V进"组、"V出"组与"V过"组都是以有界性的处所或物体为参照,但两者突破限制的方式不一样:前两者突破处所的部分限制,表达由外到内和由内到外的位置变化;后者突破处所的整体限制,表达"内部穿过""表面经过""上部越过""旁边绕过""趋近"等位置变化。

突破整体限制方式的差别带来语义扩展的差别。"内部穿过"扩展出"度过"义,"表面经过"扩展出"超过"义,"上部越过"扩展出"胜过"义,"旁边绕过"扩展出"躲过/骗过"义。视点也对语义扩展起作用,趋近视点和远离视点的扩展情况有所不同。趋近视点一般扩展出"获得"义,远离视点扩展出"失去"义;向视点翻转扩展出"趋常"义,而背离视点则扩展出"离常"义。

第十章 "V起/起来"的概念语义结构及其扩展路径

第一节 引言

"V起/起来"的运动方向与"V上"一样,都是以地球作为绝对衬体,发生与地球引力方向相反的位移。不过,两者还是存在差别的,差别之处在于对衬体的选择上。"V起/起来"选择起点衬体作为位移参照,而"V上"主要选择终点衬体作为位移参照。而且,自位移时的形式分别表现为"主体+从+起点衬体+上+V起来"(如"鸟从树枝上飞起来")和"主体+V上+终点衬体"。可以看出,两者具有互补性,两者的合集与"V下"的语义类型相反。三者的合集共同构成以地球引力为绝对参照体现的位移框架。

"起/起来"的原型表示身姿由低到高的变化,即由坐姿、卧姿、跪姿等向上变换为站姿、坐姿等,而且是一种终结性身姿。这种身姿由低到高的变化是以地球作为绝对衬体参照的。也就是说,原型意义的"起/起来"具有 [趋上] [终态] 两个语义特征。这两个语义特征在"起/起来"的语义扩展过程中具有不同的侧重,起不同的作用。淡化 [趋上] 的方向性位移,则凸显 [终态],由此动词多体现其状态性;淡化 [终态],则凸显 [趋上] 的方向性位移,由此动词多强调其位移性。

第二节 "V起"的概念语义结构及其扩展路径

一 【身姿趋上转换】

身姿趋上转换,主要表示主体由坐姿、卧姿、蹲姿、趴姿、跪姿到站姿，或者卧姿、趴姿到坐姿等身体姿态的变化。另外，还包括身体组成的某一部分趋上的姿态变化，如腰由弯到直、头由低下到抬起等。身姿趋上转换，其概念语义成分主要表现为：［使事］/［主体］［身姿］［定向动词］［趋上］［衬体］。其中，身姿由松弛到紧张的变化和方向由低到高的变化是重要的语义要素，对其扩展路径起重要作用。定向动词主要是表示躯体动作的上方运动，如"站、坐"等。整个躯体的部分姿态的转换是以地球作为衬体的，身姿变化的方向是相逆于地球的。［身姿趋上转换］这一语义，主要有下面两种语义结构形式。

1. 主体＋（从＋衬体＋上）＋V 起

"主体＋V 起"表示主体身体姿势的变化相逆于绝对衬体（地球），动词主要表示身体姿态的变化，有"坐起/站起/爬起"等搭配形式。例如：

（1）我的头脑仍处在极度的亢奋中，<u>我从床上坐起身</u>，在黑暗中点了一支烟，看着从暗红的烟头上飘出的一缕缕烟雾。（《中国北漂艺人生存实录》）

（2）活鸡刚运到，<u>谭先生就"腾"地从凳子上站起</u>，三步并作两步地赶到电梯门口。（《新华社 2004 年新闻稿》1）

（3）徐晓强见歹徒仓皇逃窜，艰难地<u>从地上爬起</u>，摇晃着身子向歹徒追去。（《1994 年报刊精选》4）

2. 使事＋V 起＋主体；使事＋把＋主体＋V 起

"使事＋V 起＋主体"或"使事＋把＋主体＋V 起"，表示身体组成部分的变化相逆于绝对衬体（地球），动词主要表示身体组成部分的变化，有"直起腰/抬起头/举起手"等。例如：

（4）陈忠贤疲惫地<u>抬起头</u>，他惊讶地发现，几乎所有马路的横向路口这时都聚集着上海市民。（《1994 年报刊精选》5）

（5）二叔<u>直起腰</u>，摇摇头说。（《人民日报》1993 年 10 月）

（6）戴成江听后，使尽气力，支撑身体，<u>举起手</u>，示意领导："没有要求，没有要求"。（《人民日报》1994 年第二季度）

（7）余静和奶奶正面谈论，也还没有提到他，他稍稍放心了，<u>微微把头抬起</u>。（周而复《上海的早晨》）

二 【物理位移】【趋上】【绝对衬体】

该语义是在［身姿趋上转换］的基础上扩展而来的，身姿变化已淡化，凸显的则是其趋上的语义要素。而且，主体也从专指身姿扩展开而可指其他事物。因此，此次扩展是一种语义泛化的结果。同时，相比较前义除了参照绝对衬体外，开始参照相对衬体。"V起"参照的相对衬体主要是起点衬体。该语义的语义构成要素主要包括：［使事］／［主体］［位移动词］［起点衬体］［绝对衬体］［趋上］。其结构形式主要是"主体+（在/从+起点衬体）+V起"，或"使事+把+主体+（在/从+起点衬体）+V起"。根据位移的动力来源，主要有自移和使移两种情况：

1. 自移

发生自位移时，所使用的动词往往是具有［趋上］语义特征的定向动作动词。然而，具有泛向位移语义特征的动词则往往不可以使用。例如："走"、"跑"等泛向动词往往不可以跟"起"搭配，而"跳"、"跃"等表示趋上的动作动词则往往可以与"起"搭配。其语义结构形式主要是"主体+（在/从+起点衬体）+V起"。例如：

（8）88分钟时，中国队获得角球，<u>郑智乱军中高高跃起</u>，顶入了全场唯一入球，也帮助中国队成功击败对手。(《新华社2004年新闻稿》1)

（9）<u>两颗绿色曳光弹在他仰望着的高空升起</u>，他急促地说："停下来！"(吴强《红日》)

（10）山头上敌人用机枪封锁河面，有些同志在河心负了伤，<u>水面上浮起一股股的鲜血</u>！(杜鹏程《保卫延安》)

（11）<u>那个人一会儿浮起</u>，一会沉下，慢慢地漂向江心。(欧阳山《苦斗》)

2. 使移

发生使位移时，无论趋上性定向动词，还是泛向动词，两者往往皆可，搭配时皆凸显其趋上的语义特征，比如"把柜子抬/举起"。其语义结构形式主要是"使事+把+主体+（在/从+起点衬体）+V起"，如例（15），或者"使事+V起+主体"，如例（12）—（14）。例如：

（12）<u>他抬起一块大石头</u>，将两头蛇砸死，然后把死蛇拿到荒僻

角落埋了。(《中国儿童百科全书》)

(13) 第一次试举他成功举起187.5公斤，比李培永多2.5公斤。(《新华社2004年新闻稿》3)

(14) 此后，木某跑到一西瓜摊前，抓起一把西瓜刀，朝努某颈部猛砍一刀后弃刀逃走。(《新华社2004年新闻稿》3)

(15) 第一节倒数3分20秒：朱芳雨拼抢倒地，姚上前将其拉起。(《新华社2004年新闻稿》3)

该语义中位移主体、衬体或者路径的虚拟化，都可以扩展出心理位移意义上的位移性趋向义。就"V起"而言，其虚拟主要源自位移主体的概念抽象化。抽象化从所使用的动词情况来看，主要存在两种情况：一是动词仍是用具有物理位移的那个动词，只是位移主体虚拟化了，如例(16)—(18)；二是所用动词并不是具有物理位移的动词，而位移主体仍是虚拟化的，如例(19)、例(20)。例如：

(16) 看到她那亲切而丰满的面庞，和她的灵活而充满善意的大眼睛，我不觉从心底浮起了好感。(巴金《家》)

(17) 自20世纪90年代以来，全国掀起了开发天然矿泉水的高潮，生产厂家猛增到1000多家。(《新华社2004年新闻稿》3)

(18) 胜利又让"梦六队"的小伙子翘起了尾巴。(《新华社2004年新闻稿》3)

例(16)—(18)中的动词都可以表示物理位移，例如"浮起一个个水泡""掀起她的头盖""翘起脚"。但是，其主体都不是具体的事物，而是抽象化的"好感"、"高潮"和"尾巴"。此种情况，让原本不具位移性的抽象事物表现出了动感。然而，例(18)更是运用了"翘起了尾巴"的隐喻义，即骄傲。

(19) 陈建湛的死唤起了巴西社会对维护人权、保障个人生存权、维护正义的意识。(《新华社2004年新闻稿》1)

(20) 对神圣的阿里清真寺的破坏，激起伊拉克数百万什叶派穆斯林和其他地方什叶派穆斯林的强烈愤怒。(《新华社2004年新闻稿》3)

例（19）、（20）中的动词往往不可以表示物理位移，但具有心理使移性。此时，往往表示由于某种原因致使抽象主体出现，因此更多地表示一种从潜在或不存在到出现的过程。

三 【±趋上】【相对衬体】

该语义并不强调是否发生参照绝对衬体的趋上位移，而主要参照相对衬体发生的趋上位移。具体来看，参照主体与相对衬体的位置关系，主要存在两种情况：一是以物体的表面为衬体而发生的突起等趋上变化，即高出物体表面；二是以衬体的某一部分为目标发生趋上变化，同时伴随着物体自身的状态变化，主要是由舒展到聚拢。其概念语义成分主要包括：[使事] / [主体] [状态动词] [相对衬体]，其中相对衬体往往隐含，但可以推知。

（一）【高出物体表面】

这种情况一般表示物体表面出现突起，或者某物突起。一般而言，是物体从正常或瘪的状态到突起或膨胀的状态变化。此时衬体往往隐含，或者说主体与衬体是一个整体，突起的只是衬体表面的一部分。该语义所使用的动词主要是具有"突起"语义特征的动词，即相对于衬体表面突出一部分，如"鼓起、突起、凸起、隆起"等。因此，若发生的是高于衬体表面的状态变化，往往使用"起"表示。例如：

（21）于是这位女职员不慌不忙地弯下腰，鼓起腮帮子，对准桌面……"呼——"。（《哈佛经理职业素质》）

（22）黄郁林个小、体壮，身上的肌肉块块凸起，同学们好羡慕。（《人民日报》1994年第4季度）

（23）有的冰块碰撞处凸起了高高的冰脊。（《人民日报》1995年5月）

（24）1809年，美国有一位叫克劳复德的妇女，发现自己的腹部渐渐隆起、胀大，以致无法正常起居。（《读者》）

例（21）—（24）中"腮帮子""身上的肌肉""冰脊""腹部"分别高出其衬体"脸""身体""湖面""身体"的表面。

由于此义其实还隐含着出现的意思，即由平常状态到高出物体表面，以致高起的部分凸显。当主体是抽象的概念时，往往表示抽象概念的出现。例（25）就表示日本政府应表现出或拿出自己的勇气。

(25) 日本政府应鼓起勇气，主动承担战争责任，妥善解决战争遗留问题。(《新华社 2004 年新闻稿》3)

(二)【趋向目标衬体】

这种情况一般表示以衬体的某一部分为目标发生趋上变化，同时伴随着物体自身的状态变化，主要是由舒展到聚拢。此时，衬体是主体的附着体，而衬体往往隐含但可知。所使用的动词主要是具有使移性的动作动词，如"挽""卷"等。另外，还有一个重要方面，那就是主体由舒展状态变化为聚拢状态。例如：

(26) 他跑到湖边看看，挽起裤腿下到水里，把草帽捡回来。(《读者》)

(27) 苏大夫已然站在张四面前，挽起袖子，把张四的胳膊放在台子上，捏几下骨头。(《读者》)

(28) 爱德华七世在一次下雨时卷起裤子——成为带翻边的新式裤子的发明人。(《读者》)

例(26)、例(28)表示裤腿由脚趋向大腿，例(27)表示袖子由手腕趋向胳膊。

(三)【由舒展到聚拢】【趋态】

这种情况主要是由［趋向目标衬体］扩展而来。不过，该语义并未继承其"趋向目标衬体"之义，而是继承其由舒展到聚拢状态的变化。当发展出此义时，由舒展到聚拢便表现出不同的状态。具体来看，主要表现为三个方面：

1. 由舒展到聚拢

由舒展到聚拢，所使用的动词主要是致使事物聚拢而不得活动的动词，如"捆、拴"等。例如：

(29) 走进去看时，只见"逃难"归来的大批藏书，都一叠叠用麻绳捆起，堆在地上，还没有上架。(《读书》Vol–027)

(30) 封面和封底是重磅的米色道林纸，边上打了两个眼，用一根大红丝带拴起，在封面这边打了一个蝴蝶结子。(周而复《上海的早晨》)

(31) 沙尔索机警地把大麻包起，塞进窗口外面的老鼠洞里。

(朱邦复《巴西狂欢节》)

2. 由自由到封闭

由自由到封闭，所使用的动词主要是致闭性的动词，如"藏、锁"等。例如：

(32) 他终于把钢笔慢慢地插入笔帽，藏起了自己的诗稿。(张承志《黑骏马》)

(33) 从医院回来，保斯吩咐人将拜德锁起，再用绳子五花大绑，把拜德吊到了树上。(《读者》)

(34) 出去散散心可以，或是到房中锁起房门静思亦可。(《读者》)

该语义中位移主体、衬体或者路径的虚拟化，都可以扩展出心理位移意义上的位移性趋向义。就此义而言，其虚拟主要源自位移主体的概念抽象化。例如：

(35) 天德锁起了眉头说："就算我不提醒你，你自己也应该用头脑去想……"(岑凯伦《合家欢》)

(36) 自从一年前她离开了高家大宅后，就把这段记忆紧紧锁起，不愿谈及，因为那实在太痛苦了。(于晴《红苹果之恋》)

例(35)用可以锁闭的门等隐喻"眉头"，从而使得眉头形象化表现出紧闭的状态。例(36)中主体"这段记忆"是抽象概念，将其锁起从而使其封闭而不易出。

不过，有时也会使用工具等语义要素表示这种虚拟化的情况。如例(37)就是将金项链隐喻成具有封闭性的事物，从而使得金项链也具有了一种封闭性的力量。

(37) 有派的打一条金戒指银项链把女朋友拴起。(张勤《旅途匆匆》佳作2)

3. 由无关联到有关联

由无关联到有关联，所使用的动词主要是致使事物相联系的动词，如

"连""拉""连接""接""联系""系"等。例如：

(38) 澜沧江特大公路桥是祥临公路澜沧江至临沧段的起点，东岸是南涧县，西岸是云县，<u>一桥连起大理和临沧</u>。(《新华社2004年新闻稿》4)

(39) 无论何时何地，客家人都能够在心灵深处寻找到一条文化之链，<u>连接起自己与中华文化之间的血肉联系</u>。(《新华社2004年新闻稿》3)

(40) <u>一株株青翠的凤尾竹，一簇簇火红的美人蕉，像彩带连起左右游廊，像彩桥架起东西厢房</u>，使人魂牵梦系。(《人民日报》1994年第4季度)

四 【开始】/【出现】

主体发生趋上位移，最初原型凸显其位移的方向性。不过，前文已经讲到"起"主要参照起点衬体，可以说"从地上爬起"。此情况凸显的是位移的起点，强调位移的开始之处。可以作为起点衬体的主要是具有处所性的词语，由此可以扩展至其他不具处所性的词语，但要具有基础性和层级性。如"社会主义公德讲究从一点一滴做起，从小事做起，这样才能积少成多，才能在干好小事的基础上干出一番大事业"。因此，此种情况可以看作处所性起点衬体隐喻化的结果。其语义结构形式主要是"从＋隐喻性起点衬体＋V起"。例如：

(41) 该团体的宗旨是保护地球应<u>从儿童做起</u>，希望通过各种活动让儿童树立起保护环境的观念。(《新华社2004年新闻稿》3)

(42) 对在场的人员说："<u>计算机的普及要从娃娃抓起</u>。"(《新华社2004年新闻稿》3)

(43) <u>他从农业技术员干起</u>，先后任天门市农业局副局长、农场党委书记、市委副书记。(《人民日报》1995年7月)

(44) 中国人喜欢摆古，<u>先从古的说起</u>。(《人民日报》1995年8月)

例(41)、(42)中的隐喻化的起点衬体分别是"儿童"和"娃娃"，"儿童"和"娃娃"相对"少年""青年""成年""老年"来说，处于该层级的起始位置。因此,"儿童"和"娃娃"都具有一种起点衬体的性质。例(43)中隐喻化的起点衬体是"农业技术员","农业技术员"相对"农业局副局长""农场党委书记"和"市委副书记"来说,处于职位等级中的低级位置。因此,"农业技术员"也具有一种起点衬体的性质。例(44)中隐喻化的起点衬体是"古","古"相对"近"、"现"和"当"来说,处于时间长河中的上游位置。因此,"古"也具有一种起点衬体的性质。当然,反过来也可以说,"从当代说起"表示以当代作为隐喻化起点衬体。

当主体从起点衬体发生趋上位移之后,相对起点衬体来说,主体是一种显现。也就是说,主体发生趋上的位移的同时也是其显现的过程。正如"大漠中升起袅袅炊烟","炊烟"除了向上之外,还表示其显现。例如:

(45) 前来迎接的群众从离班禅主寺扎寺3公里的距离<u>开始排起了长长的队伍</u>。(《新华社2004年新闻稿》3)

(46) 有的地方甚至还<u>架起</u>"拒马"、蛇形铁丝网及防护栏,<u>拉起封锁线</u>,所有进出人员必须通过里外三层的安全检测。(《新华社2004年新闻稿》2)

(47) 她<u>想起</u>上午自己躲在报刊零售亭旁看到的情景。(张承志《北方的河》)

(48) 在巴士拉的伊南方石油公司总部遭到武装分子袭击<u>燃起大火</u>。(《新华社2004年新闻稿》3)

五 【起始】【趋体】

该语义是"V起"的时体义,强调动作行为的开始并持续。实际上,持续是动作开始之后的动态持续,可以说是动作的反复和持续发生。因而,持续的时间到底是有限的还是无限的并不明确。其语义要素主要包括:[使事] [持续动词],其结构形式主要是"使事+V起+话题/对象"。不过,"V起"后词语的话题性影响其语义表达。若"V起"后是表示话题性的词语,其义往往强调开始;若不是话题性词语,其义往往强调起始及之后的动态持续。

1. 使事+V起+话题

此种情况下使事往往不出现,使得"V起+话题"具有引起话题的作用,往往处于句头位置。该话题既可以是事件,也可是人。因此,对应的句中其他语句主要是对该事件的阐述,或者是对该人的评论等。其中所使用的动词主要是与言谈有关的动词,如"谈、问、讲、说、提"等。例如:

(49)记者问起相片的来由,70岁的周老看着相片,娓娓讲起那段段激动人心的往事。(《新华社2004年新闻稿》3)

(50)讲起当年"什么都凭票的年代",75岁的张根友老人记得清清楚楚。(《新华社2004年新闻稿》3)

(51)说起该公司的效益,人们常常用"奇迹"来形容。(《人民日报》1995年9月)

(52)从二院出来的病人,提起护士,没有不竖大拇指的。(《人民日报》1995年9月)

2. 使事+V起+对象

此种情况下使事往往必须出现,该结构表示使事开始并持续进行某一动作或行为。去掉"起",即"使事+V+对象",其语义角色就是"施事+V+受事",表示施事进行某一动作或行为。该结构所使用的动词主要是持续动词,或者是具有可重复性的瞬时动词或状态动词。例如:

(53)那些在洋行里工作的上海年轻人率先模仿,剪掉长辫,脱掉长衫,穿起了西装皮鞋。(《新华社2004年新闻稿》3)

(54)台下的小观众也笑眯眯地模仿起钻圈的动作。(《新华社2004年新闻稿》3)

(55)2003年,淡文全同子女一道办起了"农家乐"和"农家客栈",每月纯收入达3000元以上。(《新华社2004年新闻稿》3)

(56)在家休息了一段时间,宋燕渐渐恢复,受朋友之邀,到一家商店干起了临时收款员。(《人民日报》1994年第1季度)

其从空间向时间的转换主要如图10-1所示:

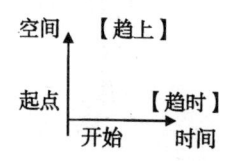

图10-1 "V起"由空间向时体转换

基于以上分析,"V 起"的语义扩展路径如图 10-2 所示:

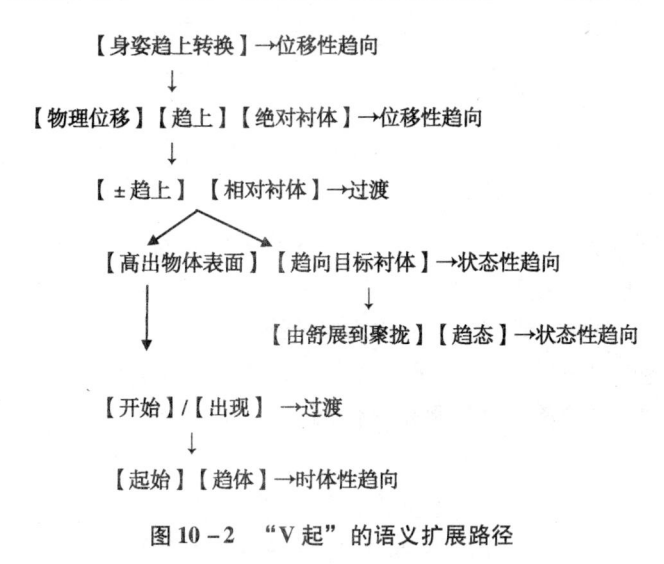

【身姿趋上转换】→位移性趋向
↓
【物理位移】【趋上】【绝对衬体】→位移性趋向
↓
【±趋上】【相对衬体】→过渡
↙　　　↘
【高出物体表面】　【趋向目标衬体】→状态性趋向
↓　　　　　↓
　　　【由舒展到聚拢】【趋态】→状态性趋向
↓
【开始】/【出现】→过渡
↓
【起始】【趋体】→时体性趋向

图 10-2 "V 起"的语义扩展路径

第三节 "V 起来"的概念语义结构及其扩展路径

一 【身姿转换】【趋上】【趋主观视点】

身姿趋上转换,主要表示主体由坐姿、卧姿、蹲姿、趴姿、跪姿到站姿,或卧姿、趴姿等到坐姿等身体姿态的变化,同时还伴随着主观视点。另外,还包括主体身体组成的某一部分趋上的姿态变化,如腰由弯到直、头由低下到抬起等。身姿趋上转换,其语义要素主要表现为:［使事］/［主体］［身姿］［定向动词］［趋上］［绝对衬体］［主观视点］。其中,身姿由松弛到紧张的变化和方向由低到高的变化是重要的语义要素,对其扩展路径起重要作用。定向动词主要是表示躯体动作的上方运动,如"站、坐"等。整个躯体或身体的部分姿态的转换是以地球作为衬体的,身姿变化的方向是相逆于地球且趋向主观视点的。身姿趋上转换这一语义,主要有下面两种表现形式。

1. 主体+（从+衬体+上）+V 起来

"主体+V 起"表示主体身体姿势的变化相逆于绝对衬体（地球）且趋向主观视点,动词主要表示身体姿态的变化,有"坐起来/站起来/爬起来"等搭配形式。例如:

（57）我们一直睡到下午，醒来后又在床上疯狂了一阵子，才意犹未尽地爬起来。(《中国北漂艺人生存实录》)

（58）他坐起来，吃了一个苹果。(《1994年报刊精选》8)

（59）中共中央委员会主席毛泽东，从主席台的正席上站起来，面带微笑地宣布大会开幕。(《1994年报刊精选》9)

2. 使事+把+主体+V起来、使事+V起+主体+来、主体+V起来①

"使事+把+主体+V起来""使事+V起+主体+来"及"主体+V起来"，表示身体组成部分的变化相逆于绝对衬体（地球）且趋向主观视点，动词主要表示身体组成部分的变化，有"把腰直起来/把头抬起来/把手举起来"，或者"直起腰来/抬起头来"等。例如：

（60）她试探着把右腿抬起来，让全身的重量都落在左腿上，然后俯身，屈膝，收腿，猛地一跳。(《人民日报》1994年第二季度)

（61）我低下头，应该说我的头完全没有办法抬起来，脚在那里吱吱地重重地磨着地。(《中国北漂艺人生存实录》)

（62）他的苏州妻子马芝宝轻轻举起手来，将他的钞票一推。(赵易林《赵景深戒赌记》，《作家文摘》1995\1995A)

（63）那老实些的，就乖乖地把手举起来了。(李佩甫《羊的门》)

二 【物理位移】【趋上】【绝对衬体】【趋主观视点】

该语义是在［身姿趋上转换］的基础上扩展而来的，指称身姿的变化淡化，凸显的则是其趋上的语义要素，同时增加了主观视点。而且，主体也从专指身姿扩展开而可指其他事物。因此，此次扩展是一种语义泛化结果。同时，相比较前语义除了参照绝对衬体外，开始参照相对衬体。"V起来"参照的相对衬体主要是起点衬体。该语义的语义构成要素主要包括：［使事］/［主体］［位移动词］［起点衬体］［绝对衬体］［趋上］［主观视点］。其结构形式主要是"主体+（在/从+起点衬体）+V起

---

① 需说明的是由于论文主要讨论复合趋向动词的合用形式，而暂不考察其分用形式，"直起腰来"与"把腰直起来"两种形式具有不同的描写方式。参见陈忠《汉语时间结构研究》，世界图书出版公司北京公司2006年版，第86—103页。

来",或"使事+把+主体+(在/从+起点衬体)+V起来"。下面我们从自移和使移两个角度来描述一下。

1. 自移

发生自动位移时,所使用的动词往往是具有[趋上]语义特征的定向动作动词。然而,具有泛向位移语义特征的动词则往往不可。例如:"走""跑"等泛向动词往往不可以跟"起来"搭配表示趋上义,而"跳""浮""升"等表示趋上的动作动词则往往可以与"起来"搭配。其结构形式主要是"主体+(在/从+起点衬体+上)+V起来"。例如:

(64)道静迅速跳起来,把灯捻亮,开了屋门。(杨沫《青春之歌》)

(65)一分钟……又一分钟,老艄公浮起来了,换了口气,又沉下去……(映泉《同船过渡》佳作1)

(66)水面同样轻轻晃动,小水泡同样一个、一个地升起来。(欧阳山《苦斗》)

2. 使移

发生致使位移时,无论趋上性定向动词,还是泛向动词,两者往往皆可,搭配时皆凸显其趋上的语义特征。比如"把柜子抬/举起来"。其结构形式主要是"使事+把+主体+(在/从+起点衬体+上/中)+V起来",如例(67)—(69)。例如:

(67)常少乐大叫一声,从床头柜上把镜框举起来,"真是绝代佳人,怪不得老军长三十六岁丧妻,一直没有再娶"。(柳建伟《突出重围》)

(68)防守的特别小心谨慎,白天也把大门关上,把吊桥拉起来。(李晓明《平原枪声》)

(69)人们七手八脚地把落水的队员从海中打捞起来,那条拖着空小船的鲸鱼,没逃多远也被捕获。(《读者》)

该语义中位移主体、衬体或者路径的虚拟化,都可以扩展出心理位移意义上的位移性趋向义。就"V起来"而言,其虚拟主要源自位移主体的概念抽象化。抽象化从所使用的动词情况来看,主要存在两种情况:一是动词仍是用具有物理位移的那个动词,只是位移主体抽象化了,如例

(70)、(71);二是所用动词并不是具有物理位移的动词,而位移主体仍是虚拟化的,如例(72)、(73)。例如:

(70)笛声好像在泣诉一段悲哀的往事,<u>声音在水面上荡漾,落下去又浮起来</u>,散开了又凝聚起来。(巴金《家》)

(71)蒋介石、汪精卫先后叛变革命,<u>共产党人从血泊中爬起来</u>,决定直接抓枪杆子,建立自己的武装。(史传《中共十大元帅》)

例(70)和例(71)中的动词都可以表示物理位移,例如"他从水里浮起来""从地上爬起来"。但是,其主体都不是具体的事物,而是抽象化的"声音""共产党人"。此种情况,让原本不具位移性的抽象事物表现出了动感。

(72)我这一说,<u>官兵的士气一下子被激起来了</u>。(《人民日报》1996年1月)

(73)正是这救命声,<u>把小五一直压抑着的某种欲望勾引起来了</u>,他疯了一样,跟在女孩后面追进了林子。(《中国北漂艺人生存实录》)

例(72)和例(73)中的动词往往不可以表示物理位移,但具有心理使移性。此时,往往表示由于某种原因致使抽象主体出现,如"士气"从无到高昂,"欲望"从潜在、弱性到强烈。因此,更多地表示一种从潜在或不存在到出现的过程。

还有一种情况看作该语义的扩展义,即由低到高的位置变化隐喻等级、数量或强度由低到高的变化。例如:

(74)<u>他用力把嗓音提起来</u>。(自拟)

(75)可是由于进货的肉联厂对新税法理解有误,<u>把肉价提起来</u>,结果使这家前店后厂的食品店陷入窘境。(《人民日报》1994年第二季度)

例(74)和例(75),分别将由低到高的位置变化隐喻为"嗓音"和"肉价"在数量上由低到高的变化。

三 【±趋上】【相对衬体】

该语义并不强调是否发生参照绝对衬体的趋上的位移,而是主要参照相对衬体发生的趋上位移。具体来看,参照主体与相对衬体的位置关系,主要存在两种情况:一是以物体的表面为衬体而发生的突起等趋上变化,即高出物体表面;二是以衬体的某一部分为目标发生趋上变化,同时伴随着物体自身的状态变化,主要是由舒展到聚拢。其语义要素主要包括:[使事]/[主体][状态动词][相对衬体]。其中相对衬体往往隐含,但可以推知。但此时就主观视点而言,逐渐发生淡化。这主要是因为位移性逐渐淡化,状态性逐渐凸显,以致当完全表示状态时,主观视点就不起什么作用了。此时,整个语义就着重凸显其趋上性。

(一)【高出物体表面】

这种情况一般表示物体表面出现突起,或者某物突起。一般而言,是物体从正常或瘪的状态到突起或膨胀的状态变化。此时衬体往往隐含,或者说主体与衬体是一个整体,突起的只是衬体表面一部分。该语义所使用的动词主要是具有"突起"语义特征的动词,即相对于衬体表面突出一部分,如"鼓起来、突起来、凸起来"等。因此,若发生的是高于衬体表面的状态变化,往往使用"起来"表示。例如:

(76) 他在医院打吊瓶治疗,左脚肿得鼓起来,脚下垫着三个枕头。(《人民日报》1994 年第 3 季度)

(77) 及至看清楚了,他头上与脖子上的青筋立刻凸起来。(老舍《四世同堂》)

(78) 他脸上的肉,一股一股地突起来。(杜鹏程《保卫延安》)

(二)【趋向目标衬体】

这种情况一般表示以衬体的某一部分为目标发生趋上变化,同时伴随着物体自身的状态变化,主要是由舒展到聚拢。此时,衬体是主体的附着体,而衬体往往隐含但可知。此时,所使用的动词主要是具有使移性的动作动词,如"挽""卷"等。另外,还有一个重要方面,那就是主体由舒展状态变化为聚拢状态。例如:

(79) 他们踏着那挂满露水的草丛走着,裤脚都挽起来,腿和鞋被露水沾湿了。(雪克《战斗的青春》)

(80) 眉君对金桥说，把你衣服袖子卷起来，让顾伯伯看看你胳膊上那些小疙瘩。(苏童《肉联厂的春天》)

例 (79) 隐含衬体 "腿"，裤子发生由小腿趋向大腿的位置变化，而且裤子也由舒展状态转换为聚拢状态。例 (80) 隐含衬体 "胳膊"，袖子发生由手腕趋向肩部的位置变化，而且袖子也由舒展状态转换为聚拢状态。

(三)【由舒展到聚拢】【趋态】

这种情况是由【趋向目标衬体】扩展而来。不过，该语义并未继承其 "趋向目标衬体" 之义，而是继承其由舒展到聚拢状态的变化。当发展出此义时，由舒展到聚拢便表现出不同的状态。具体来看，主要表现为两个方面。

1. 由舒展到聚拢

由舒展到聚拢，所使用的动词主要是致使事物聚拢而不得活动的动词，如 "捆、拴" 等。例如：

(81) 他哀求医生："把我用手铐铐起来，手脚都得铐上，铐牢在铁床上吧！"(《1994 年报刊精选》10)

(82) 爸爸坐在身边，拆信、读信，然后，成堆成堆地用橡皮筋子捆起来，表情肃穆地嘱我拿去丢掉。(《读者》)

(83) 我们在花园里忙了一整天，整地、修整篱笆，把红莓绑起来，碾死青虫，还把一个装着鸟儿的鸟笼装在了里面。(《童年》)

该语义中位移主体、衬体或者路径的虚拟化，都可以扩展出心理位移意义上的位移性趋向义。就此义而言，其虚拟主要源自位移主体的概念抽象化，如例 (84)。有时，具有致使性质的无生使事也可以发生隐喻化，如例 (85)。

(84) 南充县会龙乡的一些外出务工农民，学习外地经验，将资金、技术捆起来，总共投资 110 多万元，在短期内兴办起了 6 个股份制企业。(《人民日报》1994 年第 1 季度)

(85) 太阳圆圆的亮亮的，把我包裹起来，也包裹了整个世界、整个北京城。(《中国北漂艺人生存实录》)

与此同时，舒展到聚拢还有时伴随着由自由到不自由，由可见到隐藏等具体的状态变化，如"藏、锁"等。例如：

（86）为不骚乱乡人，许程白天把狗拴起来，夜间十二点放开。（孙方友《哨兵》载《作家文摘》1994 \ 1994A）

（87）他们把一大部分兵力，从村里向村外活动，把各条道路封锁起来。（刘流《烈火金刚》）

（88）李寻欢以手支头，将面目隐藏起来。（古龙《小李飞刀》）

例（86）狗被拴之后由自由变得不自由，例（87）道路封锁之后由可行变得不可行，例（88）李寻欢之面目被隐藏之后由可见变得不可见。

该语义中位移主体、衬体或者路径的虚拟化，都可以扩展出心理位移意义上的位移性趋向义。就此语义而言，其虚拟主要源自位移主体的概念抽象化。例如：

（89）我侥幸待在了你的身边，只是把满心警觉和惊悸掩藏起来……请原谅我的敏感和苛求吧。（张炜《柏慧》）

（90）吕后把消息封锁起来，秘密把她的一个心腹大臣审食其找去。（《中华上下五千年》）

例（89）中"满心警觉和惊悸"作为抽象概念，被隐藏之后使其不易表现出来。例（90）中"消息"是抽象概念，将其封锁之后从而使其不外泄。

2. 由无关联到有关联

该种情况主要表示两个事物本没有什么关系，通过某一事物作为媒介从而使这两个事物具有了某种关系。所使用的动词主要是表示连接关系等的动词，如"连、接、连接"等。例如：

（91）语境意义不是句子本身所具有的意义，我们用虚线把它与句子连起来。（自拟）

（92）公路把环渤海与西部地区连接起来。（《1994年报刊精选》3）

（93）首先把企业个体发展目标与地方经济整体规划衔接起来，使二者保持发展的一致性。（《1994年报刊精选》7）

(94) 可贵的是，<u>吉化纤把从严管理同转换经营机制结合起来</u>，使企业的管理机制更加健全。(《1994年报刊精选》7)

四 【出现】

当主体从起点衬体发生趋上位移之后，相对起点衬体来说，主体是一种显现。也就是说，主体发生趋上位移的同时也是其显现的过程。正如当太阳从地平线升起来的时候，也是太阳从隐藏到出现的过程。所使用的动词主要表示跟识记有关的动词，如"记、想"等。例如：

(95) 他在长久的沉思之后才露出释然一笑，他说："<u>我记起来了</u>，那少女名叫杨柳。"(余华《此文献给少女杨柳》)

(96) <u>他想起来了</u>，那是年幼时进保定，在马号对过的城隍庙里见过。(冯志《敌后武工队》)

五 【动态】

身姿趋上的变化，除了趋上这一方向性要素之外，还表现在姿态的变化上，即由静态的卧姿或坐姿转换为站姿。由卧姿到站姿其实是一种由静态而趋上的积极状态。正如陈忠（2009）所认为的那样"由静态的卧姿或坐姿转换为站姿，意味着从静态、无为状态，转换进入有效运作的动态状态：把大家组织起来、动员起来、把工作抓起来"。该语义所使用的动词主要是致使事物发生积极状态变化的动词。例如：

(97) 我们工人生活不下去，<u>组织起来</u>，<u>团结起来</u>，跟除义德斗。(周而复《上海的早晨》)

(98) 我们老百姓<u>动员起来</u>，<u>武装起来</u>，我们成立了农救会、妇救会，我们站岗放哨。(孙犁《风云初记》)

例(97)表示工人由自由散乱状态到有组织、团结状态，并处于这种积极状态；例(98)表示老百姓由不积极到积极状态，由无武装到有武装，并处于这种积极和武装的状态。

六 【起始】【趋体】

该语义是"V起来"的时体义，强调动作行为的开始并持续。该语义也是一种动态义,只是该语义"从原来的静态向动态转换,表示新状态、新动作逐渐起始的过程,凸显由静态向动态逐渐转化的过程"①。实际上,持续是动作开始之后的动态持续,可以说是动作的反复和持续发生。因而,持续的时间到底是有限的还是无限的并不明确。其语义要素主要包括:[主体][持续动词],其结构形式主要是"主体+V起来"。不过,该语义更多的还是强调其开始,"V起来"前可加表示开始等义的词语,如"开始、立刻、马上"等。同时,借助这些词语也可以判断某一结构是否表示起始义。例如:

(99)我听见她居然针对着我破口大骂,竟气得要昏了过去,<u>我马上叫起来</u>:"我?是我?卖药的是贝蒂,你弄弄清楚!"(《读者》)

(100)站在丹墀下的小将一声喝令"行刑",<u>那个手执长竹板的士兵开始打起来</u>。(姚雪垠《李自成》2)

(101)"敢!你敢去丢这个人!"<u>秀秀爹跺着脚骂起来</u>。(礼平《小战的黄昏》当代短篇小说1)

"V起来"从空间向时间的转换主要如图10-3所示:

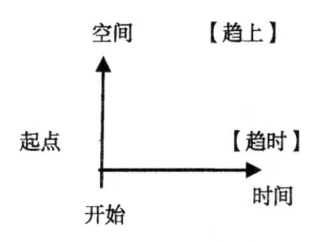

图10-3 "V起来"由空间向时体转换

有些动词不具有持续性,但具有可重复性,往往也可以跟"起来"搭配。如鸡场有很多只鸡,每只鸡的死可以看作具有重复性的事件,因此,可以说"他农场的鸡也一个接一个的死起来"。不过,需要说明的是该语义主要凸显动词的持续性语义特征,或者可以反复发生,而其他语义又凸显动词的位移等其他语义特征。由于不同语义凸显动词的不同语义特征,有的动词可能同时具备上述语义要求的语义特征,往往会有歧义发生。若单说"想起来"既可以表示显现义,也可以表示起始义。其判别

---

① 参阅陈忠《汉语时间结构研究》,世界图书出版公司北京公司2009年版,第86—98页。

标准主要是在其前增加凸显该语义的副词等其他词语,如前可加"已经"往往表示显现,前可加"开始"往往表示起始。

七 【主观评论】

该语义主要表示动作开始时对人或事物所表现出的性状的一种主观体验或评论。该语义与"起始"义相比主要表现动作开始时,同时伴随着主观体验与评论,或者说,主观体验基于动作的开始发生。另外,在结构形式上也存在差别:"起始义"主要是"主体+(开始)+V起来+(了)",或者是"主体+V起+对象+来+(了)";而该语义则是"对象+V起来+评论",或者是"主体+V起来+评论""主体+V起+对象+来+评论"。因此,从其结构形式来看,主要有下面两种情况。

1. "对象+V起来+评论"

该形式中"对象"与动词的语义角色属于"受事—动词"关系,其正常搭配是动宾关系,

即"V+对象"。例如"米饭吃起来有点硬","吃米饭"是动宾关系,米饭是受事,"有点硬"表示的是说话者在吃米饭时对米饭产生的一种主观体验和评论。当然,也可以说是"米饭有点硬"的评论来源于"吃米饭"这一行为。以至于,"米饭有点硬"这一判断也可以来自其他行为,如"米饭捏起来有点硬"。因此,我们认为"V起来"在其中起评论动作行为的作用,并不是起"辅助说明的作用"[①],而且同样是表述重点。

"起来"表示动作的反复发生和延续,而且伴随着动作的反复性和延续性,对对象产生了一种主观体验和评论。以至于认为其作用类似于动态助词"着"或"……时候",因此应归入"V起来[助]"[②]。有的还认为"尽管在结构上'V起来'属于后面的评论部分,但就其功能而言,则在话题和评论之间起着桥梁和中介作用,即:话题+V起来+评论"[③]。但我们认为,从事件的顺序性来看,主观体验和评论是在动作发生后才伴随产生的,我们可以将"V起来"看作该评论的来源。也就是说,"V起来"

---

① 此处见李敏《论"V起来"结构中"起来"的分化》,《烟台师范学院学报》2005年第3期,第77页。
② 同上书,第77页。
③ 此处见黄河《表行为动作体验的"V起来"》,《胜利油田职工大学学报》1999年第3期,第17页。

这一动作行为对评论的产生起着至关重要的作用,我们不能以"即使把句中的'V起来'去掉,句子在表意上也没有大的变化"来轻言"V起来"的作用。而且,有的"V起来"去掉之后,"对象+评论"完全成为一种主谓判断句。

该结构所使用的动词主要跟人的感觉、思维、认知能力有关,如"听觉"(听),"味觉"(吃、尝、嚼、喝),"嗅觉"(闻),"触觉"(摸、舔),"视觉"(看),"思维动作能力"(写、画、刻)等。例如:

(102)但这次实际行动已获得结果,<u>绑架那段写起来一点也不吃力</u>;文章刊出,后来还编入选集。(《读者》)

(103)<u>纸袋摸起来软绵绵的,滑腻腻的</u>,就像香水男人温情脉脉的眼神。(《故事会》2005年)

(104)人们大多听了一首歌就给唱片判了死刑,说<u>这样的摇滚基调太灰暗,听起来太忧伤</u>,听这样的摇滚简直就是和自己过不去,根本就没有市场。(《中国北漂艺人生存实录》)

(105)<u>这事看起来很小</u>,只不过是给谁第一杯茶,但却令我感动。(吴善元《我给团中央五任第一书记开车》载《作家文摘》1993\1993A)

(106)大学生们涌入体育馆,坐立不安地等待着。<u>姚明看起来镇定自若</u>。(姚明《我的世界我的梦》)

2. "主体+V起来+性状"

此种情况"V"的主体是施事,整个结构表示主体开始动作行为并延续时所表现出的一种性状。因此,充当"性状"的主要是具有描述性的词语。例如:

(107)了解他的人说:"<u>郭龙臣跑起来跟驴似的,不要命。</u>"(《1994年报刊精选》10)

(108)<u>车轱辘是用木条当辐条,然后再用铁皮箍上一圈的那种,走起来嘎吱嘎吱乱响。</u>(《读者》)

(109)平素意大利话说起来就像吵架,<u>骂起来更如同连珠炮</u>,东尼骂得更来劲了。(朱邦复《巴西狂欢节》)

3. "主体 + V 起 + 对象 + 来 + 评论"

此种情况"V"的主体是施事，动词与对象构成一个双音节动宾词语，如"打仗""走路""说话"等。因此，整个结构表示对主体在开始动作行为之后的所现性状的描述或评论。如例（110）就可以说"他在进行打仗这一行为时会表现出勇敢的品格"。故而，评论也同样来源于该主体所表现的动作行为。例如：

（110）他打起仗来很勇敢。（李敏例）

（111）上小学三年级的冯楠长得眉清目秀，天真活泼，说起话来，口齿伶俐。（《新华社 2004 年新闻稿》1）

（112）两条腿由于刚植了皮，走起路来一瘸一拐。（《1994 年报刊精选》4）

（113）他们显然是第一代移民中的劳苦阶层，说起话来粗声粗气，吃起饭来大嚼猛喝。（《读书》vol–058）

下面我们借此讨论一下"V 起"与"V 起来"对动词的语义特征选择性差异：

强调动作开始并进入动态持续，但多侧重强调动作的开始。弱持续性动作动词跟"起/起来"组合表示动作开始并进入持续发生的状态，如"刚骂了一个钟头，现在怎么又骂起来了"；强持续性动作动词跟"起/起来"组合表示动作完成后开始进入静态持续的状态，如"我刚让他离开，他转眼又在那张椅子上坐了起来"。

另外，还有一类动词表示的动作是瞬时发生并完成的，如"咳嗽""敲"等。由于这类动词动作发生所占时间较短可反复发生，跟"起/起来"组合表示的是动作开始并进入反复发生的状态。

"V 起""V 起来"对宾语及"了"的依赖程度不同。"V 起"一般需要跟"了"搭配，而且其后还需要带宾语，如"骂起了人"，而"骂起"则自身语义不足而无法搭配。"V 起来"的搭配限制则相对较少，对宾语的依赖程度也相对较弱，如"他俩又开始骂起来"。

结果动词由于不存在过程而只强调结果，完成动词也具有终结性结果，因此两类动词均无法跟"起/起来"组合。这一点跟表示有限性（限时、限量、限距）的"V 上 + 动量/时量/距离"有些不同，因为该结构更强调一种持续性状态，并不突出强调开始。当然，若"死"只表示单个个体的死，则无法反复发生，但若表示多个个体的死，则可以反复发生，此时可以跟"起/起来"组合。不过，这种情况在结果动词内部很少，就本书考察的范围发现了"死"这个动词。

状态动词中有些心理动词可以跟"起/起来"组合，表示开始进入一种新的状态，而此前往往具有相反的状态。比如"他此时此刻喜欢起小狗""他喜欢起小狗来""相信起了他""相信起他来"。此时，"起来"往往要拆开来用。

状态动词中有些关系动词也可以跟"起/起来"组合，表示其开始具有一种新的关系标志，而之前往往不具有这种关系标志。比如"你怎么也姓起了赵""姓起赵来""你怎么也叫起了小王""叫起小王来"。

通过以上分析说明结果动词与状态动词内部有些差异。结果动词内部在同一个结果的可重复性上存在差别，有些结果动词如"死"由于表示不同个体的重复性结果出现而具有了一种状态性，有些结果动词如"到达""获得""开始""碰见""失败"等，无法表示同一个结果的可重复性。心理动词内部也存在两种情况，一种是表示主体自身具有的心理状态，而这种状态不会由此而涉及他物或他人；一种也表示主体心理状态，但这种状态会涉及他人或他物，或者表示主体对对象的一种心理性倾向，可用"对……表示……"同时，还有一类是表示心理活动的动词，或者说是与大脑思维活动有关的动词，如"打算""想""思考"。

感觉、体验动词跟"起来"组合表示根据感觉体验而获得体验性观点。如"看""听""说""摸""唱"等。例如："想到这里又后悔，早知道就用'聂小无'的那把刀了，那么锋利，死起来应该很痛快。"

基于以上分析，"V起来"的语义扩展路径如图10-4所示：

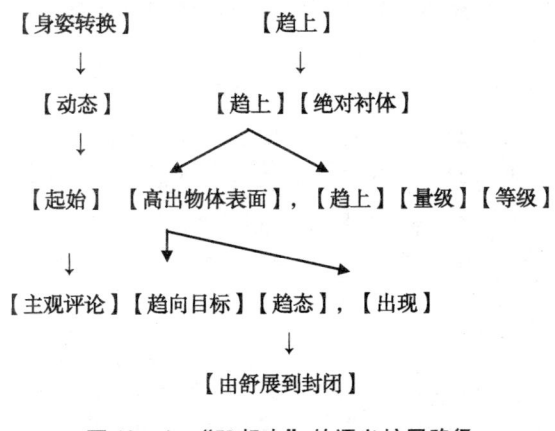

```
   【身姿转换】           【趋上】
       ↓                    ↓
    【动态】         【趋上】【绝对衬体】
       ↓              ↙        ↘
    【起始】   【高出物体表面】，【趋上】【量级】【等级】
       ↓        ↙         ↘
  【主观评论】【趋向目标】【趋态】，【出现】

            【由舒展到封闭】
```

图10-4 "V起来"的语义扩展路径

第四节 小结

通过对"V起"与"V起来"的语义进行分析,我们知道两者的语义扩展皆基于其原型语义,即身姿趋上的变化。"身姿趋上变化"这一语义是由不同的语义要素构成的,具体可以分为"趋上"和"身姿转换"。

基于"趋上"这一语义要素,而且主体从身姿扩展到其他可活动事物,从而扩展出"泛指趋上的运动"。该义仍然参照绝对衬体,发生相逆于地球引力的趋上位移,如"把水桶提起来"等。基于事物由低到高位置上的变化,隐喻存在量级或强度的事物发生由少量、低强度到大量、高强度的变化,如"把价格提起来"等。与此同时,若不参照绝对衬体,而只参照相对衬体,扩展出基于物体表面的趋上状态变化,即"高于物体表面",如"青筋凸起"等。当参照相对衬体时,基于主体与衬体的关系可以扩展出"趋向衬体"且表现出某种状态,而这种状态往往是一种由舒展到封闭的状态。当不参照相对衬体时,仅留下由舒展到封闭状态这一语义。

基于"身姿转换"这一语义要素,主体发生由静态趋向动态的姿态变化,由此扩展出积极的"动态义"。由于"V起/起来"发生的趋上位移主要基于起点衬体,而该起点衬体其实就是位移开始时的处所。此时,由动作行为空间位移的起点可以隐喻动作行为的开始时间。由此,可以扩展出"起始义"。"主观评论"是基于动作的开始及持续,只是由于其特殊结构形式,使得动作行为作为评论及主观体验的来源,从而使其相对被弱视。

由于"V上"组同样具有"趋上"或者说"由低到高"的语义特征,那么它们与"V起/起来"在表示"趋上"义上有何差别? 表示"趋上"义时,两者的差别主要在于所参照的相对衬体的不同。"V上"组既可以参照起点衬体也可以参照终点衬体,而"V起/起来"仅参照起点衬体。例如,"有的鸟从草丛飞上天空,有的鸟又从天空突然落回草丛里"。以"草丛"作为起点衬体,以"天空"作为终点衬体;"一阵凉风吹过,几只燕子从花丛中飞起/起来,飞出墙外,天色已渐渐暗了。"仅以"花丛"作为起点衬体。正是由于"V上"与"V起来"在原型语义上的差别,致使两者的语义扩展路径及方式也各不相同。

第十一章 "V开/开来/开去"的概念语义结构及其扩展路径

第一节 引言

一般认为,"V开"具有"趋向""结果"和"状态"三种语义类型(刘月华,1998;王国栓,2005;宋文辉,2007等)。然而,对"V开"的语义扩展路径认识并不一致。目前,主要有三个方面。

1. "趋向意义→结果意义→状态意义"

刘月华(1998)、梁银峰(2007)和宋文辉(2007)等认识基本一致,只是梁银峰将"状态意义"称为"时体意义",而且指出并不是所有的趋向动词都可以扩展出"时体意义",即"趋向意义→结果意义(→时体意义)"。宋文辉从事件的概念结构出发,认为动趋式的隐喻扩展顺序是"运动事件→变化事件→廓时事件"。同时,宋文辉(2007)也认识到"开"在认知与客观上存在不完全对应的情况,不过无论如何,这对接受概念结构类型上的隐喻扩展关系并无影响。

2. 王国栓(2005)在考察"开"的语义历时发展后指出"开"最先出现的是结果义,并不是趋向义,因此"趋向—结果—状态"式的动趋式语义扩展方式不足于涵盖"V开"的语义扩展。整体上看,他认为趋向动词的状态意义并不是从结果意义引申出来的,而是直接引申于趋向意义,即是一种"由空间位移到抽象位移""由空间位移到结果""由空间位移到时间"的扩散顺序。图示如下(见图11-1)。

然而,王国栓的趋向动词语义扩展体系同样没有涵盖"开"的语义扩展现象。以至于后来有人认为其中一条演化路径是"具体的结果义→趋向义→动作的起始义",另外一条道路是"具体的结果义→表抽象的结果义"(孙鹏飞,2008)。

抽象位移 ←——— 空间位移 ———→ 时间（状态）
　　　　　　　　　↓
　　　　　　　　结果

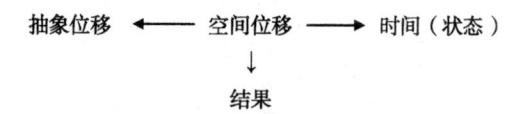

图 11 -1　趋向动词的语义扩展情况

可以看出，由"开"引发了对趋向动词语义扩展的讨论。认知上，遵循"趋向—结果—状态"的扩展方式；历时上，表现出"结果—趋向—状态"的出现顺序。由认知与历时之间的矛盾又引出如下问题：一是趋向与结果之间到底是一种什么样的扩展关系；二是状态（时体）意义的来源问题：是由结果意义派生而来，还是直接来自于趋向意义。

我们认为，造成这种认识矛盾的根源在于"开"自身的本质特征。20 世纪 80 年代以前，语法学界对"开"趋向动词属性的认识存在截然相反的两种观点；80 年代之后才趋于一致地认定"开"为趋向动词。由此也可以看出，跟其他趋向动词相比"开"具有非典型性，趋向范畴是一种原型范畴，成员之间具有家族相似性。因此，趋向动词的语义扩展并不一定都完全按照"趋向—结果—状态"这一完备的扩展方式进行。

另外，上述认识过于纠结于结果义，宋文辉（2007）、于康（2007）等已认识到表示位移的动趋式也具有结果义，以致称结果义就没有什么意义了。另外，动趋式语义之间具有扩展关系，语义之间并不能完全隔离开来，或者说语义之间具有一种过渡性，而这种过渡性主要体现在语义要素的凸显与淡化上。

第二节　"V 开"的概念语义结构及其扩展路径

"开"的原型意义表示"门由闭到开的变化"，古字为"開"。理论上将"开"的详细过程解析为"门和框由接触且闭合至分离且开放的变化过程"。因此，"开"主要是就主体与衬体之间的相对位置或关系而言的。同时，门远离门框本身就伴随着位移，且必须通过位移来实现。该位移是以门框作为衬体，发生远离门框的位移。只不过，门位移前所处的状态及位移后所要达到的状态，相对位移本身而言更具有显著性。但是，位移的作用不容忽略。或者说，一个物体本身或多个物体之间由一体至分离，本身就以位移为特征。

"开"的原型义不仅凸显状态变化而且还伴随着位移。同时，该原型义主要体现为主体与衬体之间特殊的一体关系。因此，由此义扩展出的其他类型的语义是对原型义不同侧面的凸显。跟其他趋向动词相比，"开"最初就是通过伴随性位移的发生来实现主体与衬体的位置变化，同时凸显位移前后主体与衬体的状态变化。

一 【由封闭趋向开放】【远离衬体】

该语义表示主体远离衬体，同时伴随着两者由闭合状态趋向开放状态的变化。其中衬体主要是相对衬体，具体来说是起点衬体。该语义中语义要素存在重要的两点：一是状态与位移存在于同一语义，二是主体与衬体之间具有特殊关系。因此，衬体往往并不需要在结构中予以凸显，主体本身预示着衬体的存在。具体来看，主体相对衬体运动之前，两者处于一种闭合接触状态（要么具有完整性，要么具有组合性）；当主体相对衬体运动时，两者便由闭合状态趋向逐渐开放状态。不过，主体与衬体之间的关系相比较运动位移而言更易得到凸显，这主要是由于两者运动之前与运动之后的状态非常明显且具对比性。该类型的概念结构主要是"使事+V 开+主体"，或者"使事+把+主体+V 开"。例如：

（1）老人终于从梦中回到了现实世界，她心惊胆战地打开门。（彭荆风《绿月亮》）

（2）他推开窗子，让清凉的夜风吹进小屋。（张承志《黑骏马》）

（3）待王晓鸣坐下，傅贵拉开窗帘，西斜的阳光涌进屋间。（张卫《你别无选择》）

（4）柳惠光打开抽屉，不慌不忙地取出一个大红封皮的和解笔据来。（周而复《上海的早晨》）

由此，我们可以看出，凡事物本身或事物之间由接触或闭合到分离的变化，都可以用"V 开"表示。基于此语义，若分别凸显［由闭合到开放］和［远离衬体］这两个语义要素，则会扩展出各有侧重的语义。

（一）【离开衬体】

该语义主要强调主体离开衬体，衬体与主体之间并不具有一体关系，而仅仅是离开时所依照的起点。与"打开门"等例相比，此义并不着重强调主体在运动之前与衬体之间存在的状态，而主要强调主体远离衬体。此时离开义可以表示离开某个地方，离开某个人。当然，主体与衬体往往共处于同一个地方，或者在一起，或者具有接触关系。此义所使用动词主要是具有位移性的动词，存在自动离开与致使离开两种情况。

1. 自离

自离的概念结构形式主要是"主体+（从+衬体）+V开"，例如：

(5) 李光汉回过脸，<u>在骂声中和人们的注视中走开</u>。（曾卓《兵士李光汉》）

(6) <u>雷斯林从那个死去的黑暗精灵的尸体旁边爬开</u>。（玛格丽特·魏丝、崔西·希克曼《龙枪短篇故事集》）

2. 使离

使离的概念结构形式主要是"使事+把+主体+（从+衬体）+V开"，或者"使事+V开+主体"。例如：

(7) 老秦跑来，<u>把他的车子搬开</u>，将他拉了起来。（莫言《师傅越来越幽默》）

(8) <u>他把她的手轻轻地从身上拿开</u>，以免把她弄醒。（自拟）

(9) 我谦恭地吻了她一下，然后<u>轻轻推开她</u>。（张贤亮《绿化树》）

（二）【由封闭趋向开放】

该语义主要基于主体与衬体之间的关系而言，其原型语义就是表示门与门框之间由封闭到开放的状态变化。此时，门与门框变化之前是封闭状态，变化之后是开放状态。因此，主体与衬体这一特殊关系，具体表现在以下六个方面。

1. 【由整体趋向部分】

该语义表示事物由整体趋向部分的变化。闭合首先表现为某一事物由多个部分组成，而这多个部分之间可以开合。相比［离开衬体］而言，该语义更强调两者的状态关系，位移性并不明显。其概念结构形式主要是"使事+V开+主体"，或者是"使事+把+主体+V开"。例如：

(10) 大顺店从她的头上，拔下金簪子，<u>掰开多吉喜一的眼皮</u>，用簪子戳瞎了他的双眼。（高建群《大顺店》）

(11) 黎<u>拧开瓶盖</u>，说喝吧，啤酒。（《歌手》，原载《读者》）

(12) 小墩子便一不做二不休，当场用力撕开了一个纸箱子上的胶条，几下扒开了箱盖，取出一袋方便面嚓地撕开，搁鼻子根底下闻了闻，便传递给同伴们，亮着嗓子说："这还不叫哈喇了吗？"（刘心武《小墩子》）

(13) 我手颤颤地把信拆开，瞠目望着那些既神秘又美的字形。(Joan《有信》)

例（10）—（13）中"眼睛""酒瓶""箱子""方便面袋""信（封）"等都是一个可开可合的事物，"使事"致使该事物其中一部分如"眼皮""瓶盖""箱盖""袋（的一端）""信封（的一头）"打开，则该事物便由闭合状态变成打开的状态。

2.【由一体趋向部分】

这种情况与"整体趋向部分"有所不同，前者变化之前的事物是由部分构成的整体，可闭可开，而此处变化之前的事物本身就是一个事物，往往可开不可闭。因此，闭合状态表现为该事物仅仅是一个事物，自身并不具有部分性，仅具整体性。例如：

(14) 小伙子当即掰开一节香瓜，拉出几条透明的糖丝以示言之不假。（中杰英《怪摊》）

(15) 他用手把烧鸡撕开，喝起来。（汪曾祺《云致秋行状》）

(16) 警卫伴同老赵出去了，杨晓冬乘机掰开馒头，发现一个黄蜡丸。（李英儒《野火春风斗古城》）

例（14）—（16）中的主体"香瓜""烧鸡""馒头"都是一个事物，当"掰开香瓜"时，香瓜就由一个事物变成了两半，"撕开烧鸡"时，烧鸡就由一只整鸡变成了不同部分，"掰开馒头"时，馒头便不再是一个整体了。

该语义中主体、衬体的虚拟化，都可以扩展出心理空间上的状态性趋向义。就"V开"而言，其虚拟主要源自主体的概念抽象化。例如：

(17) 火把、提灯往来如梭，撕开了黑暗，照亮了全村。（冯德英《迎春花》）

(18) 她把所思所想，掰开揉碎地讲给村民听，并担起了工程的总指挥。（《人民日报》1994年）

例（17）中主体"黑暗"本身是一个抽象概念，由于"黑暗"也具有一种"闭合性"，当火把、提灯点亮时，就使得"黑暗"由"闭合"变成"开放"。例（18）中将"所思所想"隐喻成一个具体的事物，这样"所思所想"便可以像这一具体事物一样掰开。

另外，该情况还包括"爆炸、爆、炸、四射"等爆炸类动词，主体主要是炸弹或具有爆炸感觉的事物。例如：

（19）假如打坐当中，我们有气升起、<u>头有爆炸开的感觉</u>，也不要怕，让它去，死就死，不理它，其实不死。（元音老人《佛法修正心要》）

（20）漫步浏览各个展厅，<u>你会感到原子弹就像从你的头顶上炸开</u>。（《人民日报》1996年）

（21）就好像<u>身边爆开了一颗炸弹</u>，雷参谋的脸色突然变了。（矛盾《子夜》）

最后，该情况还包括某一事物由具有闭合性的固体变成其他。所使用的动词主要是"融化、溶化、熔化、化"等，主体主要是固态的事物。例如：

（22）春天到了，<u>满山的积雪融化开了</u>，露出了埋在下面的污泥和煤屑。（高尔基《母亲》）

（23）给小孩子吃药，<u>一定要把药丸化开</u>。（自拟）

3.【由集中趋向分散】

此语义表示事物由集中变成分散状态，概念语义结构为"主体＋V开"，或者是"使事＋把＋主体＋V开"。该情况主要有下面两种情形：

A. 多个事物由集中变成分散状态，所使用的动词主要是"散、分散、扩展、扩散、漫"等分散类动词。例如：

（24）忽然，正在行走的人们惊惶地呼喊起来，<u>队伍立刻散开</u>，各人往四下里奔跑了。（施蛰存《三个命运》）

（25）<u>钟声</u>"嗡……嗡……嗡……"<u>一圈一圈地扩散开</u>。就像投石于水，水的圆纹一圈一圈地扩散。（汪曾祺《幽冥钟》）

（26）<u>闺女媳妇们都聚拢来打趣一阵</u>，然后<u>又分散开</u>，埋头剜着

野菜。(冯德英《苦菜花》)

有时,该语义还存在向抽象概念扩展的现象,主要是主体的概念抽象化,如"问题""权力"等。例如:

(27) 他有意把问题分散开,怪张三怪李四,来掩盖配棉的成分问题。(周而复《上海的早晨》)

(28) 管理权归于公众是一个必要条件,但不是充分条件,还应把权力分散开,实行地方自治,取消法外处罚。(《读书》Vol-176)

B. 消息等由较少人知到很多人知,由较少地方到很多地方。所使用的动词主要是"传、传扬、传播、传颂"等传播类动词,主体主要是消息、故事等。例如:

(29) 消息传开,投井下石讨上头欢心的家伙相继而来。(《读书》Vol-075)

(30) 从此这个故事四处传扬开,秦始皇时(公元前222年)定名为乌伤县,意在提倡孝道。(《市场报》1994年)

(31) 4月10日,中共中央批准《林彪同志委托江青同志召开的部队文艺工作座谈会纪要》,起初说这是党内文件,很快就传播开了。(李庄《喜喜忧忧"想不到"——"文革"前我在〈人民日报〉工作的日子》)

另外,除了上面的两种情况之外,还存在一种固定隐喻的搭配"吃不开",例如:

(32) 在海城,搞不正之风的干部吃不开了。(《1994年报刊精选》5)

例(32)实际上表示搞不正之风的干部在海城不能被老百姓普遍接受。

4.【由相近趋向差距较大】

该语义主要与事物之间的数量、等级有关,表示事物由相同或相近数值、等级等扩大至较大差距。主体主要表示数量、分数、价格、档次等。

例如：

(33) 市场定价改变了计划经济体制下"成本＋利税"的定价模式，拉开了档次，搞活了经营，刺激了生产。(《人民日报》1994年)

(34) 下半场双方的比分被进一步拉开，最后中国队输了21分。(《人民日报》1993年)

(35) 每月发放给各单位的奖金、岗位工资等，都根据贡献大小等拉开差距。(《人民日报》1996年)

5.【由相混趋向分开】
该语义表示把具有相同、相近或不同性质的两个或以上的事物分开，所使用的动词主要是"区分、区别、分、分离"等。例如：

(36) 毛泽东说：要把荣毅仁与右派区分开。(薛建华《荣老板与中共领袖的握手》(1))

(37) 要抓住事物的特征，只有特征才能把一事物和他事物区别开。(《人民日报》1993年)

(38) 要把正常晋资与浮动工资区别开，正常晋资不能冲消浮动工资。(《1994年报刊精选》9)

(39) 这种产权关系决定康佳一开始就要将所有权和经营权分开，管理权按产权分配。(《1994年报刊精选》9)

6.【由紧致趋向舒展】
此语义表示身体由紧致状态趋向舒展状态。所使用的动词主要是跟身体活动有关的动词，如"活动、舒展"等，主体主要是身体及其组成部分。例如：

(40) 坐了一会儿，他的腿还是僵硬的难过，他开始穿衣服，想到院中活动活动，把血脉活动开。(老舍《四世同堂》)

(41) 或是刚睡起来、刚坐起来，腿脚还没活动开……(张洁《世界上最疼我的那个人去了》)

(42) 黄全宝一提名道姓，他更是架不住，猛的跳到惠荣身前，拉开要打人的架式："你别在这儿给我丢人现眼啦！"(浩然《新媳

妇》）

（43）十几个骑车子的刚接近炮楼，守炮楼的卫兵也就撕开嗓子连问了三声口令。（冯志《敌后武工队》）

7.【由郁结趋向放开】

该语义表示主体由困惑郁结趋向放开，主要使用跟思考、言语有关的动词，如"想开、看开、说开、谈开、讲开"等。例如：

（44）闺女，没谁挑拨，是大爷一时没想开，你这一点拨，心里就豁亮了。（刘绍棠《运河的桨声》）
（45）最近，我也有点看开了，既然咱们仨都错了，我就退出算了。（张贤亮《肖尔布拉克》）
（46）"你哭什么啊……有话说开了么！"（梁晓声《激杀》）
（47）话谈开了，心沟通了，你们之间的问题自然会迎刃而解。（《人民日报》1996 年）

二【动作持续展开】

该语义表示主体动作的开始并反复持续展开，这其实是由静态到动态的扩展。其结构形式主要是"主体 + V 开（了）"。这里该语义往往与"了"同现，表明该语义是动作开始之后的一种动态持续。该语义主要凸显动词的动态持续性语义特征。例如：

（48）李月英竟紧张起来，也不等他回答，就朝厂大门跑开了。（邓刚《阵痛》）
（49）她伸手夺过任保的一半瓜，贪婪地吃开了。（冯德英《迎春花》）
（50）三杯水酒下肚，他便骂开了。（《李苦禅轶事》，原载《读者》）

基于以上分析，可知"V 开"的语义扩展路径如图 11 - 2 所示。

由此可以看出，动趋式的语义之间并不是截然分开的，尤其是位移义与状态义之间存在过渡性，具体表现在主体与衬体的关系，以及衬体显著度的变化。一般的位移义同时伴随着主体相对于衬体的位置变化，而"V

```
【由闭合趋向开放】        【远离衬体】
         ↓                    ↓
    【由整体趋向部分】     【自离】
    【由一体趋向部分】              ⎫→位移性趋向
    【由集中趋向分散】     【使离】
    【由相近趋向拉开】⎫
    【由相混趋向分开】⎬→状态性趋向
    【由紧致趋向舒展】⎪
    【由郁结趋向放开】⎭
              ↓
    【动作持续展开】→时体性趋向
```

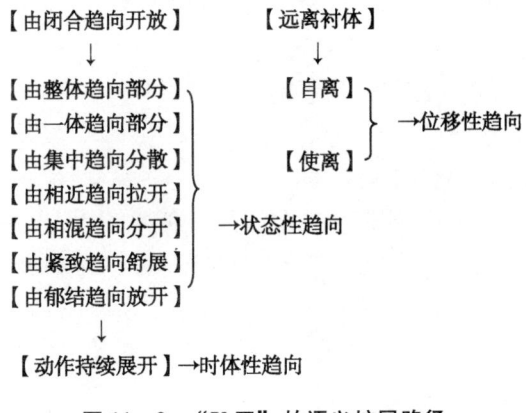

图 11-2 "V 开"的语义扩展路径

开"同样如此，只是主体相对衬体的位置变化表现为状态的变化，即由闭合趋向开放。

第三节 "V 开来"的概念语义结构及其扩展路径

一 【由封闭趋向开放】【远离衬体】

该语义表示主体远离衬体，同时伴随着两者之间由封闭状态趋向开放状态。其中衬体主要是相对衬体，即起点衬体，该语义并不参照绝对衬体。该语义中语义要素最为重要的也存在两点：一是状态与位移存在于同一语义，二是主体与衬体之间具有特殊关系。具体来看，主体相对衬体运动之前，两者处于一种闭合接触状态，当主体相对于衬体运动时，两者便由闭合状态趋向逐渐开放状态。不过，主体与衬体之间的关系与运动相比较更易得到凸显，这主要是由于两者运动之前与之后的状态明显且具对比性。

相比较"V 开"而言，"V 开来"增加了主观视点这一语义要素。不过，"趋向主观视点"这一语义要素更多的是强调一种物理或心理的位移。当动趋式凸显状态义时，主观视点这一语义要素所起的作用就相对较弱。此时，我们甚至无法判断"来"是否还是趋向主观视点。

由此，我们可以看出，凡事物本身或事物之间发生由接触或闭合到分离的变化，都可以用"V 开来"表示。基于此语义，若分别凸显［由闭合到开放］和［远离衬体］这两个语义要素，则会扩展出各有侧重的语义。

(一)【远离衬体】
1.【离开衬体】
该语义主要强调主体离开衬体，衬体与主体之间并不具有一体关系，而仅仅是离开时所依照的起点。与"把门打开来"等例相比，此语义并不着重强调主体在运动之前与衬体之间存在的状态，而主要表示主体远离衬体。此时离开义可以表示离开某个地方，离开某个人。当然，主体与衬体往往共处于同一个地方，或者具有接触关系。此语义所使用动词主要是具有位移性的动作行为动词。能跟"开来"组合表示"趋向"义的动词主要是动作行为动词（如跑、跳、走、移、搬、踱、挑、摊、弹、爬、踢等），该类动词主要是具有泛向的位移动词。这与表示"动作扩展"义的"V 开来"的差别在于该类动词的方向性是否凸显。也就是说，方向性是否凸显造成动作行为要么在空间上位移［如例（51）、（53）］，要么在时间上开始持续［如例（52）、（54）］。

(51) 他看著佛罗多，最后闭上眼，一声不出地走开来。(《魔戒》2)
(52) 不过，他倒也不贸然进攻了，而是脚步开始绕着我走开来。(夜梦寒《千王之王》)
(53) 闲着无事，就轻轻将这扇破了的橱门搬开来，靠壁放了。(百度搜索)
(54) 一看还有那么多东西没有搬上车，他二话没说就搬开来。(百度搜索)

该情况主要存在自动离开与致使离开两种情况。
A. 自离
其语义结构形式主要是"主体＋V 开来"。例如：

(55) 达龙闪开了，随之一转身弹跳开来，把盾牌往失去平衡的巴喻德鲁的侧脸打过去。(《亚尔斯兰战记》)
(56) 我拍了下巴掌，果然如此，那只海鸥惊恐地忽闪着翅膀飞开来，而那只骨顶鸭一出溜，滑进了水里。(《读者》)

B. 使离
其语义结构形式主要是"使事＋把＋主体＋V 开来"。例如：

(57) 一个八九岁的女孩眼望着我咽唾沫，我连忙把碗推开来叫她吃去，她刚待举步，却又趑趄不前。(苏青《拣奶妈》散文2)

(58) 大石挡住了去路，他下车把大石搬开来。(百度搜索)

2.【延伸】

该语义是远离衬体的引申义，此时衬体不再是具体的可以作为位移的参照体，而是具有抽象概念的事物。能跟"开来"组合表示"延伸"义的动词主要有以下三类：$V_{引申}$——演绎、引申、引发、生发等，$V_{言谈1}$——说、谈、讲、谈论等，以及$V_{思想}$——想。"$V_{引申}$开来""$V_{言谈1}$开来"和"$V_{思想}$开来"，在句法上往往表现为整个组合结构前面有介词结构"由或从…"作状语。例如：

(59) 话题就由此生发开来。(《1994年报刊精选》12)

(60) 从京剧说开来，今年整个文化界的情况，无论新的与旧的，土的和洋的，比1994年都有进步，但还不太稳定。(《人民日报》1995年12月)

(61) 由此想开来，觉得国内的游戏公司是否也应该承担起相应的社会责任。(王丽、鲁佳《虚拟货币搅动金融秩序 14部委加强监管》，《钱江晚报》2007年3月8日)

$V_{引申}$、$V_{言谈1}$和$V_{思想}$三类动词跟"开来"组合表示"延伸"义，具体来说就是"由此引发出其他""由此谈及其他"和"由此想及其他"，可以统称为"由此延伸至其他"。上述三类动词均是无向性动词，也不发生实际位移。无向性动词不能跟趋向动词组合，如能组合一般表示非趋向义，这里表示虚指"延伸"义。

(二)【由封闭趋向开放】

该语义主要基于主体与衬体之间的关系而言，其原型语义就是表示门与门框之间由封闭到开放的状态变化。此时，门与门框变化之前是封闭状态，变化之后是开放状态。因此，基于主体与衬体的特殊关系，可以扩展出如下几种情况。

1.【由闭合趋向开放】

该语义表示主体与衬体由闭合到开放的状态变化。闭合首先表现为某一事物由多个部分组成，而这多个部分之间可以开合。相比［离开衬体］而言，该语义更强调两者的状态关系，位移性并不明显。其结构形式主要

第十一章 "V 开/开来/开去"的概念语义结构及其扩展路径

是"使事+把+主体+V 开来",或者是"主体+V 开来(了)"。例如:

(62)我在柜橱里翻出一个吉他大小的盒子,<u>打开来</u>,我看到了一把红得耀眼的小提琴。(《读者》)

(63)家具四面八方乱七八糟地散摆着,架子拆了下来,<u>抽屉拉开来了</u>,就好像这位女士在她出奔以前匆匆忙忙地翻箱倒柜搜查过一番似的。(《福尔摩斯探案集》8)

(64)几把扫帚用旧了,就<u>拆开来</u>。合成一把大扫帚。(张炜《冬景》佳作4)

有时,闭合还表现为该事物仅仅是一个事物,自身并不具有部分性,而仅具有整体性。

所使用的动词主要是致使事物分离的动作动词,如"掰、撕、砍、剪"等。例如:

(65)这时候,出了一个盘古氏,用大斧把<u>这一团混沌劈开来</u>。(《中华上下五千年》)

(66)梅姐,<u>每一张纸币撕开来</u>,都有我的血和汗。(梁凤仪《金融大风暴》)

(67)<u>我们先把一张纸剪开来</u>,然后粘在一起。(百度搜索)

(68)为了防止别人把文字和图案组合起来注册的<u>商标拆开来</u>,再另作组合使用,有的企业便将文字和图案分开来单独申请注册。(《人民日报》1994年第三季度)

(69)一个是译意(把<u>Oxford 一字拆开来</u>,Ox - 意为"牛",-ford 则译为"津")。(《读书》Vol - 075)

由具体概念到抽象概念是语义扩展的一个普遍路径,"V 开来"也如此扩展。例如:

(70)不过,<u>将个人主义这样一个概念拆开来</u>,虽然有助于使森岛的说法得到澄清,但难免会损其原有的完整含义。(读书 \ Vol - 158)

(71)破除开大锅菜的旧习惯,不妨把<u>"大众"掰开来</u>,认认真真分门别类地服务好八方"小众"!(《市场报》1994年

2.【由集中趋向分散】

此语义表示事物由集中变成分散状态。具体来看，主要有下面四种情况：

A. 多个事物由集中变成分散状态，所使用的动词主要是"散、分散、扩展、扩散、漫"等分散类动词。例如：

（72）如果当时你们是几个人，那就应当<u>分散开来</u>，不要都站在一个地方。（《1994年报刊精选》10）

（73）<u>我的发髻并没有散开来</u>。（《读者》）

（74）公园里各色各样的花朵，徐徐吐露着<u>芳香，给微风一吹，四散开来</u>。（周而复《上海的早晨》）

（75）<u>他的声音冲破了暮色，在整个空间绵延不断的扩散开来</u>，一直冲向那云层深处。（琼瑶《聚散两依依》）

有时，该义还存在向抽象概念扩展的现象，主要是主体的概念抽象化，如"思想"等。
例如：

（76）<u>波普尔的思想才开始引起人们的兴趣，第一次在中国的大气层中弥散开来</u>，成为反对教条主义、澄清真理标准问题的一种辅助的武器。（《读书》Vol–082）

（77）这些日子来，<u>一直堵塞在那儿的一口怨气，似乎舒散开来</u>了。（琼瑶《梦的衣裳》）

B. 某一事物由内部向外呈开放的分散状态。所使用的动词主要是"爆炸、爆、炸、四射"等爆炸类动词，主体主要是炸弹或具有爆炸感觉的事物。例如：

（78）敌人的碉堡里没有再扔出枪来，扔出来的是一大串手榴弹，<u>手榴弹在冲锋前进的战士们的身边爆炸开来</u>，紧接着是集中的机枪射击。（吴强《红日》）

（79）锁锁向船舱呶一呶嘴，"我听他说，<u>气球胀到一个地步，总会爆开来</u>"。（亦舒《流金岁月》）

（80）温度越来越高，<u>整栋建筑物就这样炸开来</u>。（《龙枪编年

史》3)

有时，爆炸的事物也可是人体的具有爆炸感觉的器官，如"肺""脑袋"等。例如：

(81) 我郁塞得胸膛像是要炸开来，"为什么，为什么这种事要发生在她身上？"（亦舒《香雪海》）
(82) 他觉得心肺似乎要炸开来了。全身的骨头和肌肉的劳动都到了极限。（《银河英雄传说》10）

C. 消息等由少人知到多人知，由较少地方到很多地方。所使用的动词主要是"传、传扬、传播、传颂"等传播类动词，主体主要是消息、故事、口号等。

(83) 最近，"雷锋爷爷"千里迢迢到河南省上蔡县贺楼村认贺雨红为"孙女"的佳话，又在豫南农村传扬开来。（《人民日报》1993年10月）
(84) 强烈的"宣战公告"以来，这句口号便在帝国军首脑部之中私下流传开来。（《银河英雄传说》4）
(85) 英嘉成将要娶乐秋心为妻的消息，很快就在富恒企业传开来。（梁凤仪《激情三百日》）

D. 某一事物由具有闭合性的固体变成其他。所使用的动词主要是"融化、溶化、熔化、化"等，主体主要是固态的事物。例如：

(86) 春天一到，积雪融化开来，露出了嫩嫩的麦苗。（《读者》）
(87) 后来一想，即使墨汁化开来，浸淫成一片云山雾嶂，也不失开辟一种"境界"。（沈善增《我的"自在"衫》，载《作家文摘》1993\1993A）
(88) 等炉子里的铁熔化开来，就可以出炉了。（《读者》）

3.【由紧致趋向舒展】
此语义表示人的思想或行为由紧致趋向舒展状态。所使用的动词主要是表示身体"活动""舒展"。例如：

(89) 跳舞需要活动的步伐，"脚法轻固，进退得宜"，<u>身体要活动开来</u>。(《中华武术》)

(90) 到这时<u>他前额上皱起的皱纹很快地舒展开来</u>，表示他感到高兴，他脸上微露笑意，开始审视自己的指甲。(《战争与和平》)

(91) 一看到对方来者不善，<u>他赶紧把架势拉开来</u>。(《读者》)

(92) 他紧皱的眉尖，<u>骤然间舒展开来</u>，脸上开朗了。(梁斌《红旗谱》)

4.【由相近趋向相离】

该语义主要与事物之间的数量、等级有关，表示事物由相同或相近数值、等级等扩大至较大差距。主体主要表示数量、分数、价格、档次等。例如：

(93) 教练要求下半场一定要<u>把分数拉开来</u>。(《人民日报》1994年第3季度)

(94) 我们不搞平均主义，社会发展需要<u>把速度拉开来</u>。(《人民日报》1996年第3季度)

5.【由一体趋向区分】

表示把具有相同、相近或不同性质的两个或以上的事物分开，所使用的动词主要是"区分、区别、分、分离"等。例如：

(95) 这种性质使我们能够<u>把惯性坐标系和其他任何坐标系区别开来</u>。(《21世纪的牛顿力学》)

(96) 另外，还要<u>把流感和上呼吸道感染引发的感冒区分开来</u>，二者虽从广义上说都是感冒，但性质完全不同。(《新华社2004年新闻稿》1)

(97) <u>把利用职务上的便利与未利用职务上的便利分开来</u>。(《法律条文》2)

二【动作的展开】

该语义表示主体动作的开始并反复持续展开，这其实是由静态到动态的扩展。其结构形式主要是"主体+V开来"。该语义主要凸显动词的动态持续性语义特征。能跟"开来"组合的动词主要具有动态持续性，具体来看主要有以下三类：V_{言谈}——V_{言谈1}：说、（胡）扯_1、侃、谈论，V_{言谈2}：吵、骂、嘶叫、叫_2、吃、嚷等；V_{思想}——想、浮想、（胡思乱）想；V_{举止}——V_{举止1}：剪、弄、劈、（颤）抖等，V_{举止2}：跑、跳、走、移、搬、抖（动）等。例如：

（98）直到洪深师发起火来，我才不顾一切大骂开来，博得的却是洪深师的连声叫好。（岳野《一次难忘的演出》，载《作家文摘》1995年）

（99）石岜这大扯子跟小杨侃开来。（王朔《浮出海面》）

（100）她没有了睡意，这几天里的事又开始在脑中浮想开来。（尤凤伟《石门绝唱》(5)，载《作家文摘》1997年）

（101）哈利爬起来坐在地上，他的脑袋还是昏昏沉沉的，他看到斯内普不顾一切地跑了开来，一个巨大的野兽在他身后不断地扑打着翅膀，一边发出哈利以前从未听到过的尖啸……（《哈利·波特》六）

（102）狗子还是跟往常一样，到了桂花家里，对着屋檐下的一堆木头，一声不吭地劈了开来。（百度搜索）

V_{言谈}、V_{思想}、V_{举止}三类动词跟"开来"组合表示"动作开始并持续"义，这实际上是动作在时间上的持续，而非空间义。V_{言谈1}和V_{思想}跟"开来"组合，既可以表示"延伸"义也可以表示"持续"义。区别在于表示"延伸"义时，组合前面一般要有介词结构"由或从……"做状语，具有[+虚向]义；表示"持续"义时则不需如此，具有[-方向]义。

V_{言谈2}和V_{举止1}均是无向性动词，跟"开来"组合都可以表示"持续"义，而无他义。V_{举止2}是具有潜在方向性的动词，跟"开来"组合既可将潜在方向性凸显，也可不凸显。凸显则具有"趋向"义，不凸显则具有"持续"义。若联系趋向性较强的"开去"，则凸显方向性具有"趋向"义的可以换用"开去"，不凸显方向性具有"持续"义的则不能换用。

基于以上分析，"V开来"的语义扩展路径如图11-3所示：

下面我们着重探讨一下表示动作扩展义的"V开"与"V开来"对动词的选择性差异。

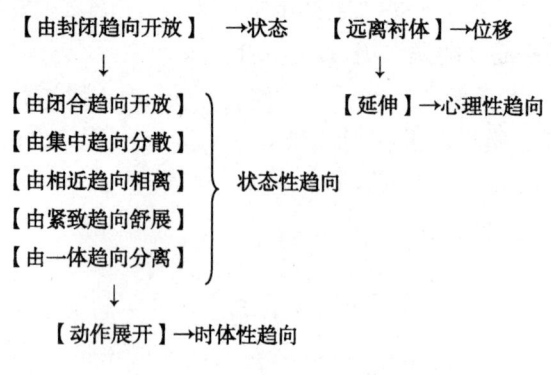

```
         【由封闭趋向开放】→状态      【远离衬体】→位移
                  ↓                       ↓
         【由闭合趋向开放】⎫         【延伸】→心理性趋向
         【由集中趋向分散】⎪
         【由相近趋向相离】⎬ 状态性趋向
         【由紧致趋向舒展】⎪
         【由一体趋向分离】⎭
                  ↓
         【动作展开】→时体性趋向
```

图 11－3 "V 开来"的语义扩展路径

　　强调动作的开始并持续发生的状态，跟"开"的原型意义具有隐喻扩展关系，即由物体的开放性状态投射到动作自身的开放性状态。强持续动作动词跟"开/开来"组合表示动作行为的静态持续状态，如"又睡开了""又躺开了"等；弱持续性动作动词跟"开/开来"组合表示动作进入持续发生的状态，如"又看开电视了""挂了半天没挂上，他又挂开了"等。瞬时动作动词跟"开/开来"组合表示同一个动作的反复发生的延续状态，如"又咳嗽开了""又敲开了"等。

　　表示时体义的"V 开"往往需要跟"了"搭配，若无"了"要么不能搭配，如"骂开"要么具有位移义或状态义，如"跳开"。而"V 开来"对"了"的依赖性较弱，如"二话不说，就打开来"。

　　"开""开来"对与之搭配的动词具有限制性且搭配上存在差异。通过搭配考察，我们发现：双音节动词跟"开来"搭配使用度不高，接受度也不是很高。同时，可接受度内的双音节活动动词的时间性质影响搭配的可能性，如表示短时间内无法反复进行的活动动词往往不能与"开来"搭配，如"旅行开来"。这主要是因为这类动词自身占有一定的相对较长的时间，而致使其一定时间内动作无法反复多次发生。"开"相比"开来"跟动词搭配较为自由，这种情况相比"起"与"起来"的搭配情况恰好相反，"起来"搭配的自由性比"起"要强。其中原因需要深究一下。

　　结果动词由于自身具有终结点或称有界性，而且具有瞬时性，但这种瞬时性跟瞬时动词有所不同。瞬时动词虽然具有动态与瞬时性，但往往不具有有界性，或者说瞬时动词可以反复发生而形成一种持续状态。但是，结果动词由于具有结果的实现性往往无法跟进行体同现，但是有些结果动词如"死""输""赢""丢"等，却可以反复发生。这也说明结果动词内部存在差异：一种是具有可反复发生性的，既可以是多个个体先后具有同样的结果，如"鸡一只一只又死开了"；也可以是同一个体反复发生同样一个结果，而且具有渐次性，如"又输开了"。另外一种情况就是结果不具有可重复性，如"到达""实现""失败""获得"。

状态动词不能跟"开""开来"搭配。前文已知状态动词内部有些可以跟"起""起来"搭配，这也说明"起""起来"与"开""开来"之间存在语义差别。

第四节 "V 开去"的概念语义结构及其扩展路径

一 【远离衬体】【远离主观视点】

相比较"V 开"而言，"V 开去"增加了主观视点。由于"开去"主要表示"远离主观视点"，而"V 开"本身也含有"远离衬体"这一语义要素，从而使得"开去"的位移方向性增强。方向性增强的结果是限制了与其搭配的动词及其自身的语义扩展能力。

基于此认识，我们可以看出"V 开去"主要凸显［远离衬体］这一语义要素。该语义主要强调主体离开衬体，同时远离主观视点。衬体与主体之间并不具有一体关系，而仅仅是离开时所依照的起点。此时离开义可以表示离开某个地方、离开某个人。当然，主体与衬体往往共处于同一个地方，或者具有接触关系。此义所使用的动词主要是具有位移性的动作行为动词。能跟"开来"组合表示"趋向"义的动词主要是动作行为动词（如跑、跳、走、移、搬、踱、挑、摊、弹、爬、踢等），该类动词主要是具有泛向的位移动词。

该情况主要存在自动离开与致使离开两情况。

1. 自离

自离的语义结构形式主要是"主体 + V 开去"。例如：

　　（103）女儿执拗地挥手让父亲离开，<u>父亲没法，只得走开去</u>。（《读者》）

　　（104）陈玉英就替这孩子付了钱，<u>小男孩拿着雪人儿蹦蹦跳跳地跑开去了</u>。（陈建功《皇城根》）

　　（105）他定定眼睛，恐惧地<u>爬开去</u>。（吴强《红日》）

2. 使离

使离的语义结构形式主要是"使事+把+主体+V开去"。例如：

（106）菲利普抓住她的双手，粗暴地把它们掰开，然后猛地把她推开去。(《人性的枷锁》)

（107）引诱一个骄傲的男子匍匐在你脚下，然后下死劲把他踢开去。(矛盾《蚀》)

（108）他更加使劲往前挤，把挡住他的人撞开去。(《鹈鹕案卷》)

二 【延伸】

该语义是远离衬体的引申义，此时衬体不再是具体的可以作为位移的参照体，而是具有抽象概念的事物。能跟"开去"组合表示"延伸"义的动词主要有以下三类：V$_{引申}$——演绎、引申、引发、生发等，V$_{言谈1}$——说、谈、讲、谈论等，以及V$_{思想}$——想。其结构形式主要是"由/从+抽象衬体+V开去"。例如：

（109）全书并由此引发开去，探讨了编辑思维的本质、规律、控制、系统工程、潜力的开发、创造方式等等命题。(《人民日报》1994年第二季度)

（110）我想就这个问题谈开去，而不谈这本书了。(《读书》Vol–121)

（111）从乐史想开去，又感到乐与史之间有着微妙的联系。(《读书》Vol–137)

三 【由集中趋向分散】

由集中趋向分散，本身也是一种远离衬体的状态变化，而且主观视点处于中心衬体所在的位置。因此，表示该语义的"V开去"其中方向义要更为突出和强调。具体来看，主要有下面三种情况。

1. 集中在一起的事物由中心远离主观视点，主观视点处于中心位置，所使用的动词主要是"散、分散、扩展、扩散、漫"等分散类动词。例如：

（112）逃难的群众扶老携幼，正急急地快步走向村外，向西北方向散开去，东面还有数不清的人向这里跑来。（雪克《战斗的青春》）

（113）火焰那吓人的轰鸣声徐徐减弱下来，浓烟也开始消散开去！（《尼尔斯骑鹅旅行记》）

（114）就在这时候，天空之中密布的乌云阴霾蓦地分散开去，一轮满月从云缝之间露出脸来，把皎洁的清辉洒向大地。（《尼尔斯骑鹅旅行记》）

（115）他的声音，又尖又细，在这片寂静中向四周扩散开去。（《厄兆》）

有时，该语义还存在向抽象概念扩展的现象，主要是主体的概念抽象化。例如：

（116）也确实从心底里升出来一种羞愧，但升到半截就梗住了，并迅速消散开去。（刘心武《多棱的帆船》）

（117）无数往事如烟般弥漫而来，又随即四散开去。（余华《古典爱情》）

（118）你将目光从矮个子雪兵身上扩散开去，发现所有雪兵都无比雄壮，蔑视风寒。（《读者》）

2. 某一事物由所爆炸的地方远离主观视点，主观视点处于所爆炸的地方。所使用的动词主要是"爆炸、爆、炸、四射"等爆炸类动词，主体主要是炸弹或具有爆炸感觉的事物。例如：

（119）机枪声震耳地响起，河对面邮政大楼向南的各层窗口，顿时闪烁起一片璀璨的亮光，无数玻璃的碎片在空中炸开去。（《1994年报刊精选》5）

（120）铁片爆炸开去，石片石块从顶上砸下来，爆炸声、哭喊声、黑烟、尘土混成一团。（马烽、西戎《吕梁英雄传》）

3. 消息等由一个地方趋向多个地方，同时远离主观视点。所使用的动词主要是"传、传扬、传播、传颂"等传播类动词，主体主要是消息、故事、口号等。

（121）小张庄发生凶杀案的消息，迅速传开去。(《中国农民调查》)

（122）《词诠》在国内外学术界都有影响，其错误就难免以讹传讹，流传开去。(《读书》Vol-023)

（123）想到几多生命是在这里断送的，他自己的名字不久也将从这里轰传开去。(《悲惨世界》)

（124）沈从文的烦躁不安，很快在校园里沸沸扬扬传播开去，说是沈从文爱上了张兆和，张兆和却不予理睬，沈从文急得要自杀。(凌宇《沈从文求"凤"记》，载《作家文摘》1993年)

基于以上分析，"V 开去"的语义扩展路径如图 11-4 所示：

【远离衬体】【远离主观视点】→物理位移
↓
【延伸】→虚拟位移
↓
【由集中趋向分散】→状态性趋向

图 11-4　"V 开去"的语义扩展路径

第五节　小结

"开"的原型意义表示"门由封闭到开放的变化"。传统观点一般认为该语义表示一种结果义，但我们认为该语义是一种凸显状态变化且伴随着位移的语义，而且基于不同的语义要素产生不同的扩展路径。基于"远离衬体"这一语义要素，从而扩展出表示自离或使离的"离开"义；而且抽象化和隐喻化之后，扩展出"延伸"义。基于"由封闭趋向开放"这一语义要素，扩展出具有不同侧重的由封闭到开放的状态变化，而且还扩展出"空间的扩展"以及"动作的展开"等义。

趋向结构"V 开来"和"V 开去"具有何种语义类型，与 V 的语法性质以及语义特征紧密相联。例如，具有 [+位移] [+泛向] [+状态] 特征的"扩散"类、"传播"类、"爆炸"类以及部分"举止"类动词后面带上"开来"、"开去"，主要表达"趋向+状态"义，并凸显状态。一般情况下，只要具有 [+向] 的意义，无论具有实向还是虚向，无论单向、双向还是多向，"V 开来"和"V 开去"可以互换。不过，两

第十一章 "V开/开来/开去"的概念语义结构及其扩展路径

者之间存在着视点的差异,而且"V开去"的趋向义要强于"V开来"。但是,"V开来"语义要比"V开去"丰富,"V开来"还可以表示与方向无关的"开始并持续"义和"状态"义。

"V开"组内部在语义扩展能力上也存在差异,这种差异主要表现在能否扩展到时体性趋向:"V开去"无法通过体隐喻机制进行扩展,而"V开/开来"则扩展顺畅。"V开/开来"基于体隐喻进行扩展,强调动作起始之后的动态持续性,而且内部具有均质性。然而,"V开去"表示远离主观视点,伴随着由近及远的位置变化。不过,虽然"V开来"参照主观视点,但随着其语义逐渐抽象,主观视点的参照作用也逐渐减弱,以致表示开始并持续义的"V开"与"V开来"并无太大差别。

对趋向动词语义扩展存在的认知与客观的矛盾并不是客观存在的,而是不同认知的结果。就"V开"而言,其本身就是状态兼位移,而所谓的"位移性趋向"也并非就没有状态的存在。如"走上楼"不仅表示主体由楼下趋向楼上的位置变化,而且最后还表现出"在楼上"的状态。当然,并不是说"趋向"和"状态"就没有不同,只是对此有不同的侧重和凸显而已。

第十二章　动趋式的概念语义框架

　　动趋式构成成分结合的紧密程度的差别以及语法化程度的差别，都说明动趋式内部语义关系有差别。趋向动词的性质存在实、虚之别，在学界也已成定论。对趋向动词性质的判别，多是依据动趋式整体是否表达［位移］义。若表达位移义，则是实词，否则，就归入虚词。这里我们并不打算深究"趋"的性质，而意在此认识之上探求动趋式的内部语义关系。

第一节　遵循的三个原则

1. 基于对"趋向"的重新认识

　　一般认为，趋向动词表示动作的方向，这是对趋向的狭义理解，强调的是运动的客观方向性，可以称之为方向性位移。重新认识"趋向"，需要对"方向"进行重新认识。"方向"根据是否具有现实空间性可以分为"实指向""虚指向"和"心理向"。沿着"实指向"发生的运动往往具有客观性，体现为路径的现实性；而"虚指向"的路径并不具有现实性，更多的表示的是一种"趋势"，以至于这种"虚指向"与"实指向"具有扩展关系。另外，由于主观认知的参与，人类的空间系统还有一层"心理空间"，由此形成的是一种"心理向"。例如：

　　（1）于是，兰花热把农民推上了山，不少人丢下田地不盘，扛上锄头，背上箩筐，专门采挖兰花出卖。(《1994年报刊精选》8)

　　（2）从我第一次踏上北京的土地起，我便深深地爱上了这座极具魅力的城市。（史传《中国北漂艺人生存实录》）

　　（3）于是，他们如实向团里汇报了实情，并呈上了处分报告，大队长还代表全大队在团军人大会上作了检讨。(《人民日报》1994

年第二季度）

例（1）"把农民推上了山""扛上锄头""背上箩筐"表示的是一种实指向，"农民""锄头""箩筐"都发生了实际位移，其位移之后所处的位置都可表示"处于……之上"，而且是一种处于表面的接触状态。此例中"丢下田地"跟其他三例有所不同，"田地"并未发生实际的由上至下的位移，因此表示的是一种虚指向，隐含着农民使田地远离自己，表示田地与农民关系的变化。这里实际上是表示客观实指向"V下"的扩展义，即由从源点发生由上向下的位移扩展而来。例（2）"我爱上了这座极具魅力的城市"中，我的"爱"也并未发生实际的位移，而表示"爱"这一抽象情感由"我"而趋向"这座城市"，从而使"我的爱"与"这座城市"紧密地依附。这便是"上"表示的抽象主体趋向衬体并与之依附义的具体化。当然，基于此种虚指向的虚拟性位移只是分析而知，其语义主要表示这样一种状态，即"我"对"这个城市"有了爱。例（3）他们向团里"呈上了处分报告"中，处分报告由他们之手到了团里可以说发生了实际位移，但是是否一定发生"由下到上"的空间性位移并不确定，确定的是"他们"与"团"具有一种社会性的上下关系。由地位低到地位高，或者相反，都表示的是一种带有心理性的方向性位移。

我们认为动趋式中"趋向"不等同于位移，位移是主体在客观或心理上发生的位置变化，而"趋向"更多的是强调一种客观方向、心理方向或虚拟方向。我们这里所认为的趋向义是一个具有涵盖性与扩展性的语义，不同于刘月华等所认为的"趋向义"。刘月华等所认为的趋向义，我们将其称之为"位移性趋向"，即强调方向性位移的趋向义。或者说，位移性趋向是趋向义的一个体现，"趋向"更多的是强调一种趋势。

2. 基于动趋式语义之间的扩展与隐喻关系

动趋式的原型语义来源于人或事物的客观运动，同时动趋式的趋向义也是以此为扩展原型。动趋式的原型语义凸显具有实指向（由趋向动词的概念结构表现）的客观位移，虚指向及心理向都是由实指向扩展或隐喻而来。换句话说，虚指向或心理向都隐含着方向性位移，而且这种隐含起着一种桥梁的作用，把动趋式的语义框架联络起来。

因此，动趋式的趋向义应该以位移作为切入点，这里并非是否存在位移的区别，而是位移是显现还是隐含的区别。位移无论是物理位移、心理位移，还是虚拟位移，都可以看作一种趋势，但并不是不存在位移，而是指这种位移发生由显现到隐含的变化。由此，我们首先将趋向义分为位移凸显性趋向与位移隐含性趋向。位移凸显性趋向与位移隐含性趋向之间存在扩展或隐喻关系，或者说位移凸显性趋向是位移隐含性趋向的原型意义。两者的区别表现在对方向性位移的凸显方面：前者突出强调位移过程，后者并不强调位移过程（即使存在位移），突出强调位移终结状态或者是位移的隐喻扩展。两者之间的联系表现在存在语义扩展关系，后者可以称为"隐含位移的趋向义"。若设位移义为 X，后者为 Y，那么后者可以称之为"隐含 X 的 Y"。

位移凸显性趋向强调位移主体相对位移衬体发生实际位移，而且该实际位移得到凸显，或者说该实际位移并未淡化。根据凸显实际位移的方式差别，主要存在物理性位移与心理性位移两种方式。物理性位移表示人或事物按照趋向动词所表示的概念方向发生客观实际的位移，而心理性位移表示事物按照心理上所形成的概念方向发生客观实际的位移。比如"三米高的墙，他能一下子跳上去"，表示的是他通过跳则由墙的底端到了墙头，其位移前后的位置在纵向物理空间具有相对性。"每次拾到钱他都要交上去"中"上去"并不表示钱在物理空间发生由低到高的位移，而是遵循社会心理性的上下关系发生位移，而且该位移也是具有客观性的。

与位移凸显性趋向相比较，位移隐含性趋向中位移已淡化、虚拟化和隐喻化。伴随着位移的淡化、虚拟化和隐喻化，那么位移的其他方面就会得到凸显。位移凸显性趋向主要强调位移过程，当位移过程不再得到强调而成为其他语义扩展的方式时，位移过程的最后状态成为凸显的对象。位移过程凸显人或事物的方向性运动，这是发生于物理空间的运动。然而，时间也是不断运动的，只能截取某一点作为参照而无法阻断。可以说，时间运动是由空间运动隐喻而来的。基于此，位移隐含性趋向主要包括状态性趋向和时体性趋向。两者之间从虚实角度来看，时体性趋向比状态性趋向更虚。

当然，状态性趋向与时体性趋向内部又可以根据具体的语义情况而再进一步分类。状态性趋向内部存在位移隐含方式的差别，主要表现在对位移进行淡化和虚拟化处理。比如"他关上门"中"门"趋向门框而伴随着位移，但该位移并未凸显，凸显的是位移之后的关闭状态。又如"来了书院一个月，课没认真听多少，整人和反整人的伎俩倒学会几招"中"几招"是相对虚拟的事物，其并未发生实际位移而是一种虚拟位移，表示他获得了几招整人和反整人的伎俩。虚拟位移与实际位移相比较，虽然都可以表示一种变化，但虚拟位移并不是一种物理位置的变化。

时体性趋向是一种由空间域到时间域的隐喻过程。空间域与时间域之间的隐喻性表现为一种趋向,即通过空间的纵向上下关系来隐喻时制"过去—现在—将来",通过空间的横向关系来隐喻时体"起始—持续—终结"。因此,动趋式所表现出的时体性趋向主要表现为以"现在"作为参照的"V下来/下去",及表示"开始并持续"的"V 上/起/起来/开/开来"。

3. 基于动趋式语义要素的发展变化

动趋式的语义类型之间具有扩展性,其深层次原因是动趋式语义要素的发展变化。位移性趋向具有原型性,其语义要素具有完整性,其他语义都源自动趋式的原型语义。这种发展变化主要基于位移要素,是位移要素的凸显、淡化、虚拟化或心理化的过程。同时,伴随着其他语义要素的变化。具体来看:

一是主体与衬体性质的变化。从位移性到兼有位移与状态性,到状态性,再到时体性。

二是主体与衬体之间关系的变化。位移性趋向中主体与衬体往往必须出现,即使衬体可以隐含但也具有可知性,而且主体与衬体之间具有方向指引和位置衬托关系;状态性趋向中主体有的发生物理位移,有的发生心理位移,但两者都不是凸显的对象,强调的是主体与衬体之前与之后的状态的变化;时体性趋向中往往并不需要衬体,主要表示主体在时体上的持续及变化,要么从过去到现在,要么从现在到将来,要么表示开始并持续。

三是动趋式的语义要素主要发生从空间到时间的变化,而空间内部又存在由物理空间到心理空间的变化。与此同时,运动要素主要是从动词的自移性和使移性到动词的自态性和使态性,再到动词的持续性或反复性的变化。

四是随着位移性的不断心理化,主观视点逐渐淡化、心理化,甚至消失或者虽存在但作用较弱。

第二节　动趋式的概念语义框架

动趋式的核心语义是"趋向",即表示由某一位置、状态或时体趋向另一位置、状态或时体。分别具有以下特征。

1. 位移性趋向——表示主体相对衬体发生位置的变化,动作完成后主体处于某一相对位置上,从而获得一种方位性处置静态。如"我走上天桥",表示"我"由天桥下的某一个位置向"天桥"位移,位移的目的地处所是天桥上。

2. 状态的变化——表示主体由某一状态趋向另一状态,动作完成后主体具有某一状态,从而获得一种状态性存在静态。如"我把这座房子买下了",表示房子由属于别人到属于我的所属状态的变化,最终房子处于属于我的状态。

3. 时体的变化——表示主体由某一状态趋向另一动态,动作开始后主体具有动态持续状态,从而获得一种时体性持续动态。如"刚吃完饭,他就又跑上了",表示他由吃的状态趋向跑的持续性动态。

具体来看,三种语义之间在语义要素上的差异如表12-1所示:

表12-1 动趋式语义框架的语义要素差别

语义要素	参与者要素			运动要素	空间时间	主观视点
	主体	衬体	使事			
位移性趋向	位移性主体	位置衬体	有	位移性:自移与使移	物理空间	趋向/远离
状态性趋向	位移状态性主体;状态性主体	状态衬体	有	位移兼状态;状态性:自态与使态	物理空间心理空间	趋向/远离隐喻
时体性趋向	时体性主体	无	无	持续性反复性	时间	隐喻

在综观动趋式语义要素差别和变化扩展的基础上,并遵循三个原则,我们得到了动趋式的语义框架。具体如图12-1所示:

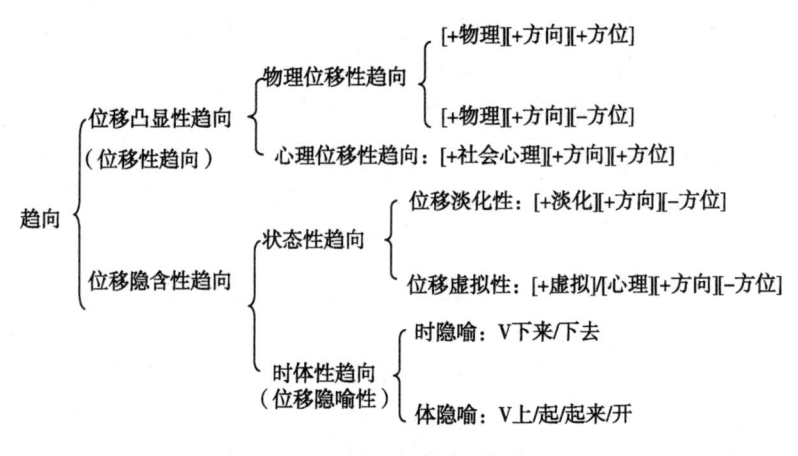

趋向
- 位移凸显性趋向(位移性趋向)
  - 物理位移性趋向
    - [+物理][+方向][+方位]
    - [+物理][+方向][-方位]
  - 心理位移性趋向:[+社会心理][+方向][+方位]
- 位移隐含性趋向
  - 状态性趋向
    - 位移淡化性:[+淡化][+方向][-方位]
    - 位移虚拟性:[+虚拟]/[心理][+方向][-方位]
  - 时体性趋向(位移隐喻性)
    - 时隐喻:V下来/下去
    - 体隐喻:V上/起/起来/开

图12-1 动趋式的语义框架

一 位移凸显性趋向及内部差异

1. 物理/心理因素与位移义

位移凸显性趋向内部都可根据主体位置变化来源的物理性或社会心理性分为两大类：物理位移性趋向和社会心理位移性趋向。位置是以空间性参照为依据，但参照物的差别让我们需要区别看待位置。位置存在典型与非典型性，典型的位置表现在方位性明显，即表现为方位词。非典型的位置，往往并不强调其方位性，也往往不用方位词表现。例如，"我走进屋里"，"屋里"是典型位置，方位性表现为"在……里"；"他走上桥"，"桥"是典型位置，方位性表现为"在……上"；"把邮票揭下来"，"信封"可以看作非典型位置，我们不可以用"在……下"表现邮票最后所处的位置。

A. 物理位移：表达位移主体位置的客观变化。物理位移性趋向又主要有两种情况。

a. 发生位置变化，方向性凸显。这种类型动趋式的位置和方向表现在：处所论元的位置，要么在宾语位置，表示位移的起点位置、终点位置或经过位置，要么在状语位置，表示源点位置。在状语位置时，宾语多是受事。例如：

小王快步走上楼。小王从水里捞上来一把钥匙。小王把钥匙捞上来。
他翻身跳下床。他随手放下电话。他随手把电话放下。
她走进一家商店。她拿进去10个鸡蛋。她把鸡蛋拿进去。
我走出银行。我拿出一支铅笔。我把铅笔拿出来。

b. 相对位置未发生改变，方向发生改变。位移主体的相对位置并未发生改变，但发生了方向的变化。这种情况下，运动主体多是另一物体的组成部分，部分方向发生改变，但整体并未发生位置的变化，主要是以人的身体为参照。例如：

（4）在他最穷困时，他发现年轻姑娘们见他走过，常把头<u>转过来</u>望他，他连忙避开，或是躲起来，心情万分颓丧。（《悲惨世界》）

（5）肖回忆说："人们在街上一看见我就躲开，他们把脸<u>转过去</u>，免得打招呼。"（《读书》Vol-168）

B. 社会心理位移。具有主观认知性的位置变化，是根据某种认知标准主观设定的位移关系，可以称为"心理趋向"。这种情况主要是客观位置向其他领域投射形成的，具体表现在以位置上下为源域而形成的级别或地位的高低，即心理性上下关系——上/下：呈、递、献、反映、传、退、传达等。

(6) 10月23日，新首相东条英机毕恭毕敬地向天皇行礼之后，把新组阁成员的名单呈上，恭请御览。(沈永兴、朱贵生《二战全景纪实》)

(7) 当他把在地学上的发现写成报告交上去时，发下来的话竟是"精神病"、"别有用心"、"破坏运动"……(《1994年报刊精选》7)

(8) 在决策的实施过程中，其最重要的一项工作便是落实任务，把上级那里传下来的总的任务，变成几十人、几百人甚至成千上万人的协同行动。(《哈佛管理培训系列全集》)

(9) 他被免去安徽省省长职务，消息来得是很突然的，那天，他刚从欧美出访归来，人还在合肥骆岗机场，就宣布了中央要他提前从省长岗位上退下来的决定。(《中国农民调查》)

2. 致使因素与位移义

根据发生方向性位移是否存在致使因素（使事），位移义又可分为两大类。

A. 自移性位移：表达位移主体自身发生位移的位移义，例如：

(10) 他走进教室。
(11) 气球飞上了天。(马云霞例)

B. 使移性位移：表达外力致使位移主体发生位移的位移义，例如：

(12) 他把板凳搬进办公室。
(13) 她把他骂进屋。
(14) 他让人搬来一把椅子。(自拟)

二 位移隐含性趋向及内部差异

1. 状态性趋向

通过分析，处于过渡阶段的动趋式所表达的状态性趋向义主要是状态的变化，而不涉及时间性质。我们之所以将其义称为状态性趋向义，一则为避免结果涵盖的范围过大，二则依托于所表现的变化事件的概念结构。表达状态性趋向义的动趋式内部由于"趋"的差别，而往往表示不同的状态变化。也正是因为"趋"原型意义的消退，致使"动"对整个动趋式的状态义起着一定的制约与显化作用。状态性趋向由于位移的淡化与虚拟化差别而存在两种情况。

A. 淡化位移的状态性趋向。

位移的淡化表示位移虽发生，但并不是整个事件所要突出强调的。因此，位移的淡化意味着位移之后所处位置的凸显，或者跟位移之前所处的位置进行对比，主要表现为处于某种位置时所具有的状态，或者离开某一位置后所表现的状态。比如动词"关（门）、砌（墙）、捆（柴）、拉（窗帘）"等跟"上"搭配，最后所具有的是一种封闭状态。这种类型的动趋式有的可以带处所论元，也可以不带，有的则不可以带。带处所论元时，其位置表现在处所论元或方所源点一般在状语位置，而且该位置往往是源点位置。不可以带处所论元时，其位置往往要通过受事的位置表现。例如：

(15) 待到回船时，各人身上业已湿透，就各自把衣服从身上脱下，站在船头相互帮忙拧去雨水。(沈从文《老伴》)

(16) 雷斯林从嘴角擦去血迹。"我知道的不多。"他疲倦地耸耸肩。(《龙枪编年史》3)

(17) 我们约好了看电影的时间，我挑出最好的衣服穿上，把自己打扮得很漂亮，就耐心地在宿舍里等着阿南。(《中国北漂艺人生存实录》)

例 (15)、例 (16) "从身上""从嘴角"表示主体"衣服"及"血迹"所处的位置，即"身上"和"嘴角"。"把衣服从身上脱下"强调衣服不在身上了，淡化了衣服离开身体发生的位移；"从嘴角擦去血迹"强调血迹已不在嘴角了，淡化了血迹离开嘴角发生的位移。例 (17) "衣服"最后所处的位置是以"我"来表现，即在我身上，而之前的位置并不重要。

具体来看，淡化位移的动趋式主要有以下几种情况。

a. "V 上/上去"

淡化位移的"V 上"主要表示某一事物趋向另一目标，且两者处于一种接触状态。这种接触状态往往具有不同的表现，处于目标的表面，处于封闭状态，或者处于留存状态。相应的搭配的动词是使移性动作动词，例（18）；具有使闭性的动作动词，例（19）、（20）；以及使存性的动作动词，例（21）。例如：

（18）一个小伙子谈到打公用电话："找人最难、你好不容易打通了，一听说找人，被告之一句：'人不在'，'啪'就把<u>电话挂上</u>了。"（《1994 年报刊精选》1）

（19）丈夫赶紧把<u>窗户关上</u>，<u>门关上</u>，怕别人听见。（《读者》合订本）

（20）他没做贼心也虚，赶紧找来一只臭袜子，<u>急忙把墙洞塞上</u>。（《故事会》2005）

（21）我父亲看了这张照片，感慨万千，他没有留下这张照片，而是<u>用金色的笔在照片上写了他的名字</u>，同时把这张照片又回赠给了霍英东先生。（《新华社 2004 年新闻稿》3）

"V 上去"跟"V 上"的差别主要在于前者有主观参照体，表示远离参照主体的位移性较明显，以致表示封闭状态动趋式中的动词不能与"上去"搭配，比如不能说"关上去"。或者有些能够跟"上"搭配表示接触状态的动词，跟"上去"搭配后位移性往往较明显。比如"把墙洞塞上去"不能说，因为墙洞不具有位移性，但"把两条烟塞上去"可以说，因为"两条烟"具有位移性，而且是远离参照主体的位移。由此，可以看出"V 上去"位移性较"V 上"明显，而且描述的只能是具有位移性的事物。

表示留存状态的"V 上"（写、绣、印等）中的动词跟"上去"搭配更多的也是表示了一种位移性，而且位移之后处于留存状态。例如：

（22）后来从背面一看，墨色浓淡均匀，而且那么薄的纸，也没有墨痕透过纸背的地方，跟墨迹不同。这才相信它是<u>印上去</u>的，不是<u>写上去</u>的。（《读书》Vol–181）

(23) 谈到最后，他们往往对我说："老刘！你写这些战斗时，不要忘了也把我写上去啊！"（知侠《铁道游击队》）

(24) 她这几天又做了一件蓝布褂，去找运涛写两个字儿绣上去。（梁斌《红旗谱》）

以表示相对性方位的"上""下"为例，两者除了可以表示上下位移的变化之外，还往往表示以物体表面为参照的位置变化。例如，"屁股上""天花板上""眼睛上""墙上""瓶子上"等并不表示垂直方向的上下位置，而是以在物体表面的位置为参照，往往具有接触性。或者说，在物体表面的皆可称为"上"，而通过动作使其不在物体表面就可以称为"下"或"去"。而且，这种情况下趋向动词往往具有对称性，即缝上去—撕下来，盖上去—掀下来。例如：

(25) 后期更换灯泡过程，用户无须把已安装好的投影机从天花板上取下来，直接就可更换灯泡或取放空气过滤网。（《惊人一降 爱普生3000流明入万元》，搜狐2008年9月5日）

(26) 阿宝喝之前有个习惯，一定要把小瓶子上的标贴撕下来，可那个标贴粘得很牢，总撕不干净，小家伙又固执！（blog.sina.com.cn/...009j7.html - 30k - 2007 - 07 - 28）

(27) 别看她胸有成竹的样子，等她把布从眼睛上取下来，她才发现贴到了嘴巴旁边。（www.61bay.com/d236814 - lunyu - 10k - 2007 - 11 - 19）

(28) 外面没什么人的时候，她就和大姐一起悄悄出院，姐飞快地把贴在胡同和大街墙上针对父亲的大字报撕去，她去胡同口把风。（lz.book.sohu.com/...26438.html - 35k - 2010 - 09 - 01）

b."V下/下来"

淡化位移的"V下"存在两种情况：

一是通过动作致使某一物体中的一部分相对整体发生位置变化，是否由上至下并不确定，而且更多的强调是由整体到分离的状态。这种情况是由以源点作为参照发生由上至下的位移扩展而来，淡化由上至下的方向性位移，凸显的是远离源点的运动而脱离。例如：

(29) 伙伴们忙点起一堆干柴，用石头将燃过的木炭砸成细末，

撒在伤口上，很快的血便止住，再<u>撕下一块布条</u>缠着，又继续忙活。（《人民日报》1994年第二季度）

（30）春玲望着那个小碗大的菜团团又要剩下了，就<u>掰下一块</u>，送给明轩。（冯德英《迎春花》）

这种情况的"V下"表示部分远离整体，但若有主观参照体的视角存在的话，往往表示趋向主观参照体。就"撕下去"我们检索了北大CCL语料库，竟未发现一例，而"撕下来"有104条用例。这主要跟主体、衬体之间的关系有关，若两者是整体与部分的关系的话，则部分远离整体往往需要用"下来"，如"他一脚把桌子踢下来一块"；若两者并不是整体与部分关系的话，往往"下来""下去"皆可，如"他一脚把他从桌子上踢下来/下去"。另外，若某一动作动词发生且伴随着持有的话，往往也用"下来"，如"拧"需要用手抓握而且有一段时间保持在手中；而"吹"这一动作并不表示实际接触并持有，"把灰尘吹下来/下去"皆可。

二是通过动作致使某一事物出现在某一位置，其位置变化的判断并不是以客观空间而是以另一物体作为参照。比如"我在天花板上写下我的名字"，写的动作是垂直且向着天花板的，若以客观空间来看，则是由下向上而应用"上"，但这里是以天花板作为参照，而且我的名字留存于天花板上。这种情况是由以终点作为参照发生由上至下的位移扩展而来，淡化由上至下的方向性位移，凸显的是趋向终点的运动且留存。这种情况主要跟动词有关，主要是一些具有留存义的动词或通过动作致使事物留存的动词。例如：

（31）今年7月，当她与同学看到壮观的长江三峡工程后，感动了，并<u>写下一首五言小诗</u>。（《新华社2004年新闻稿》3）

（32）道士一剑刺中妖精，妖精却遁地而去，<u>留下一张画皮</u>……这种奇妙的画面，都是用停机再拍的方法拍出来的。（《中国儿童百科全书》）

这种情况"V下"表示留存，而表示主观参照的"来"表示趋向主体生发出"拥有"之义，因此，"V下来"也可以表示留存或拥有。以至于有些"V下来"的主观参照性已淡化，凸显的是"留存"。例如：

(33) 有个楚国来的客卿李斯，原是著名儒家学派代表荀况的学生。他来到秦国，被吕不韦留下来当了客卿。(《中华上下五千年》)

(34) 徐惟诚沉吟片刻后说："这个基本原则，就是要帮老百姓做眼睛。把你采访到的东西写下来，让他们都能看到。"(《人民日报》1995 年 5 月)

还有一种情况较为特殊，它是通过具有整体性的事物中其他部分远离之而凸显其留存。这种情况下留存的事物并未发生实际位移，我们称之为"反衬性位移"。若将其他运动的部分看作静止的话，原来静止的部分就相对具有了运动的状态。这种情况下的动词主要是具有剩余义的动词，由于这些动词本身表示留存，因此也可以用"V 下来"表示。这种情况下的"V 下来"往往不带宾语，多作定语。例如：

(35) 随着顶端新叶的长出，白藤下部的老叶就不断脱落，缠树的部分只剩下茎藤了。(《中国儿童百科全书》)

(36) "这四棵楠树，其中两棵倒毁于 1956 年的大台风。余下两棵，长得树干挺拔，枝茂叶繁，生气勃勃，就是有名的'将军楠'。这是奉化人民对张学良怀念、尊重的表示。"(《1994 年报刊精选》7)

(37) 灿若云霞的野花退去了，纷然杂陈的树林滤尽了，剩下来的是清一色的松树，青葱翠绿，如海如涛。(张振金《陶铸最后的手印》)

(38) 接着，那店员便走到另一位秘书跟前，交付四先令的洗衣费和两先令的俱乐部费，如被罚款，还得交上罚款。然后离开办公室，握着余下来的几个钱，回到自己的工作岗位，在那儿一直待到下班。(《人性的枷锁》)

c. "V 起/起来"

淡化位移的"V 起/起来"主要表示人或事物处于一种紧密的接触状态。由于动词的语义差异，主要表现为由松散或分散到集中、由可自由活动到活动受到限制等。"起/起来"本义表示人自身由坐姿或卧姿变化为站姿或坐姿，由于这两种身姿的变化都伴随着向上的运动，由此扩展出可以表示向上的位移。与"上"的不同之处在于，"起来"以起点处所为衬体，"上"以终点处所为衬体。因此，位移性趋向的"V 起/起来"不能带终点处所宾语，可前加起点处所；而"V 上"可以带终点处所宾语，其前既可加起点处所也可不加。当然，这种扩展还主要是位移凸显性的趋向。此种情况下，"起来"作为一个词，而不是"起+来"，因为并不表示主观参照。

另外，"由坐姿或卧姿变化为站姿或坐姿"还伴随着身体松弛到紧张的变化。坐姿相比较站姿，卧姿相比较坐姿来说，后者比前者都具有紧张性，由此扩展出人或事物由松散、自由到集中、不自由等。例如：

(39) 每年，收完谷子，家家户户便把上等的谷草收集回来，吊在屋檐下风干，再用麻绳一小把、一小把地捆起来，待到雨天或农闲时，家家户户便开始编织草鞋。(《市场报》1994年)

(40) 陆小凤道："你先用这铁笼把自己关起来，为的就是怕我找你打架？"(古龙《陆小凤传奇》)

(41) 她说，红军来的时候，大家开始不知道是什么军队，都跑到山上躲起来。(《人民日报》1996年8月)

B. 虚拟位移的状态性趋向

位移的虚拟化往往意味着位移的非现实性，其位移路径不具物理性，而且发生位移的事物具有抽象性，主要表现为通过虚拟位移后事物所处的状态。具体到动趋式来看，主要有以下几种情况。

a. "V 上／上来"

由于位移性趋向的"V 上"是以终点处所作为位移衬体，而虚拟位移化的"V 上"是以某种需要实现的目标作为衬体，主要表现为一种"实现状态"。比如吃穿等需求目标的实现，回答、话语等能力的实现，以及爱等心理情感的实现等。例如：

(42) 祖祖辈辈背木材下山，挑粮食上岭的山里人，终于扔掉了扁担，吃上了自种的优质米，还有余粮养牛喂猪，有精力兴果育林。(《人民日报》1995年12月)

(43) 今年5月，20岁的王波终于如愿以偿地穿上了警服。(《人民日报》1994年第3季度)

(44) 所罗门王将她所问的都答上了，没有一句不明白，不能答的。(《圣经》)

(45) 幼小的欧阳修在母亲的教育下，很早就爱上了书本。(《中华上下五千年》)

第十二章 动趋式的概念语义框架 243

就"V上来"来看，表示的虚拟位移只能表示回答、话语等能力实现状态。例如：

（46）至于好在什么地方，他冥思苦想了半天也没能答上来。（《人民日报》1993年12月）

（47）因此，全团有一个月军龄的战士，李诚就可以叫起他的名字；有两个月军龄的战士，他就能说出他的出身、年龄、籍贯、一般的思想表现；说到老战士，那他连他们的脾气、长处、习惯、立过什么功，都能一清二楚地说上来。（杜鹏程《保卫延安》）

b. "V下/下来"
"V下"主要表示固定状态、存留状态、容纳状态。例如：

（48）双方经过互通信息、判断情况，定下了作战方案。（《新华社2004年新闻稿》3）

（49）明军打下太原，平定了山西全境。这是徐达屡战屡胜的实例之一。（《中国儿童百科全书》）

（50）因为孙振邦家的房子小，洞也小，里边只能盛下五六个人。（刘流《烈火金刚》）

"V下来"主要表示固定状态、存留状态、身体能力在时间和距离上的实现。

（51）为什么要尽早地把国花定下来？（《1994年报刊精选》10）
（52）这意义是很大的，要坚决完成任务，把息县打下来。（《人民日报》1994年第3季度）
（53）马拉松比赛他终于跑下来了。（自拟）

c. "V进去"
"V进去"主要表示主体融入衬体内部，这种融入并不是简单的"进入"，而是带有一种认知的理解。比如：

（54）一些孩子不了解过去的历史，对反映过去历史的作品也缺乏应有的热情，这就要求我们必须耐心地进行宣传、教育，多做些细致的工作，而不是把他们领到银幕、屏幕前就算了事，<u>要让他们坐下来、看进去</u>，从影视片中吸取爱国主义的营养。(《人民日报》1993年12月)

(55) 其他的时候，只要有一点精神他就抓起一本书，一张报纸，一篇儿上面有字的纸，他什么都看，仿佛他<u>看进去</u>的东西对他不会产生影响似的，这种阅读习惯是他从小养成的，伴随了他一生。[《读者》(合订本)]

例 (54) 实际上是表示要让孩子进入影片的内部，而不是仅仅停留在影片的画面等表面，而且自己要真正理解影片的内容，最终才能从中吸取爱国主义营养。而例 (55) 则表示书、报纸或有字的纸等进入他的大脑里，这是一种虚拟的心理位移，即通过看而使事物进入大脑。

d. "V 出/出来"

"V 出/出来"主要表示事物由隐到显，或者从无到有等，综合看表示的是出现并存在的状态。例如：

(56) 你的水平怎样人家一眼就<u>看出来</u>了，你有一点点才气，人家也会表示欣赏。(《完美大学必修课》)

(57) 唐玄宗爱他的才，也不责怪他，只叫他马上<u>把歌词写出来</u>。(《中华上下五千年》)

(58) 梦想也能成真，她甚至有些感激排球起来："我们俩结婚已经两年了，生活得很幸福。"话语不多，却可<u>听出甜蜜</u>。(《新华社2004年新闻稿》3)

e. "V 过来/过去"

"V 过来/过去"主要表示趋向或者远离正常或积极状态。例如：

(59) 经过医护人员9个多小时的奋力抢救，手术胜利完成，<u>英雄张志宏奇迹般地活过来了</u>。(《人民日报》1995年11月)

(60) 打到六十棍时，<u>黄道周第二次死过去了</u>。(姚雪垠《李自成2》)

f. "V 起来"

"V 起来"主要表示一种"实现状态"。例如：

(61) 谁知他用钱全买烟抽了，我的心凉了半截，决意每月只给 5 元钱，并把家里的烟都锁起来。(《1994 年报刊精选》5)

(62) 台上过半的日本观众似乎挨了当头一棒：国旗不飘了，鼓也哑火了，手中的扇子也藏起来了。(《新华社 2004 年新闻稿》3)

2. 时体性趋向

表达时体义的动趋式主要有"V 上""V 下来/下去""V 起/起来""V 开/开来"。时体意义与时间存在着关系，是趋向意义的隐喻性扩展。对与时间有关的事件的观察视角，可以是内部的，也可以是外部的。

A. 时隐喻性："V 下来""V 下去"

强调动作的持续，但不关心什么时候开始，什么时候结束。两者虽然都表示动作的持续，但它们在观察视点上存在差别。

　　下来　　现在　　下去
　──────·──────

"V 下来"强调动作从过去持续到现在，以现在作为终结点，表示有限的持续；"V 下去"强调动作从现在持续到将来，以现在作为起始点，表示无限的持续。

"V 下去"强调事件的不限时性持续，即"现在—将来"，是一种承接性持续。例如：

(63) 我一直在歌舞厅唱歌，但总这样唱下去，要到什么时候才能熬出头，才能像阿咪那样上春节联欢晚会呀！(《中国北漂艺人生存实录》)

(64) 我希望《雪狼湖》能成为品牌，一代一代不停地演下去。(《新华社 2004 年新闻稿》4)

"V 下来"强调事件的限时性持续，即"过去—现在"，是一种阶段性持续，前面往往具有表示时段的时间词语。例如：

(65) 我虽然身体不错，没有什么意外发生，但是戏一天拍下来，那一个累啊！(《中国北漂艺人生存实录》)

(66) 莫根无法解答，求助于其他的数学家，也没能解决。于是，这个问题一直传下来。(《中国儿童百科全书》)

B. 体隐喻性:"V 上""V 起/起来"和"V 开/开来"

整体上来看,四者强调动作的起始兼持续,但不关心是否终结。

```
    起始         持续/过程      终结
────────a·──────────────────b·────────
```

虽然,在时间性上,四者语义相同,但它们还是存在细微差别的。也就是说,表达动作的起始兼持续义为何要使用四种动趋式?"V 上"更强调动作的持续,"V 起/起来"更强调动作的开始,"V 开"更强调动作的扩展。

"V 起/起来"[例(67)、(68)]、"V 开/开来"[例(69)、(70)]主要强调事件的开始并持续。"V 上"既可以表示无限性动态持续[例(71)],还可以表示有限性动态持续[例(72)],差别在于其后是否跟有表示时段的时间词语。例如:

(67) 说着,将两杯掺水的煤粉倒在一起,<u>用玻璃棒搅拌起来</u>。(《中国儿童百科全书》)

(68) 然后,我又背起吉他来到了地铁口,以一个新我的面貌,面带微笑,<u>唱起了自己创作的这批新歌</u>。(《中国北漂艺人生存实录》)

(69) 孩子很沉,第一次举起的时候,他的鼻子碰在篮圈上,然后<u>他就哭开了</u>。(姚明《我的世界我的梦》)

(70) 种草养羊、舍饲养殖迅速在西北大地<u>普及开来</u>。(《新华社2004年新闻稿》4)

(71) 做群众演员就是这么辛苦,接到活后,往往要<u>待上一整天</u>,随时待命,有时连上厕所的时间都没有,而最后拍戏的时间却不过短短的十多分钟甚至几分钟。(《中国北漂艺人生存实录》)

(72) 张春来的法人资格回来了,<u>这条汉子</u>不计较过去的恩怨,<u>甩开膀子又干上了</u>。(《新华社2004年新闻稿》4)

第三节 重新认识"趋向"概念及动趋式

1. "趋"是形式和语义的统一体

动趋式与动结式是两种具有不同语义类型及语义扩展关系的结构式。

动趋式也不仅仅是具有位移性趋向义的结构式。"趋"是形式和语义的统一体。"趋"不仅表明其形式来源于趋向动词，同时也指明了其语义是"趋向义"。

动趋式之"趋"首先是其原型的体现，即动趋式来源于趋向动词。若将"动+趋向动词"分别称为动趋式、准动趋式、动结式和动态式，这样虽然注意了语义关系，但其来源形式往往就会忽略。

其次，动趋式之"趋"还表示"趋向义"，包括位移性趋向、状态性趋向与时体性趋向。也就是说，"趋向义"与"位移义"之间不能画等号，"位移性趋向""状态性趋向"与"时体性趋向"都是"趋向义"的具体表现。

因此，动趋式之"趋"不仅是其原型形式的体现，也是其语义的体现。范晓所认为的"动趋式"实际上是指具有位移性趋向的动趋式。

2. 重新认识"趋向"

一般所认为的"趋向"是动趋式的原型义，即动作按照趋向动词所表示的方向发生物理性位移。"趋向"表示的是一种具有方向性的趋势，既可以指实际的方向性位移（如"跳上来"），也可以指虚拟的方向性位移（如"把价格提上来"）；既可以指伴随着实际位移而趋向于某种状态（如"把门关上"），也可以指由空间位移隐喻投射而趋向于某种时体（如"他又骂上了"）。

3. 动趋式的语义之间具有扩展性

动趋式语义之间的扩展关系是基于其原型语义，即物理性位移趋向义，其特征是位移是物理性的、方向性明确。动趋式的语义扩展是客观方向性和位移性不断淡化、虚拟化和隐喻化的过程。方向及位移的不断淡化、虚拟化和隐喻化意味着其他方面的凸显，进而扩展出方向性和位移性隐含的趋向义。语义的扩展具有过渡性，具有过渡性的语义兼具其前后语义的主要语义特征，是前一个语义的语义特征逐渐缺失，后一个语义的语义特征逐渐凸显的过程。因此，我们无法也不能够把两者截然分开。截然分开的结果就是判断上的即此即彼，有的认为是此，有的认为是彼。

4. 动趋式与动结式是具有不同形式与意义的两种结构

动趋式这一结构式，不仅可以窥其形式之原型，而且还可以观其语义之扩展。动结式只是因其述语动词与补语动词之间具有结果关系而得名，其语义之间并不具有隐喻扩展关系。

从认知上看，构式语法将动结式看作"致使—位移"构式的隐喻扩展,将结果短语看作一个表示处所变化的隐喻①。也就是说,动趋式之位移性趋向是原型意义,是其他意义的隐喻来源。从语义上看,国内将动趋式看作动结式的一种类型,只是扩展了对结果的认识。虽然,这已经成了一种惯常的做法,但是这样做会割裂动趋式语义之间的隐喻性扩展关系。

5. 动趋式与动结式具有不同的概念结构

动趋式内部语义具有扩展和依存关系,无法将动趋式所具有的全部语义归于动结式。如表示时体意义的动趋式就无法归于动结式。两者的概念结构具有差异,动结式主要是致使情景的一种方式,是由致使情景与结果情景两个成分复合而成。

第四节 小结

本章从以体验哲学为基础的认知语言学角度出发,在对动趋式语义研究理论和方法分析的基础上,提出基于语义语法的动趋式语义框架。

以往研究主要集中在对个体趋向动词的研究上,对趋向动词或动趋式语义系统框架的研究相对较少。动趋式面临的首要问题是个体动趋式的语义与动趋式的整体语义框架之间如何协调一致。刘月华等的趋向补语通释在探究趋向动词个体与整体统一方面迈出了成功而坚实的步伐。不过,由于缺乏语义要素等界定标准,而会对同一趋向补语的语义具有不同的认识。另外,由于动趋式的语义之间具有扩展关系,并存在过渡性特征而不能截然分开。

基于此一首要问题,并在刘月华等研究的基础上,我们认为应该扩大对"趋向义"的认识内涵和外延,以"趋向义"统辖动趋式整体语义。位移性趋向、状态性趋向和时体性趋向分别是"趋向义"的不同表现,三者之间具有扩展性与过渡性,分别是基于位移语义要素的淡化、虚拟化和隐喻化。

在上述分析和认识的基础上,并通过借鉴 Talmy 对位移事件的概念结构分析,提出动趋式的概念语义系统。原型动趋式的语义要素构成具有完整性和原型性,具体包括参与者要素(主体、衬体和使事)、空间要素(方向和位置)、运动要素、路径要素和主观视点。动趋式的语义框架就是基于上述具有原型性的语义要素。不同语义类型的动趋式其语义要素存在差别,主要表现在参与者要素的数量和类型,方向和位置要素的淡化、虚拟,动词的语义类型差异,以及主观视点的凸显与淡化等。

---

① 此处主要参阅 Goldberg《构式:论元结构的构式语法研究》,吴海波译,第 150—151 页。

第十三章 动趋式语义扩展的不平衡性

第一节 引言

动趋式研究议题颇多，尤其语义研究方面的成果颇丰。就语义扩展而言，目前主要存在两种看法。

一是"趋向→结果→状态"的线性扩展方式（刘月华，1998；梁银峰，2007；宋文辉，2007；齐沪扬、曾传禄，2009 等）。其中，宋文辉（2007）从事件的概念结构出发，认为动趋式的隐喻认知扩展顺序是"运动事件→变化事件→廓时事件"。此扩展方式具有认知隐喻基础。

二是基于原型—空间位移的发散性扩展，即空间位移→抽象位移、空间位移→结果、空间位移→时间（王国栓，2005）。此扩展方式具有历时扩展基础，而且主要基于趋向动词"开"的结果义先于"趋向义"使用，从而认为结果义不应是时间义的来源。

这两种扩展方式在认识上存在异同。相同之处在于，两者对"趋向（空间位移）→结果"的认识一致。不同之处在于：（1）抽象位移在线性扩展方式中处于何种地位。（2）状态（时间）意义的来源不一致；或者说，状态义是与结果义具有直接扩展关系，还是与趋向（空间位移）具有直接扩展关系。

关于趋向动词"开"的语义扩展问题，王宜广（2015）具有不同的认识，指出"开"的原型义是一种伴随着位移的由闭到开的状态变化，而且在变化过程中注意力视窗将位移这一要素做了淡化处理，从而突出变化之前和之后的状态对比。并据此指出，"V 开"的语义扩展机制并不违背"趋向→结果→状态"这一认知扩展方式。

上述研究多关注动趋式具有何种扩展方式，并未涉及生成这种扩展方式所具有的扩展能力的差别。有关动趋式的语义扩展方式问题还需细致深入探讨，本章暂不探讨，另文再述。本章主要关注动趋式的语义扩展能力差别。下文首先描写动趋式语义扩展能力的不平衡性表现，然后分析造成这种扩展能力差别的因素。

第二节 动趋式语义扩展的不平衡性之表现

动趋式语义扩展整体上遵循由客观位移向抽象位移，由物理位移向心理位移，由具体概念向抽象概念，由空间概念向时间概念，由物理空间向心理空间等方式进行。不过，由于趋向动词自身概念结构的差别，导致动趋式语义扩展路径有的简单，有的复杂。一般而言，动趋式语义扩展基本上都经历由具体概念向抽象概念投射的过程。只是有的动趋式仅仅投射于此，而有的动趋式则继续向心理空间、向时间概念投射。具体来看，这种不平衡性主要有以下几种情况。

一 客观位移→抽象位移

位移性趋向内部主要存在由客观位移到抽象位移的投射情况，仅具该种扩展方式的动趋式主要有"V进/进来/进去""V出去""V回/回来/回去""V过"。

1."V进/进来/进去"和"V出去"概念本身主要基于容器概念图式。这两类动趋式要求衬体具有"有界性"和"可容性"，突破容器界限到容器外部且远离衬体和主观视点则是"V出去"；突破容器界限进入衬体内部则是"V进"，若同时趋向主观视点则是"V进来/进去"。该式由具体概念到抽象概念的投射，具体概念表现为具有有界性的处所性容器；抽象概念则是抽象化了的具有可容性的概念。伴随着起点衬体或终点衬体的抽象化，主体、动词等也往往带有一种抽象性，如例（3）中的"艺术"、例（2）中的"走"等。

(1) 越来越多的上海人在节日期间走进剧场，听音乐会，看芭蕾舞，欣赏话剧……（《新华社2004年新闻稿》1）

(2) 车队透露，曾为车队效力的F1冠军维伦纽夫已走进他们的视野。（《新华社2004年新闻稿》2）

(3) 这样，艺术就会走进误区而失去众多的接受者，而他的生命体验也就谈不上对象化了。（《人民日报》1994年第1季度）

（4）巴勒斯坦的反抗是以色列总理沙龙自己造成的，以色列使整个西方陷入困境。万幸的是，德国没有陷进去。(《新华社2004年新闻稿》2)

（5）接下来是另一个嗓子嘶哑的声音："嘿，你这是在做白日梦。我呀把命豁出去了，只要能抽上一口烟就行。然后笃悠悠，玩玩纸牌。"(《美国悲剧》)

例（1）中"剧场"是客观处所，例（2）—（4）中"视野""误区""困境"等都是抽象化了的具有可容性的概念，它们都作为终点衬体在起作用。例（5）中"命"突破且远离"我的身躯"，"我的身躯"成为"命"的起点衬体。

2. "V回/回来/回去"概念本身主要基于源点运动图式，即以前一事件中的"源点"作为这一事件的"终点"。该结构式其实表达的是一种起点同样也是终点的哲学思想，正如人们将"家"或"祖"作为人生的终点一样。例如：

（6）此前，鼻子里一直插着氧气管的江曼取下氧气管，依偎着张德崇从病床走向病房门口，再缓缓地从病房门口走回病床……(孙孙、钱钧《天堂门前的新娘》)

（7）就在黑龙江源头，我拣拾起一个个圆圆的鹅卵石，像儿时一样，我轻轻地敲击它们，听那悠远绵长的回音。我就顺着这回音，走回我的童年，走向大自然。(《人民日报》1996年6月)

（8）确实，她背着十几磅的摄影器材在冰天雪地里与自然搏斗，随时都可能面对死亡。她好几次从死亡边缘走回来而无所畏惧。(关鸿《奇女李乐诗》)

（9）屯堡举办菜花节，迎来四方贵宾客。把我们的歌声带回去，把你们的仁义留在家。(《新华社2004年新闻稿》1)

例（6）中的"病床"是物理性"源点—终点处所"，例（7）、例（8）中"我的童年"与"死亡边缘"都是一种抽象化的"源点—终点处所"，以致其中动词"走"也不再具有其原型义"两脚交替向前"了。例（9）中的"我们的歌声"是无法"带回去"的，此种情况是由于主体的抽象化造成的虚拟位移。

3. "V过"概念本身主要基于由某一地点经过某一处所到另一地点，

其中该处所被称为过程衬体。其具体位移主要存在两种具体情况：经过和越过，前者带有经历性，后者带有非经历性。基于这两种情况产生的抽象位移也具有两种情况：度过和超过，前者往往表示亲身经历某一段时期，后者往往表示不经历某一步骤，或者数量、质量、能力等优于某一事物等。例如：

（10）人家冰天雪地，游过一道大河，活捉鬼子兵！（吴强《红日》）

（11）中国红十字会成立于1904年，至今已走过百年漫长历程。（《新华社2004年新闻稿》2）

（12）于是他就跨过破墙，来到解文华的面前。（刘流《烈火金刚》）

（13）许多公司的经理总想简化确定关键性问题和付诸实施之间的必要程序，跳过中间步骤，直接进行管理的改进计划和具体活动的组织。（《哈佛管理培训系列全集》第3单元《哈佛经理的能力》）

（14）这无支祁形状像猿猴，力大却胜过九只大象，整日横蹦竖跳，没一刻安静，使得那地方总是刮风打雷。（《中国儿童百科全书》）

例（10）"一道大河"是客观过程衬体，例（11）"百年漫长历程"则是抽象概念，表示经历百年，例（12）表示越过客观过程衬体"破墙"，例（13）则是表示"越过"某一环节、步骤，例（14）表示无支祁之力"超过"九只大象。

二 客观位移→抽象位移→状态趋向

该种情况内部既存在由客观位移向抽象位移的投射情况，还进一步表现出状态性趋向。具有该扩展方式的动趋式主要有"V来/去""V出/出来""V过来/过去""V上来/上去""V下"和"V开去"。

1. "V来/去"概念本身表示主观视点，即发生远离或趋向主观视点的位移。当发生趋向主观视点的位移时，意味着主体与主观视点逐渐接近，由此生发出"获得"义；当发生远离主观视点的位移时，意味着主体与主观视点逐渐脱离，由此生发出"失去"义。还有一个重要方面是由于"来/去"都是以自身作为主观视点，主体还可以是人的意识或生命等。例如：

（15）将近7点钟了，大夫左手拿了一顶席、右手提着水瓶向我

第十三章 动趋式语义扩展的不平衡性   253

们走来。(《人民日报》1994 年第 3 季度)

(16) 这时,机遇悄悄地向他走来。(《人民日报》1994 年第二季度)

(17) 可能人们认为我需要多余的时间来想出幽默的答案,但是这点是从我爸爸那学来的。(姚明《我的世界我的梦》)

(18) 鳄鱼从千鸟的突然惊散中得到警报,就很快醒来,做好防范准备或赶快潜入水中逃走。(《中国儿童百科全书》)

例(15)"大夫"的位移是以"我们"的主观视点为参照;例(16)中"机遇"是抽象概念,表示"机遇"正趋向"他",或者说他即将会获得机遇;例(17)中"这点"也是抽象概念,表示"我"获得的"这点"来自"我爸爸";例(18)中"醒来"表示鳄鱼从睡眠状态中苏醒,是一种从无意识到有意识的过程。

(19) 我连忙跑去理发店,告诉荷西这个新的好去处。[《读者》(合订本)]

(20) 人类从游牧、农业、工业社会走来,现在正在向信息社会走去。(《1994 年报刊精选》10)

(21) 有些典型出在人前,丢在人后,等到派人去学,发现人家就是从自己这里学去的。(《人民日报》1994 年第 3 季度)

(22) 幼年时期,章氏兄弟的母亲章亚若女士不明不白地死去。(《1994 年报刊精选》11)

例(19)"我"的位移是以"我"的主观视点为参照,发生远离我的主观视点且趋向"理发店"的位移;例(20)中"信息社会"是抽象概念,表示发生趋向"信息社会"的抽象位移;例(21)中"有些典型"也是抽象概念,表示"典型"是从自己这里失去的;例(22)中"死去"表示章亚若从有生命到无生命的过程。

2. "V 出/出来"基于容器概念图式,表示突破某一容器界限。突破容器界限同时意味着由容器内到容器外,这同时也是一个可见的过程,即由隐含、不可见状态到出现、可见状态。例如:

(23) 当我们回到屋内时,朗杰士已经走出卧室,热情地接待了我们。(《1994 年报刊精选》5)

（24）经过3年的努力，各大航空公司至今没有完全走出困境。(《新华社2004年新闻稿》3)

（25）我们一定能够走出一条可持续发展的路子。（《新华社2004年新闻稿》4)

例（23）中"卧室"是可容性客观处所，例（24）中"困境"是抽象可容性概念，例（25）表示通过努力出现"一条可持续发展的路子"。

（26）第二天早上，林荣明把自行车从小房里推出来了，弄了块抹布擦着。(谈歌《城市票友》)

（27）张平爽快地拍了板。一个销售实行利润分级承包的营销方案推出来了。(《市场报》1994年)

（28）他说他创作的《红楼梦》套曲就不是用笔写出来的，也不是用脑想出来的，而是以自己的心血流出来的。(祝兆平《坎坷生活造就的王立平》)

例（26）中"小房"是可容性客观处所，"自行车"是具体概念；例（27）中"营销方案"是抽象概念；例（28）表示通过付出心血才得以出现《红楼梦》套曲。

3. "V过来/过去"主要表示经过或越过位移衬体而趋向或远离主观视点所处位置。基于"经过"产生的抽象位移表示"度过"义，即表示经历某一段时期。另外，还有一个重要方面是由于"过来/过去"都是以自身作为主观视点，主体还可以是人的意识或生命等。例如：

（29）两男两女正从竹林中的外国寨子走过来。（《1994年报刊精选》5)

（30）今年上半年，合浦遇到了严重的自然灾害，但他们终于走过来了。（《1994年报刊精选》10)

（31）周大勇从火堆上跳过来，说："小群，来，我背你。"（杜鹏程《保卫延安》)

（32）1992年，大同铁路分局仿佛是从一个又一个纪录上跨过来的。(《人民日报》1993年3月)

（33）她又活过来了，憋在心里的眼泪唰地流了出来。（老舍《四世同堂》)

第十三章 动趋式语义扩展的不平衡性

例（29）表示"经过"且趋向主观视点，例（30）表示"渡过"严重的自然灾害，例（31）表示"越过"且趋向主观视点，例（32）表示大同铁路分局"跨过"且趋向现在，例（33）表示趋向生命常态——活。

（34）<u>体育老师走过去</u>，照着他的屁股踢了一脚才替那个同学解了围。（《1994年报刊精选》5）

（35）的确，生活不仅充满诗意，同时也充满痛苦，人生注定要陷入这样的两难困境中。然而，<u>我们还是需要背起十字架顽强地走过去</u>。（《读书》Vol-116）

（36）<u>娘晕过去了</u>！（琼瑶《水云间》）

例（34）表示"经过"且远离主观视点，例（35）表示"渡过"且远离主观视点，例（36）表示远离生命常态——死。

4."V上来/上去"主要参照绝对衬体、相对衬体及主观视点，发生相逆于地球、趋向相对衬体、趋向或远离主观视点的位移。"V上来"还可以表示个人能力的实现，如"答上来"等。"V上去"还可以表示趋向相对衬体且留存，如"把字印上去"。例如：

（37）还有<u>一位女编辑</u>，抱着一个纸盒子，<u>从楼下走上来</u>。（《人民日报》1994年第1季度）

（38）<u>我们一定要把价格提上来</u>。

（39）<u>几个日本鬼子追上来</u>，他们首先就发现了巧珍，如获至宝，大喊着："花姑娘的站住！不站住就开枪了！"（《人民日报》1995年8月）

（40）前几年在西北5省区中，新疆<u>出口</u>居第一，现在<u>陕西已经追上来了</u>。（《1994年报刊精选》12）

（41）<u>张科长</u>事先没想好题目，<u>一时没答上来</u>，只说是放在手边方便些。（周而复《上海的早晨》）

例（37）中"从楼下走上来"是客观位移，而例（38）"把价格提上来"则是抽象位移，例（39）中"几个日本鬼子追上来"是表示客观趋前位移，而例（40）出口量"陕西追上来了"则是抽象位移，例（41）则表示张科长没能回答出问题。

(42) 他慢慢地<u>一级一级地走上去</u>，低低地提着灯，左右地细细观察。(《福尔摩斯探案集》5)

(43) 自负盈亏后，<u>大家千方百计把成本降下来</u>，<u>把效率提上去</u>。(《人民日报》1996年7月)

(44) 庞德掉在水里，<u>关羽水军赶上去</u>，把他活捉了。(《中华上下五千年》)

(45) 初上讲武堂吕正操学习有些吃力，因为<u>他只念过三年多小学</u>，但他想尽办法，努力补课，<u>终于赶上去</u>。(任晓路《传奇将军吕正操》)

(46) 服务员告诉他："这是最新版的，但是还来不及把<u>上海地铁线路印上去</u>。"(《人民日报》1993年2月)

例(42)中"一级一级地走上去"是客观位移，而例(43)"把效率提上去"则是抽象位移，例(44)中"关羽水军赶上去"是表示客观趋前位移，而例(45)他在学习上终于"赶上去"则是抽象位移，例(46)则表示地图上面还没有上海地铁线路。

5."V下"主要参照绝对衬体和相对衬体，表示顺应地球引力和参照起点衬体或终点衬体发生由高到低的位移。当趋向终点衬体时，主体往往最终位于终点衬体，从而生发出"留存""获得""停止"等义。

(47) 当地时间20时50分左右，<u>胡锦涛和夫人刘永清走下飞机</u>，在舷梯旁受到乌兹别克斯坦总统卡里莫夫和夫人的热烈欢迎。(《新华社2004年新闻稿》2)

(48) 民国建立之后，清皇室被驱逐出紫禁城，随即建立了<u>故宫博物院</u>，从而使紫禁城走下神坛。

(49) <u>他在书中写下一份《遗嘱》</u>，四百多字的文字竟五次提到了死。(《1994年报刊精选》5)

(50) <u>我们首先要赢下这场比赛</u>，其次还要关注那边科威特队和马来西亚队的比赛情况。(《新华社2004年新闻稿》4)

(51) 在通过这个道口时，车轮被铁轨卡住，<u>一列火车</u>此时疾驰而来，<u>将汽车向前推行约200米后停下</u>。(《新华社2004年新闻稿》3)

例(47)中"走下飞机"是客观位移，而例(48)"使紫禁城走下神坛"则是抽象位移，例(49)中"写下一份《遗嘱》"则表示留存，例（50）"赢下这场比赛"表示获得比赛胜利，例（51）表示火车由运动到停止状态。

6. "V 开去"主要表示主体远离衬体，或者两个事物分离。基于此扩展出具有抽象位移的"延伸义"，以及由集中趋向分散的状态变化。例如：

（52）可是，临到他们难得地在机关大院里碰了面，他们又竭力地躲避着对方，匆匆地点个头便赶紧地走开去。

（53）把汽车住房"捆"起来——从北京的"购车热"说开去。（《人民日报》1996 年 1 月）

（54）他随后仰起头来，观察那些烟圈飘散开去。（《牛虻》）

三 客观位移→抽象位移→状态趋向→时体趋向

该种情况则是在第一种和第二种情况的基础上，又进一步向时间域投射，是时、体隐喻投射的结果。具有该扩展方式的动趋式主要有"V 上""V 下来/下去""V 起/起来"。

1. "V 上"主要参照绝对衬体和相对衬体，表示相逆于地球引力且趋向终点衬体的由低到高的位移［例（55）］。"由低到高"淡化，从而使其可以仅表示"趋向终点衬体"［例（56）］。当趋向终点衬体时，主体与终点衬体之间的距离不断缩小以至紧密结合，从而可以表示"由开放到闭合"状态变化［例（57）］。当"趋向终点衬体"中的终点衬体抽象为"某一目标、某一目的或某种需要"时，则可以表示"实现或达到"状态［例（58）］。另外，由于"上"还表示"到规定时间开始日常的工作或学习"，则还可以表示"开始并持续"动态义［例（59）］。例如：

（55）我蹑手蹑脚地走上楼顶，眼睛立即湿了。[《读者（合订本）》]

（56）为了配合她那身打扮，我也把牛仔裤剪短，拉出线头，足踏日式拖鞋，大摇大摆地走上街头。（朱邦复《巴西狂欢节》）

（57）随之，母亲就把房门紧紧地关上了。（林希《婢女春红》）

（58）晚上，夫妻俩终于吃上了一顿"鲜菜"。（《人民日报》1996 年 6 月）

（59）但在他的带动下，很多人都开始玩上了射箭。（《新华社

2004年新闻稿》2)

2. "V下来/下去"主要参照绝对衬体、相对衬体和主观视点，发生顺应地球引力且趋向或远离主观视点及相对衬体的位移［例（60）、（64）］。就"V下来"而言，若主体与起点衬体具有依附关系，当主体远离起点衬体时可以扩展出"脱离"义［例（61）］；若主体趋向终点衬体时则可以扩展出"留存"或"获得"义［例（62）］。当主观视点从空间投射到时间时，则还可以表示动作事件"由过去到现在"［例（63）］。

（60）"发给你吧，你们俩聊聊。"于北蓓笑着对我说，把我从栏杆上推下来。（王朔《动物凶猛》）

（61）榕榕饮泣着，把刊有我作品的页码撕下来，放在她的坟头点燃了。［《读者》（合订本）］

（62）她要他把这一切都用笔写下来。（《鹈鹕案卷》）

（63）在北京安顿下来后，我就开始忙着找工作。一个月跑下来，才知道北京的工作并不像原来想象的那样好找。（《中国北漂艺人生存实录》）

就"V下去"而言，当某一事物的某一处表面低于周围时也可以用"V下去"表示，此时主要参照相对衬体［例（65）］。当主观视点从空间投射到时间时，则还可以表示动作事件"由现在到将来"即"继续"［例（67）］。

（64）胡二皮见洞边站着个伪军，猛一脚把他踢下去，那家伙还没弄清方向，一声枪响，就胡里胡涂死去了。（李晓明《平原枪声》）

（65）才几天没见，他瘦落了形，眼窝塌下去了，腮帮子凹下去了，一脸黑苍苍的络腮胡子，围着一张干裂的嘴，裂开的血口都发了黑。（茹志鹃《剪辑错了的故事》）

（66）因此在美国白官一些办公桌上，都放有一盆沙子，有人想发火时，可以抓抓沙子，火气自然会降下去。［《读者（合订本）》］

（67）只要国家还让我踢，我就一直踢下去，这也没办法。（《新华社2004年新闻稿》4)

例（66）则是"V下去"的抽象位移，表示火气由高到低的变化。

3. "V 起/起来"其原型语义主要基于身姿由低到高的变化，这是以地球作为绝对衬体［例(68)、(69)］，其语义要素可以细化为［身姿转换］与［趋上］。基于［趋上］，可由身姿扩展出"泛指趋上的运动"［例(70)、(71)］，同时可以表示量级、强度等发生由少到多、由弱到强的变化［例(72)、(73)］。若只参照相对衬体，当某一处高出周围时可扩展出"高出物体表面"义［例(74)、(75)］。基于［身姿转换］，由身体舒展到紧致的变化可扩展出事物由舒展到封闭状态的变化［例(76)、(77)］。另外，由动作行为空间位移的起点可以隐喻动作行为的开始时间，由此扩展出"起始义"［例(78)、(79)］。

(68) 病人听说卫生部长从北京来了，马上翻身坐起。(《1994年报刊精选》5)

(69) 许世友是一条硬汉，支撑着从担架上坐起来。(张亚铎《许世友与结发妻》)

(70) 中国残奥代表团旗手张海东："我把国旗高高举起。"(《新华社2004年新闻稿》3)

(71) "这就是老舍先生的来信。"韦洪都先生把信举起来。(赵建源《老舍先生的一封信》)

(72) 明天中日之战，中国队必须提起精神，使出全力应付这场恶战。(《人民日报》1995年6月)

(73) 有家食品店过去熟肉卖得很俏，可是由于进货的肉联厂对新税法理解有误，把肉价提起来，结果使这家前店后厂的食品店陷入窘境。(《人民日报》1994年第二季度)

(74) 傅红雪额上青筋一根根凸起，非但不能抵挡，也已不能呼吸。(古龙《天涯·明月·刀》)

(75) 及至看清楚了，他头上与脖子上的青筋立刻凸起来。(老舍《四世同堂》)

(76) 你们要是忘了日本人糟蹋咱们的仇恨，就拿绳子来，把我们捆起，送到敌人那儿领赏去！(马峰《吕梁英雄传》)

(77) 一霎时，李老汉被五花大绑捆起来。(杜鹏程《保卫延安》)

(78) 中国国家主席胡锦涛在今年"六一"儿童节前夕来到中国科技馆和北京市少年官，看望了参加课外活动的孩子们，拿起球拍同一位小学员打起了乒乓球。(《新华社2004年新闻稿》2)

(79) 城里，无数的老百姓都一起来到城头，拿着铜壶、铜盆，狠命地敲打起来。(《中华上下五千年》)

四 位移+状态→时体趋向

这种情况主要是指"V开/开来"，兼具位移和状态两种情况［例(80)、(81)］。基于此的扩展方式也就存在两种，即基于位移和基于状态。基于前者扩展出远离衬体的位移［例(82)、(83)］；基于后者扩展出由封闭到分离、分散等状态［例(84)、(85)］，以及动作的展开或开始并持续［例(86)、(87)］。例如：

(80) 张铁生跑到三楼，推开门，只见老爹戴着老花镜坐在床上，那一瞬间，爷俩都怔住了。(王冬梅《张铁生出狱前后》)

(81) 一阵跑上楼的声音接踵而来，房门率先被打开来。(于晴《红苹果之恋》)

(82) 他挺直身子，推开助手，一个人站在那里。(《哈佛经理职业素质》)

(83) 他一把把助手推开来。

(84) 她用指头轻轻掰开他的嘴唇，他就明白了她的用意。(陈忠实《白鹿原》)

(85) 父亲在洗刮鸭掌。每个郑蹼都掰开来仔细看过，是不是还有一丝泥垢、一片没有去尽的皮，就像在做一件精巧的手工似的。(汪曾祺《鸡鸭名家》)

(86) 他催促大家快起来，显然都没动，他就"熊包"、"懒虫"、"混蛋"地骂开了。(孙少山《八百米深处》)

(87) 老金却暴烈地骂开来了："王同志，你是革命同志吗？你不给咱们水喝，安的是啥心？咱们是反革命吗？"(周立波《暴风骤雨》)

第三节 动趋式语义扩展不平衡性之因素

通过深入考察动趋式语义扩展之表现，我们可知物理位移是其语义扩展的原型，这与人类对世界的认知基于物理空间相一致。在物理空间发生的位移或位置的变化便成了动趋式的原型义。也就是说，动趋式的语义扩展具有同样的根基，只是由于自身概念结构的差别造成扩展能力的差异。动趋式扩展的不平衡性存在整体与部分的差异性。

一　语义扩展路径的认知完备性

从整体上看，动趋式语义扩展遵循"客观位移趋向→抽象位移趋向→状态性趋向→时体性趋向"这样一条发展路径。

该路径认知上遵循由具体概念到抽象概念，由空间概念向时体概念的投射路径。但这样一条完善的发展路径并非为每一个动趋式所拥有，这就好比很多人走一条路一样，身体较强的能够走到头，身体强的能够走大部分，而身体弱的只能走小部分，可能还有人行进中会直接越过某一段。

造成路走得多少的因素是人自身的身体因素，由此推知，动趋式语义扩展阶段的多少则是趋向动词自身所体现的概念结构使然。由分析而知，动趋式都存在由客观位移向抽象位移扩展的路径，这说明动趋式均具有从具体到抽象的投射能力。但动趋式从空间域到时间域的投射能力则存在差别，这种差别主要表现在两个方面。

1. 时隐喻：过去→现在→将来

时间具有一维性，从过去到现在，再到将来，是一条连续不断的线条。在时间线条上，我们只能选取某一时间作为参照，去窥探过去、现在或将来。认知语言学认为从空间向时间的投射是人类认知的基本能力。当然，这种由空间向时间的投射取决于两者一维性上的一致。在动趋式里具有与"过去→现在→将来"具有一致性的便是"V下来"和"V下去"（见图13-1）。

"时段+V下来"（15天干下来）：过去→现在（以现在作为视点）

"V下去"（继续干下去）：→现在→将来（以现在作为视点）

2. 体隐喻：起始→持续→终结

对动趋式表示的事件从事件内部观察其体的情况，我们获得的是该事件处于一种什么样的"体"型。该隐喻特征主要是从时间角度入手，并不涉及空间，能否扩展出"体"型取决于趋向动词自身是否含有起始义或持续义。体隐喻本身基于起始，只有表示动作的开始及开始之后持续发生的动趋式与之相适应。然而，扩展到抽象位移甚至状态趋向的动趋式都还只是表示一个完整的事件，最后处于某种位置或状态，无法表示动作的开始并持续发生。

还有一个重要的特征，那就是动作的动态持续性内部具有均质性。也

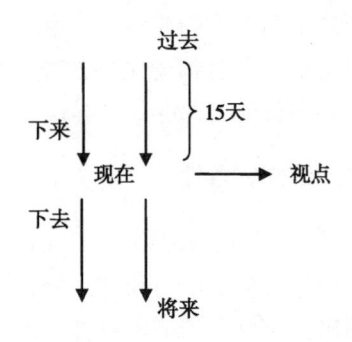

图 13-1　基于时隐喻的"V下来"与"V下去"

就是说,表示体意义的动趋式从其动作发生之后的某一时间观察的话,仍具有动态持续性。与这两个特征相适应的动趋式主要是"V上"、"V起/起来"和"V开/开来"。例如:

  他俩又骂上了。(表示他俩继续开始骂,隐含持续)
  他又骂起了人。他又骂起来了。(表示他继续开始骂人)
  他俩又骂开了。他俩又骂开来。(表示他俩继续开始骂,隐含持续)

二　语义扩展路径的认知个体性

  从个体上看,"V上"组、"V下"组、"V开"组各自具有相同概念基础的动趋式其扩展情况也存在差别。具体来看,主要有下面三种情况。
  1. 均质性差异与"V上/上来/上去"的认知扩展差异
  为何"V上"可以扩展出时体性趋向,而"V上来/上去"不可以?由于"V上"的扩展基于体隐喻,即主要强调动作开始之后的动态持续性,内部具有均质性。而"V上来/上去"主要表示趋向或远离主观视点的位移,在不同的点对其进行观察会发现主体在不同的位置,结构整体表现主体从起点衬体向终点衬体的位置变化,内部具有变化性。另外,由于"V上/上来/上去"与时间"运行"方向相反,导致其无法通过时隐喻扩展出"继续"等义。不过,这也正是"V下来/下去"可以扩展的主要原因。
  2. 时空参照点差异与"V下/下来/下去"的认知扩展差异
  为何"V下来/下去"可以扩展出时体性趋向,而"V下"不可以?由于时隐喻主要基于"过去→现在→将来",当我们观察时需要选择参照点。"V下来/下去"在空间位移的参照点主要是主观视点所在,即发生趋向或远离主观视点的位移，而"V下"仅仅依赖衬体。当主观视点由空间向时间投射时，以"现在"作为主观视点，则"过去→现在"表示趋向主观视点，宜用"V下来"；"现在→将来"表示远离主观视点，则用"V下去"。

3. 空间性虚拟化程度差异与"V开/开来/开去"的认知扩展差异

为何"V开/开来"可以扩展出时体性趋向，而"V开去"不可以？"V开/开来"的语义扩展基于体隐喻，主要强调动作开始之后的动态持续性，内部具有均质性。然而，"V开去"主要表示远离主观视点，存在距离由近及远的变化。不过，虽然"V开来"参照主观视点，但随其语义逐渐抽象化，主观视点的参照作用也逐渐消失，以致表示开始并持续义的"V开"与"V开来"并无太大差别。这其实也在说明，随着动趋式语义的不断抽象、虚化，主观视点也在不断淡化，通过考察可知"去"的主观参照作用要强于"来"，这也正是"起来""开来"可以表示起始义，而"开去"无法表示的原因。

综上所述，趋向动词成员之间在概念结构上具有根本区别，这造成与动词搭配构成的动趋式所表示的事件的概念结构也存在根本差别。正是由于动趋式所表达的事件概念结构的差异性，造成动趋式内部语义扩展能力的差别。也就是说，有的动趋式扩展能力较强，位移性趋向、状态性趋向及时体性趋向均有，如"V上""V下来/下去""V起/起来""V开/开来"；有的动趋式扩展能力一般，往往具有位移性趋向、状态性趋向，如"V来/去""V上来""V下""V出/出来""V过/过来/过去"等；有的动趋式扩展能力较弱甚至没有，如"V出去""V进/进来/进去""V回/回来/回去"等。

动趋式个体之间语义扩展的不平衡性，体现为扩展能力的差别。为何会具有这种差别，一是跟趋向动词自身的概念结构有关系，二是跟我们的认知场景有关系。语义扩展较为完善的动趋式跟我们的认知场景有根本联系，或者说两者具有一致性，符合认知场景的隐喻扩展规律，其中由空间域到时间域的隐喻扩展就是最常见的。另外，扩展能力相对较弱的主要表现在没能向时间域投射，而仅仅停留在空间域的具体与虚拟阶段。

第四节 小结

动趋式所表达的事件概念结构的差异性，是造成动趋式内部语义扩展能力的差别的主要因素。动趋式语义扩展能力的不平衡性主要表现在扩展路径的复杂程度上。简单的扩展主要是基于具体概念到抽象概念扩展而出的物理位移到抽象位移，即主要强调主体位置的变化。相对复杂的扩展除了建立在由具体域到抽象域的投射基础上且强调主体位置变化外，还表现出状态的变化，扩展出状态性趋向。较为复杂的扩展则是在前两种扩展的基础上，开始由空间域向时间域投射，扩展出时体隐喻性趋向。

通过分析可知，动趋式的语义扩展是以客观、物理位移作为其基本原型的。这也与人类的基本认知能力、方式及路径相一致，尤其是对空间图式和位移图式的认知。动趋式语义扩展整体上遵循由客观位移向抽象位移，由物理位移向心理位移，由具体概念向抽象概念，由空间概念向时间概念，由物理空间向心理空间等方式进行。一般而言，动趋式语义扩展基本上都经历由具体概念向抽象概念投射的过程。只是有的动趋式仅仅投射于此，而有的动趋式则继续向心理　空间、向时间概念投射。

动趋式时体性趋向主要源于时体隐喻，即时隐喻：过去→现在→将来；体隐喻：起始→持续→终结。能否投射于此，关键在于：前者是否遵循时间由过去到将来延续的一维性，以及是否发生由空间到时间的参照投射；后者是否保持动态持续性，以及内部是否具有均质性。

第十四章 动趋式的基础性语义框架

第一节 引言

趋向动词或动趋式研究所涉议题颇多，综观之，主要集中在动趋式的产生和发展，趋向动词的性质和范围，趋向动词的语法意义，以及动趋式结构与宾语等其他成分的位置关系等方面。研究的理论方法涉及配价、语法化、认知以及功能等。然而，动趋组合的规则却一直没有得到整体且细致的揭示。

涉及动趋组合的研究主要有两方面：一是从动词入手，要么探究动词的方向性特征（齐沪扬，2000；王媛，2011等），要么探究动词的位移性（齐沪扬，1998）；二是研究与单个趋向动词结合的动词的语义特征，如卢英顺（2000）指出就延续体而言"与'下来''下去'结合的动词可以是延续的，也可以是瞬间动词"。探究动词的方向性主要立足于单音节动作动词，对多音节动作动词、非动作动词，以及状态义和时体义的动趋组合较少涉及。因此，动趋组合除了涉及动词的方向性和位移性之外，还应该考虑动词的状态性、时体性等要素。

邵敬敏（2000）提出了"句法语义的双向选择性原则"，认为"汉语句法的双向选择性，是汉语语法组合规则的一条总纲，它具有极大的解释力"；"两个词语如果能够组合成一个语言结构，那么，它们必定具有某个或某些相同的语义特征，否则两者是无法进行组合的"。因此，动趋组合必定满足某一个或某些语义特征具有一致性这一要求。另外，现代汉语动词是一个庞大家族，而趋向动词数量虽少但意义繁丰，致使动趋组合规则复杂而丰富。因此，动趋组合规则的揭示是一个亟待解决的问题，尤其是为了适应对外汉语教学的迫切需要。

第二节　动趋组合的双向选择性基础语义框架

一　动趋双向选择需注意的三个问题

考察动趋组合规则，首先要注意以下三个问题。

一是动词的义项对动趋组合有影响。施春宏（2008）指出："很多动词都是多义词，每个义项都代表了一个特定的语义场景。"不同的语义场景，凸显动词的不同语义特征，而不同的语义特征造成搭配组合的差异。具体有如下几个。

第一，动词的不同义项在动作性与结果性上的差别造成其跟趋向动词组合能力的差别。

吹1：合拢嘴唇用力出气：能跟趋向动词组合表示趋向义。

吹2：（事情、交情）破裂，不成功：不能跟趋向动词组合。

第二，动词的不同义项在方向性上的差别造成跟不同趋向动词的组合差别。

跑1：快步走：能跟所有的趋向动词组合表示趋向义。

跑2：离开：跟"开、开来、开去"组合表示趋向义。

第三，动词的不同义项在致使性上的差别会造成不同语义类别的动趋式组合。

喊1：大声叫：能跟"上""下来""下去""起来""开"组合表示时体意义。

喊2：呼叫（人）：可跟所有的趋向动词组合，表示致使—位移的趋向意义。

有些非位移动作动词，只是表示身体某一部分的动作而无法位移，主要是跟"言语"有关的动作。喊1只是表示主体通过嘴来发出大声叫的动作，并不主观要求人或其他事物发生位移。而喊2通过嘴发出的大声叫的动作，对所喊的对象产生主观性影响，表现为致使其他人或物发生位移。

二是基于位移性趋向与时体性趋向，存在空间向与时间向两种方向。

空间向与物理位移密切相关，主要表示人或事物参照客观事物所体现出的方向。空间向具有复杂性，向上、向下、向前、向后、向旁等构成复杂的空间方向网络。时间向具有一维性，即"过去→现在→将来"。时间向具有简单性，或者由过去到现在，或者由现在到将来。例如：

下来 { 空间向——趋下+趋主：他从楼上走下来。/雨水从屋檐流下来。
时间向——趋现+趋主：十几天干下来，累得我精疲力竭。/
神话流传下来。

下去 { 空间向——趋下+离主：他从床上跳下去。/他把书包扔下去。
时间向——趋将+离主：我会继续走下去。/我们坚持打下去。

三是动词自身的方向性与趋向动词的方向性并不完全匹配。

动词自身的方向性是动词语义中所独具的特征，这种语义特征往往在其语义解释中体现出来。拿"跳"这个动词来说，该动词表示"腿上用力，使身体突然离开所在的地方"〔《现代汉语词典》（第6版）〕。参照"跳"的立足点，该动作自身具有向上的特征。基于此，"跳"可以与"上/上来/上去/起/起来"搭配。然而，这只是仅仅参照起点衬体，终点衬体并未参照。若参照终点衬体或过程衬体的话，则"跳"不再仅限于与具有"趋上"的趋向动词搭配，此时可以与"来/去""下"组"进"组"出"组"过"组"回"组"开"组搭配。也就是说，动词自身的方向性对其与趋向动词的搭配起一定的作用。

二 基于位移性趋向的动趋双向选择性基础语义框架

位移性趋向主要表示人或事物参照衬体发生物理或抽象位移。具有位移性趋向义的动趋式凸显的是趋向动词的方向性和位移性语义特征。由此，我们可以通过考察与动词搭配的趋向动词的语义特征，推导出与趋向动词搭配的动词的语义特征。方向性和位移性这两个语义特征是动趋式的核心语义特征，同时也是原型语义特征。不过，需要说明的是，我们这里的方向性就位移性趋向而言是指空间向，与时体性趋向所表现的时间向有差别。下面我们就从这两个角度入手，考察动、趋的双向选择性匹配关系。

（一）动词的方向性与趋向动词的搭配表现

1. 趋向动词的方向性要求动词凸显方向性特征

趋向动词表示人或事物随动作发生方向性位置变化，趋向动词所具有的各种运动方向构成了人类的方向性位移系统。这种方向性位移系统往往需要参照绝对衬体或相对衬体。就趋向动词个体成员而言，所表示的方向性系统主要表现如下：

A. 基于主观视点的方向性位移：来—趋主；去—离主

B. 基于衬体的方向性位移：上—趋上$_1$，趋前；下—趋下，趋后；起

/起来——趋上₂；进——趋里；出——趋外；回——趋源；过——经过、越过、趋旁；开——离开

C. 基于主观视点与衬体的方向性位移：则是 B 加上 A 的双视点，如：上来——趋上 + 趋主，趋前 + 趋主。依此类推。

不过，趋向动词内部在方向性上还是存在差别的：基本的客观方向，即趋上、趋下、趋前、趋后、趋旁；必须参照衬体的方向，即趋里、趋外、趋源、离开、离主、趋主。自身具有特定方向的动词，除了能跟与其方向一致的具有客观向的趋向动词搭配外，往往还与具有参照向的趋向动词存在搭配差异。

2. 动词的方向性与趋向动词的搭配

基于趋向动词的空间方向体系，便可以考察与之搭配的动词的语义特征，以及两者搭配的表现。具体的搭配情况，如表 14-1 所示。

表 14-1　　　　动词的方向性与趋向动词的搭配情况

动词及其方向		趋向动词	
		客观向	参照向
定向	趋上　攀	趋上 1①	趋里，趋外，趋旁，离主
	趋上　跳	趋上 1，趋上 2②	趋里，趋外，趋源，趋旁，离开，趋主，离主
	趋下　趴	趋下	趋里
	趋前　冲	趋前	趋里，趋外，趋源，趋主，离主
	趋后　撤	趋下	趋外，趋源
	趋旁　拐	趋旁	趋里，趋外，趋旁
泛向	走	趋上₁，趋下，趋旁	趋里，趋外，趋源，离开，趋主，离主
	拉	趋上₁，趋上₂，趋下，趋旁	趋里，趋外，趋源，离开，趋主，离主
无向	睡		趋旁
	需要		

由表 14-1 我们可以看出，动词与趋向动词的匹配主要遵循以下原则。

---

① 如无特殊说明，此处趋上₁指"上、上来、上去"，即不仅仅指"趋上₁"，还包括"趋上₁ + 趋主"和"趋上₁ + 离主"。

② "趋上₂"主要指趋向动词"起/起来"表示的方向，此处主要考虑到"起/起来"与"上/上来/上去"在表示"趋上"时有所差异，比如"起/起来"还可表示趋上性的身体姿态变化。

一是动词能否跟趋向动词搭配首先取决于其是否具有方向性。具有定向的动词与趋向动词的搭配首要是基于动词的方向与趋向动词的客观向相一致；其次，能否跟表示参照向的趋向动词匹配取决于是否参照衬体。具有泛向的动词与趋向动词搭配则灵活丰富得多，不具有方向的动词往往不可以与趋向动词搭配。

二是动词自身的方向性影响与表示参照向的趋向动词搭配。一般而言，"趋下"与"趋里"关系较近，也较易匹配。如"陷"既可以说"陷下来/下去"，也可以说"陷进/进来/进去"。"趋上"也易与"趋外"匹配，如"浮"既可以说"浮上/上来/上去"，也可说"浮出/出来"。当然，这种较易匹配的关系还与动词所参照的衬体有很大关系。

动词的方向性在动趋组合时起着非常重要的作用，但同时还与该动词表达的是行为还是状态有关，尤其是无向动词。拿"睡"来说，既可以是一种睡的状态，也可以是一种睡的行为。就睡的状态而言，无所谓方向；就睡的行为而言，相对于衬体，则存在参照方向。因此，我们可以说"你不要离我那么远，你睡过来一点"。当然，"睡"还具有一种功能，即通过睡来达到一种上位的目的，所以我们可以说"他不是靠自己上来的，而是一路睡上来的"。

（二）动词的位移性与趋向动词的搭配表现

1. 趋向动词的位移性要求动词凸显位移性特征

目前，从位移角度研究动词主要具有两点：一是将具有位移性的动词称作移动动词或位移动词（齐沪扬，2000；卢英顺，2007；王媛，2011等）；二是将移动动词分为自移和他移两种（宋文辉，2007；马云霞，2008等）。我们这里的看法与上述有所不同，问题在于有一类动词具有致移性，但并不是移动动词。这一类动词主要是"叫、喊、骂"等具有言语致使作用的动词。基于此，我们将动词分为自移动词、使移动词与两者皆不具备的动词。

2. 位移性与动词的方向

具有"自移"性的动词表示人或事物随动作自主发生位移，其方向更多的是由动词自身所凸显，如"倒 dǎo"本身就具有"趋下"的方向。然而，具有"使移"性的动词表示使事致使人或事物相对衬体或主观视点发生位移，其方向更多的是由动词所致使的人或事物相对衬体或主观视点的位置变化来凸显。如"拉"本身的方向是"趋向使事"，若"拉"的动作是垂直方向，则有可能趋上或趋下；若是水平方向，则有可能趋前。这也恰恰说明泛向动词的灵活性。

3. 动词的位移性与趋向动词的搭配

基于趋向动词的位移性,便可以考察与之搭配的动词的语义特征,以及两者搭配的表现。具体搭配情况如表 14-2 所示。

表 14-2　　　　　动词的位移性与趋向动词的搭配情况

动词及其位移性			趋向动词
自移	有生自移	（人）跑	趋上$_1$,趋下,趋主,离主,趋里,趋外,趋旁,离开,趋前
	无生自移	（球）浮	趋上$_1$,趋上$_2$,趋外,趋里,趋旁,趋主,离主
使移	动作使移	推	趋上$_1$,趋上$_2$,趋外,趋里,趋旁,趋主,离主,趋源,趋前
	言语使移	喊	趋上$_1$,起来,趋外,趋里,趋旁,趋主,离主,趋源,趋前
[-自移] [-使移]		醒	

由表 14-2 我们可以看出,动词与趋向动词的匹配主要遵循以下原则。

一是动词能否跟趋向动词搭配还取决于其是否具有"自移"性或"使移"性。自移表示人或事物随动作自主发生位移,使移表示使事通过动作致使其他人或事物发生位移。若动词本身并无"自移"或"使移"义,则该类动词无法与趋向动词搭配表示位移性趋向。

二是具有"自移"或"使移"义的动词能与何种趋向动词搭配,还取决于动词自身的方向性差异。具有"自移"性的动词其方向相对明确的较多,如"退"具有[+自移][+定向]义,与其搭配的主要是趋后向趋向动词;而"跑"具有[+自移][+泛向]义,与其搭配的趋向动词则相对较多。"喊"具有[+使移]义,主要表示使事通过"话语"致使主体发生位置变化,至于主体的方向如何取决于衬体的位置。

（三）动词的位移性、方向性与趋向动词的搭配

综合动词的位移性及方向性与动词的搭配情况可知,具有位移性趋向的动趋式匹配关系主要取决于[±定向]/[±泛向]、[±自移]/[±致移]。具体见表 14-3。

表 14-3　　　　　基于位移性趋向的动趋搭配情况

语义特征	动词	趋向动词
[+趋下][+自移]	倒（dǎo）	趋下,趋进
[+泛向][+自移]	飞	趋上$_1$,趋上$_2$,趋主,离主,趋下,趋里,趋外,趋旁,离开,趋源

续表

语义特征	动词	趋向动词
[＋趋下][＋致移]	踩	趋下，趋进，趋旁
[＋泛向][＋致移]	扔	趋上$_1$，趋上$_2$，趋下，趋旁，趋主，离主，趋里，趋外，趋源，离开
[－方向][＋致移]	叫	趋上$_1$，趋上$_2$，趋下，趋旁，趋主，离主，趋里，趋外，趋源，离开
[－方向][－位移]	死	

三 基于状态性趋向的动趋双向选择性基础语义框架

状态性趋向主要表示动趋式由某一状态趋向另一状态，或者说主体与衬体之前与之后状态关系的变化。由于不同的动趋式凸显了主体与衬体不同的状态关系，考察基于状态性趋向的动趋组合，则应从状态义入手。主体与衬体之间状态关系的变化，往往会伴随着距离的变化。不过，我们认为伴随着状态变化产生的距离是其必然，着重强调的是两者状态的变化，距离反而隐含。拿"关上门"来说，门趋向门框必然伴随位移，但门与门框由离开到接触的状态变化才是该结构式所强调的重点。然而，这正是由位移性趋向向状态性趋向扩展的一个证据，即主体与衬体之间的位移淡化，状态凸显。这也说明，由位移性趋向到状态性趋向是一个位移淡化，状态凸显的过程。

（一）趋向动词所表现出的状态性

一般来看，基于不同的趋向动词的动趋式所表示的状态主要有以下几种情况：

  A. 来——常态，去——非常态
  B. 过来——常态，过去——非常态
  C. 上——依附/留存，下——脱离/留存
  D. 出——出现；
  E. 开——开放/分散
  F. 回——获得

（二）动词的状态性与趋向动词的搭配

基于趋向动词的状态性差别，对动词的语义要求则是同样凸显状态性。就动词而言，可以依照基于位移性趋向对动词进行的自移与使移的分

类，将凸显状态性的动词分为自态与使态两类。自态表示动词自身具有某种状态，如"醒""睡""死"等；使态表示动词表示的动作致使主体与衬体具有某种状态。

自态主要跟自身的生命特征息息相关，一般将"活、醒"等看作"生命常态"，相反将"死、睡、晕"等看作非生命常态。使态又可以根据其后趋向动词所表示的主体与衬体的状态差别，大体分为：

A. 致附：贴、锁、关等——上/上去
B. 致离：揭、撕、摘等——下/下来
C. 致存：留、写、剩等——下/下来
D. 致闭：锁、藏、躲等——起/起来
E. 致现：吃、听、想等——出/出来
F. 致开：掰、分散、熔化等——开/开来

由上可知，"下/下来"存在致离和致存两种情况，那么两者需要一个认知分类的标准。这一标准便是主体与衬体之间的状态特征，并通过动词的语义特征差别来体现。若本体与衬体本已存在一体关系，则通过动作使两者不再是一体关系，便是致离，即与衬体分离；若本体与衬体本不是一体关系，则通过动作使两者具有一体关系，则是致存，即留存于衬体。例如：

（1）我把墙上的字记下来了。
（2）我把墙上的字抠下来了。

上两例"墙"都是作为"字"存在的处所，但是例（1）中的"墙"不能作为衬体，而例（2）中的"墙"则可以。例（1）中与主体"字"具有衬体关系的可能是笔记本（记1：用笔写），也可能是大脑（记2：用脑记忆），所以该衬体可以不出现，也可以以"用笔记本"或"用大脑"来体现，因此"字"留存在笔记本上或大脑里。例（2）中主体"字"与衬体"墙"具有一体关系，通过抠这一动作使得"字"与"墙"分离。而且，表示留存意义时使用动词"记"，表示分离意义时使用动词"抠"。因此，留存类动词"记"等，可以后加"在+具体/抽象处所"，如"记在本子上/心里"；致离类动词"抠"等，可以前加"从+具体/抽象处所"，如"从墙上抠下来""从心里抹去"。同样，

"我要把夕阳照下来/拍下来",表示使得夕阳这一美景留存在相机里或相片上。

基于状态性趋向的动趋匹配情况如表 14－4 所示。

表 14－4　　　　　基于状态性趋向的动趋搭配情况

状态特征		动词		趋向动词	例子
自态	常态	生命类动词	醒	来，过来	他醒来/醒过来了。
			活	过来	他活过来了。
	非常态		睡	去 过去	他慢慢地睡去。 他睡过去了。
			死	去 过去	他在痛苦中死去。 太太死过去了。
使态	致附		贴	上，上去 上来	他把对联贴上/上去。 他把脸贴上来。
	致离		撕	下，下来	他把胶布撕下/下来。
	致存		留	下，下来	他把材料留下/下来。
	致闭		锁	上，起来 起	他把门锁上/起来。 我走进房间锁起门。
	致现		想	出，出来 起，起来	我想出/出来一个办法。 我想起/起来一个问题。
	致开		掰	开，开来	他把馒头掰开/开来。

四　基于时体性趋向的动趋双向选择性基础语义框架

时体性趋向主要表示动趋式由位移性趋向经过时体隐喻扩展而来的趋向义。根据隐喻路径的差别,可将具有时体性趋向义的动趋式分为两种情况。

一是时隐喻,即过去→现在→将来:"V 下来""V 下去"。

二是体隐喻,即起始→持续→终结:"V 上""V 起/起来""V 开/开来"。

时体性趋向主要基于时体概念,其对动词的要求也发生了改变,与位移性趋向对动词的方向性与位移性要求不同。也就是说,动趋式的语义类型对动词的选择起决定性作用。上述无论时隐喻还是体隐喻,所涉及的时间并不是时间点,而是时间段。时间段概念要求与之相适应的动词具有持续性。

马庆株(1981)根据动词后时量宾语的类将动词分为持续性动词与非持续性动词,其所依据的时量宾语便是时段概念。因此,动词是否具有位移性是其与趋向动词能否组合表示时体性趋向的先决条件。马庆株对动词的分类如下：

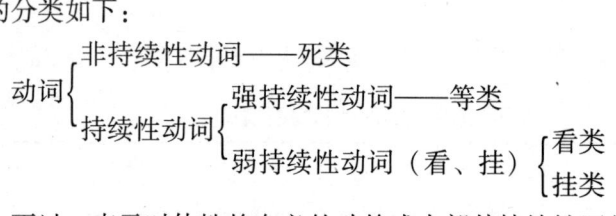

$$动词\begin{cases}非持续性动词——死类\\持续性动词\begin{cases}强持续性动词——等类\\弱持续性动词（看、挂）\begin{cases}看类\\挂类\end{cases}\end{cases}\end{cases}$$

不过，表示时体性趋向义的动趋式内部其持续性还是存在差别的：限时持续与不限时持续：

A. 限时 $\begin{cases}时量+V下来：十几天走下来\\V上+时量：走上十几天\end{cases}$

B. 不限时 $\begin{cases}继续：V下去：继续走下去\\持续：V上（了）；V起/起来；V开/开来：骂上了/起人/起来/开了/开来\end{cases}$

通过考察上述依靠持续性划分的动词与趋向动词的搭配，我们发现非持续性动词内部有个别动词（如"死""塌"）可以与"下去"搭配。例如：

（3）"一天早上起来就死了20多只鸡，当时心里很着急，<u>这么死下去</u>，那就完了，自己几万块钱，还欠银行两万，怎么得了。总共损失100多只，当时把我吓惨了。"（《农村小额贷款新模式：农民创富梦想正变成现实》，新浪，2010年11月23日18：10）

（4）"天气预报说这两天有雨，地面<u>继续塌下去</u>怎么办？"鹿西很担心。（《西安一房子地面下陷1米 下面原是40年前防空洞》，搜狐，2009年7月22日10：31）

例（3）中"死下去"表示很多只鸡先后反复发生"死"这一行为，体现了一种延续性。若就某一个体发生"死"这一行为的话，就无法与"下去"搭配。这种情况的使用需要一定的特殊条件，即需要不同个体反复发生同一行为。然而，据不完全考察具有这种特殊条件的情况在非持续性动词内部非常少。或者说，这种特殊情况对动趋式对动词的持续性要求不构成影响。基于时体性趋向的动趋组合情况如表14-5所示。

表 14-5　　　　　　基于时体性趋向的动趋搭配情况

语义特征	动词	趋向动词
[-持续][-反复]	知道	
[+继续][+反复]	死	下去
[+持续][-完成]	等	下来，上，下去，起，起来
[+持续][+反复]	看	下来，上，下去，起，起来，开，开来
[+持续][+反复]	挂	下来，上，下去，起，起来，开，开来

第三节　动趋组合基础语义框架的对外汉语教学思路

目前的研究成果显示，动趋式的习得研究主要涉及习得顺序、偏误和对比研究等。其中偏误类型主要存在动词使用错误，趋向动词遗漏、误加、误代，及其与动词或宾语的语序错误等（钱旭菁，1997；李淑红，2000；杨德峰，2003a，2003b；王媛，2006；黄玉花，2007等）。例如：

（5）树上忽然下来一个苹果。——树上忽然掉下来一个苹果。
（6）吴清华逃了地主家以后，向大森林走去。——吴清华逃出了地主家以后，向大森林走去。
（7）她一听到这个悲痛的消息就昏了过来。——她一听到这个悲痛的消息就昏了过去。
（8）她又开始骂下去。——她又开始骂起来。
（9）暑假结束后我又回来上海了。——暑假结束后我又回上海去了。

造成上述偏误的原因主要有回避、语际迁移、语内迁移、学习环境、交际策略、文化迁移等。那么，我们就要接着问，怎么样才可以让留学生不回避，怎么样才能摒弃掉母语的负迁移，等等。这才是我们需要解决的问题，而不应该仅仅只是找出错误，解释原因。当然，解决上述问题的关键在于找到根源。我们认为，除了错序偏误［如例（7）］以外，动趋偏误产生的根本因素在于留学生无法正确地将其生活中遇到的事件场景与动趋的语义和表达形式进行契合。随之表现出不知道什么事件情景下用什么样语义类型的动趋式，不知道某种情景下某一动词后该用什么样的趋向动词,不知道某种情景下某一趋向动词前该用什么语义类型的动词。

　　造成这种情况还与我们的研究方法、教材讲解等有关。有关动趋式的研究,基本是从结构形式到语义的研究思路,而面向留学生的习得研究应该是表达这种语义应该用什么样的结构形式。研究和教学是一个相反的过程。前者更适合识读,不太适合实际使用。这种研究思路致使我们的对外汉语教材基本上都是遵循某一动趋式具有哪些语义的编排模式,而不是遵循在表达某种语义场景时应该使用哪种动趋式的模式。而且,除此之外,很多教材在编排动趋式项目时较少考虑到国别化、习得顺序、难易度等方面。因此,面向留学生的动趋式教学应该进行具有国别化、适合对外汉语教学的研究和编排。

　　解决上述问题,除了教学思路的转变、研究具有国别化的对外汉语教学语法之外,还要进行基础的动趋搭配研究,让留学生对动词的语义特征有一定的认识和理解。讲解动趋式的时候,应该让留学生理解这个动词具有什么样的语义特征,体会到动趋组合要求两者的语义特征具有一致性。同时,在教学过程中应该配以场景展示,该场景可以通过动作表演、图片、视频等方式展示出来。因此,在表达具有位移和方向性的事件时,应该观察这个事件中主体的位移方向,然后选取与之适合的动词和趋向动词。例(5)中,可以通过图片来展示"一个苹果从树上掉下来"这一事件场景,该场景中需要选取的动词是"掉",方向"趋下",同时还是以"我"为主观视点,即"趋主"。例(6)中的事件场景可以通过视频展示,是一种"逃"的情况,而且是从地主家里到外面的世界,即"趋外",因此可以用"她逃出地主家"来表达。又如,因为突然下雨,她通过跑的动作到一个商店里去避雨,这时可以用"她跑进一家商店";如果目的地是她的家,我们又可以用"她跑回家"来表达。

　　同样,在表达具有变化状态性的事件时,应观察该事件是一种什么样的变化状态,然后选取与之适合的动词和趋向动词。一般而言,人的"活、醒"是正常生命状态,而"死、晕、昏"等是非正常生命状态,我们可以通过视频或动作来展示例(7)中的事件场景,从而用"昏过去"来表达。又如,人有吃、穿、住、用、行等基本的生活需求。拿"吃"来说,首要的是其表示咀嚼的动作动词,具有使移性,多与"下/下去"搭配表示致使食物等通过咀嚼而下到肚子里。然而,"吃"还隐含着人的生存需要,也就是说"吃"是人的生存目标,由此可与"上"搭配表示需要或目标的实现,如"我今天终于吃上肉了"。

　　在表达具有时体概念的事件时,应该观察该事件是一种什么样的时体变化，然后选取与之适合的动词与趋向动词。如果看到例（8）这样一个事件场景，一个人又开始并持续不停地骂，这个时候可以用"她又骂了起来"表达。如果看到很多鸡一只一只接连不断地死去，那就可以用"死下去"来表达这种情况，而如果鸡不是接连不断反反复复地死则不可以说"死下去"。因此，表示"开始"的时体场景，可以使用"开始 + V + 上/起来"；表示"持续"的时体场景，可以使用"一直 + V + 下去"。

因此，无论教学或是研究都需要将动趋表达的场景细化。教学过程中可以采取先分后合的方法，即先用图片、视频或动作的方式来展现规定性的方向、状态、时体场景，然后让留学生选取合适的动词；然后再以同样的方式展示规定性的动词场景，然后让留学生选取合适的趋向动词；最后，只给出事件场景，让留学生选取合适的动趋式来表达。当然，由于汉语动词数量较多，据孟琮等《动词用法词典》（1987）统计收录的1328个动词中有1076个可以跟趋向动词结合构成动趋式，而且这种比率非常高。因此，在动趋式的对外汉语教学中不可能讲解所有的动词，故参考孟琮的做法，并按照对外汉语教学大纲中动词的等级划分，将凸显语义特征的动趋搭配单独以工具书的形式呈现不失为一个长远之策。

参考文献

［俄］A.A.龙果夫：《现代汉语语法研究》1958年。
北京大学中文系：《现代汉语》，商务印书馆1962年版。
北京大学中文系汉语教研室：《语法修辞》，商务印书馆1973年版。
北京语言学院语言教学研究所：《现代汉语补语研究资料汇编》，北京语言学院出版社1992年版。
［美］布龙菲尔德：《语言论》，袁家骅等译，商务印书馆1980年版。
曹广顺：《试论汉语动态助词的形成过程》，《汉语史研究辑刊》1999年第2辑。
曹艳芝：《也说"来""去"的空灵性》，《中山大学学报》（社会科学版）1999第5期。
曹娟：《表开始体"起来"的核心意义》，《首都师范大学学报》（社会科学版）2004年增刊。
常纯民：《谈趋向动词的句法功能》，《齐齐哈尔师院学报》1978年第2期。
陈昌来：《"V上"结构的分析》，《青海教育学院学报》1991年第2期。
陈昌来：《论动后趋向动词的性质——兼谈趋向动词的研究方法》，《烟台师范学院学报》1994年第4期。
陈昌来：《动后趋向动词性质研究述评》，《汉语学习》1994年第2期。
陈昌来：《现代汉语动词的句法语义属性研究》，学林出版社2002年版。
陈刚：《试论"动—了—趋"式和"动—将—趋"式》，《中国语文》1987年第4期。
陈建民：《"拿出一本书来"的同义句式》，《汉语学习》1980年第2期。

陈平：《论现代汉语时间系统的三元结构》，《中国语文》1988年第6期。

陈前瑞：《现时相关性与复合趋向补语中的"来"》，载吴福祥、洪波主编《语法化与语法研究》（一），商务印书馆2004年版。

陈若君：《与"V+进（来/去）+O"格式相关的句法语义问题》，载马庆株主编《汉语动词和动词性结构》（二编），北京大学出版社2007年版。

陈贤：《现代汉语动词"来、去"的语义研究》，博士学位论文，复旦大学，2007年。

陈晓萍：《论说"起来"一词》，《新疆大学学报》1994年第1期。

陈信春：《同复合趋向补语并见的宾语的位置》，《中国语文通讯》1982年第5期。

陈泽平：《试论完成貌助词"去"》，《中国语文》1992年第2期。

陈忠：《"起来"的句法变换条件及其理据》，2006年。

陈忠：《复合趋向补语中"来/去"的句法分布顺序及其理据》，《当代语言学》2007年第1期。

陈忠：《汉语时间结构研究》，世界图书出版公司北京公司2009年版。

储泽祥、曹跃香：《固化的"用来"及其相关句法格式》，《世界汉语教学》2005年第2期。

崔山佳：《趋向动词"起来"二题》，《汉语学习》1994年第2期。

崔希亮：《汉语介词结构与位移事件》，《中国语言学报》2006第12期。

戴浩一：《时间顺序和汉语的语序》，《国外语言学》1988年第1期。

戴耀晶：《现代汉语时体系统研究》，浙江教育出版社1997年版。

戴昭铭：《动词情状成分"下去$_3$"的形式特征、语法功能和分布规律》，载《语法研究和探索》2000年第9期。

邓守信：《对外汉语教学语法》（简体字版），北京语言大学出版社2010年版。

丁声树：《现代汉语语法讲话》，商务印书馆1961年版。

董秀芳：《现代汉语中表达使动意义的结构研究》，硕士学位论文，四川大学，1997年。

董秀芳：《述补带宾句式中的韵律限制》，《语言研究》1998年第1期。

董志翘：《再论"进"对"入"的历时替换——与李宗江先生商榷》，《中国语文》1998年第2期。

范继淹：《动词和趋向性后置成分的结构分析》，《中国语文》1963年第2期。

范晓：《关于动补格句式的句义重心》，《中国语文通讯》1984年第4期。

范晓：《略论V—R》，载《语法研究和探索》（3），北京大学出版社1985年版。

范晓：《"V上"及其构成的句式》，载《动词研究》，河南大学出版社1995年版。

房玉清：《"起来"的分布和语义特征》，《世界汉语教学》1992a年第1期。

房玉清：《实用现代汉语语法》，北京语言学院出版社1992b年版。

冯胜利：《汉语的韵律、词法和句法》，北京大学出版社1997年版。

冯胜利：《汉语动补结构来源的句法分析》，《语言学论丛》2002年第26辑。

［德］弗里德里希·温格瑞尔、汉斯尤格·施密特：《认知语言学导论》，彭利贞、许国萍、赵微译，复旦大学出版社2009年版。

傅力：《某些动补格句式"后重前轻"的限制》，《中国语文通讯》1984年第1期。

高顺全：《复合趋向补语引申用法的语义解释》，《汉语学习》2005年第1期。

古川裕：《〈起点〉指向和〈终点〉指向的不对称及其认知解释》，《世界汉语教学》2002年第3期。

郭锐：《述结式述补结构的配价结构和成分整合》，载沈阳、郑定欧主编1995，北京大学出版社1995年版。

《述结式的论文结构》，徐烈炯、邵敬敏主编：《汉语语法研究的新拓展》（一）（21世纪现代汉语国际研讨会论文集），浙江教育出版社2002年版。

何琳：《"V开"的句法语义分析及"开"的虚化探索》，硕士学位论文，暨南大学，2009年。

何自然：《认知语用学——言语交际的认知研究》，上海外语教育出版社2006年版。

贺阳：《动趋式"V起来"的语义分化及其句法表现》，《语言研究》

2004 年第 3 期。

洪心衡：《汉语知识讲话·语法部分——能愿动词、趋向动词、判断词》，上海教育出版社 1957 年版。

胡裕树：《现代汉语》，上海教育出版社 1981 年版。

华中师范学院现代汉语教研室：《现代汉语语法知识》，湖北人民出版社 1972 年版。

黄伯荣、廖序东：《现代汉语》，高等教育出版社 1991 年版。

黄伯荣：《动词分类和研究文献目录总览》，高等教育出版社 1998 年版。

黄河：《表行为动作体验的"V 起来"》，《胜利油田职工大学学报》1999 年第 3 期。

黄月华、白解红：《趋向动词与空间位移事件的概念化》，《语言研究》2010 年第 3 期。

贾钰：《"来/去"作趋向补语时动词宾语的位置》，《世界汉语教学》1998 年第 1 期。

蒋绍愚：《现代汉语动结式产生的时代》，载《国学研究》第 6 卷，北京大学出版社 1999 年版。

江治安：《现代汉语语法》，吉林人民出版社 1958 年版。

居红：《汉语趋向动词及动趋短语的语义和语法特点》，《世界汉语教学》1992 年第 4 期。

考夫卡，K.：《格式塔心理学原理》，黎炜译，浙江教育出版社 1997 年版。

柯理思：《汉语空间位移事件的语言表达——兼论述趋式的几个问题》，《现代中国语研究》2003 年第 5 期。

[美] 莱考夫：《乔治·莱考夫认知语言学十讲》，外语教学与研究出版社 2007 年版。

黎锦熙：《新著国语文法》，商务印书馆 1924 年版。

黎锦熙、刘世儒：《中国语法教材》（第三、四册），五十年代出版社 1954 年版。

李福印：《认知语言学概论》，北京大学出版社 2008 年版。

李冠华：《由"上、下、进、出"充当的趋向补语对处所宾语的语义制约》，《汉语学习》1985 年第 6 期。

李冠华：《处宾动趋结构初探》，《安徽师范大学学报》1985 年第 4 期。

李临定:《动补格句式》,《中国语文》1980年第2期。

李临定:《到底哪个"补"哪个?——"动补"格关系再议》,《汉语学习》1984年第2期。

李临定:《现代汉语句型》,商务印书馆1987年版。

李敏:《论"V起来"结构中"起来"的分化》,《烟台师范学院学报》(哲学社会科学版)2005年第3期。

李小荣:《对述结式带宾功能的考察》,《汉语学习》1994年第5期。

李银美:《语法化与主观化:"起来"和"起去"的不对称分布》,《社会科学论坛》(学术研究卷)2007年第5期。

李宗江:《"进"对"入"的历时替换》,《中国语文》1997年第3期。

栗会:《"来/去"趋向义的对称与不对称》,硕士学位论文,广西师范大学,2008年。

梁银峰:《汉语趋向动词的语法化》,学林出版社2007年版。

林焘:《现代汉语补足语里的轻音现象所反映出的语法和语义问题》,《北京大学学报》1957年第2期;又载《林焘语言学论文集》,商务印书馆。

[日]铃木裕文:《日本的汉语动趋式研究综述》,《湖南人文科技学院学报》2005年第2期。

刘广和:《说"上2、下2……起来2"——兼谈趋向补语和动趋式》,《汉语学习》1999年第2期。

刘世儒:《现代汉语语法讲义》,商务印书馆1963年版。

刘叔新:《试论趋向范畴》,载《语法研究与探索》(三),北京大学出版社1985年版。

刘月华:《关于趋向补语"来""去"的几个问题》,《语言教学与研究》1980年第3期。

刘月华:《表示状态的"起来"和"下去"比较》,《世界汉语教学》预刊,1987年第1期。

刘月华:《几组意义相关的趋向补语语义分析》,《语言研究》1988a年第1期。

刘月华:《趋向补语的语法意义》,载《语法研究和探索》四,北京大学出版社1988b年版。

刘月华:《趋向补语通释》,北京语言文化大学出版社1998年版。

刘子瑜:《汉语动结式述补结构的历史发展》,《语言学论丛》第30

辑，商务印书馆 2004 年版。

卢福波：《试探"来"和"去"义的不对称性》，载《汉语言文化研究》第 8 辑，天津人民出版社 2001 年版。

陆俭明：《"V 来了"试析》，《中国语文》1989 年第 3 期。

陆俭明：《"VA 了"述补结构语义分析》，《汉语学习》1990a 年第 1 期。

陆俭明：《述补结构的复杂性》，《语言教学与研究》1990b 年第 1 期。

陆俭明：《动词后趋向补语和宾语的位置问题》，《世界汉语教学》2002 年第 1 期。

陆宗达、俞敏：《现代汉语语法》（上册），北京群众书店 1954 年版。

卢英顺：《现代汉语中的"延续体"》，《安徽师范大学学报》（人文社会科学版）2000 年第 3 期。

卢英顺：《论趋向动词问题》，《徐州师范大学学报》（哲学社会科学版）2001 年第 1 期。

卢英顺：《认知图景与句法、语义成分》，《复旦学报》（社会科学版）2005 年第 3 期。

卢英顺：《"上去"句法、语义特点探析》，《安徽师范大学学报》（人文社会科学版）2006a 年第 4 期。

卢英顺：《"下来"的句法、语义特点探析》，《宁夏大学学报》（人文社会科学版）2006b 年第 5 期。

卢英顺：《"进"类趋向动词的句法、语义特点探析》，《语言教学与研究》2007 年第 1 期。

吕文华：《对外汉语教学语法探索》，北京语言大学出版社 2008 年版。

吕叔湘、朱德熙：《语法修辞讲话》，开明书店 1951 年版。

吕叔湘：《中国文法要略》（中、下），商务印书馆 1944 年版。

吕叔湘：《吕叔湘文集》第 1 卷，商务印书馆 1990 年版。

吕叔湘：《现代汉语八百词》，商务印书馆 1980 年版。

吕叔湘：《动趋式＋宾语的语序》，《中国语文》1985 年第 3 期。

吕叔湘主编：《现代汉语八百词》，商务印书馆 1981 年版。

马庆株：《"V 来/去"与现代汉语动词的主观范畴》，《语文研究》1997 年第 3 期。

马庆株：《著名中年语言学家自选集·马庆株卷》，安徽教育出版社

2002年版。

马庆株:《汉语动词和动词性结构·一编》,北京大学出版社2004年版。

马庆株:《汉语动词和动词性结构·二编》,北京大学出版社2007年版。

马玉汴:《趋向动词的认知分析》,《汉语学习》2005年第6期。

孟琮、郑怀德、孟庆海等:《动词用法词典》,上海辞书出版社1987年版。

孟琮、郑怀德、孟庆海等:《汉语动词用法词典》,商务印书馆1999年版。

缪锦安:《汉语的语义结构和补语形式》,上海外语教育出版社1990年版。

木村秀树、王志:《汉语方位补语"来""去"的两个功能》,《徐州师范大学学报》(哲学社会科学版)1987年第3期。

潘允中:《汉语动补结构的发展》,《中国语文》1980年第1期。

齐沪扬:《空间位移中的主观参照"来/去"的语用含义》,《世界汉语教学》1996年第4期。

齐沪扬:《空间位移中客观参照"P+N"的语用含义》,《中国语言学报》1999年第9期。

齐沪扬、曾传禄:《"V起来"的语义分化及相关问题》,《汉语学习》2009年第2期。

邱广君:《补语"上"的意义和用法》,《天津师范大学学报》1991年第2期。

邱广君:《与"[动词+'出']+宾语"有关的几个问题》,《语言学论丛》1992年第9辑。

邱广君:《谈"V上"所在句式中的"上"意义》,《汉语学习》1995年第4期。

邱广君:《谈"V下+宾语"中宾语的类、动词的类和"下"的意义》,《语文研究》1997年第4期。

邱广君:《从徒手客移动词的搭配看其语义特征》,《东北大学学报》1999a年第2期。

邱广君:《现代汉语动词的方向体系》,《中国语言学报》1999b年第9期。

屈承熹:《汉语认知功能语法》,黑龙江人民出版社2005年版。

全立波：《现代汉语"V出O来"研究》，硕士学位论文，广西师范大学，2005年。

全立波：《关于"动+出+宾+来"中的动词制约性》，《湖南科技大学学报》（社会科学版）2006年第6期。

任鹰、于康：《从"V上"和"V下"的对立与非对立看语义扩展中的原型效应》，《汉语学习》2007年第4期。

[日] 杉村博文：《试论趋向补拿语"·下""·下来""·下去"的引申用法》，《语言教学与研究》1983年第4期。

邵敬敏：《论汉语语法的语义双向选择性原则》，《中国语言学报》第8辑，北京语言文化大学出版社1997年版。

邵敬敏：《汉语语法的立体研究》，商务印书馆2000年版。

邵敬敏：《动宾组合中的制约与反制约因素——以"进NP"结构分析为例》，《暨南大学华文学院学报》2004a年第1期。

邵敬敏：《"语义语法"说略》，《暨南学报》2004b年第1期。

邵敬敏：《汉语语法学史稿》，商务印书馆2006年版。

邵敬敏：《汉语语义语法论集》，上海教育出版社2007年版。

沈家煊：《不对称和标记论》，江西教育出版社1999年版。

沈家煊：《词义与认知——〈从语源学到语用学〉评介》，《外语教学与研究》1997年第3期。

沈家煊：《语言的"主观性"和"主观化"》，《外语教学与研究》2001年第4期。

沈家煊：《现代汉语动补结构的"类型学"考察》，《世界汉语教学》2003年第3期。

施春宏：《汉语动结式的句法语义研究》，北京语言大学出版社2008年版。

石毓智：《现代汉语的动补结构：一个类型学考察》，载史有为《从语义信息到类型比较》，北京语言文化大学出版社2001年版。

史锡尧：《动词后"上""下"的语义和语用》，《汉语学习》1993年第4期。

税昌锡：《动词的动位范畴》，《汉语学习》2009年第4期。

宋玉柱：《说"起来"及与之有关的一种句式》，《语言教学与研究》1980年第1期。

宋文辉：《现代汉语动结式的认知研究》，北京大学出版社2007年版。

孙鹏飞：《"V开"的句法语义分析及"开"的虚化探索》，硕士学位论文，上海师范大学，2008年。

孙锡信：《汉语历史语法要略》，复旦大学出版社1992年版。

［美］泰勒：《约翰·泰勒应用认知语言学十讲》，外语教学与研究出版社2007年版。

田宇贺：《名词性成分在"V＋趋＋来"结构中的位置制约因素》，《广西社会科学》2001a年第4期。

田宇贺：《动趋式研究述略》，《零陵师范高等专科学校学报》2001b年第1期。

田宇贺：《对"动＋趋＋名"结构的初步考察》，《广西社会科学》2002年第1期。

王灿龙：《"起去"的语法化未完成及其认知动因》，《世界汉语教学》2004年第3期。

王国栓：《趋向问题研究》，华夏出版社2005a年版。

王国栓：《"起来"句中宾语位置的变化及相关问题》，《中国语文研究》2005b年第2期。

王红旗：《动趋式述补结构配价研究》，载沈阳、郑定欧主编《现代汉语配价语法研究》第2辑，北京大学出版社1998年版。

王力：《中国现代语法》，商务印书馆1944/1985年版。

王丽彩：《"来"、"去"充当的趋向补语和宾语的次序问题》，《广西社会科学》2005年第4期。

王玲玲、何元建：《汉语动结结构》，浙江教育出版社。

王维贤、卢曼云：《现代汉语语法》，浙江人民出版社1981年版。

王寅：《认知语言学》，上海外语教育出版社2007年版。

吴福祥：《试论现代汉语述补结构的来源》，《汉语现状与历史研究》，中国社会科学出版社1999年版。

吴洁敏：《谈谈非谓语动词"起来"》，《语言教学与研究》1984年第2期。

吴云：《"过来""过去"引申用法的认知分析》，载朱立元《探索与创新——华东地区对外汉语教学论文集》，北京大学出版社2006年版。

肖国政、邢福义：《同一语义指向的"动/趋来"》，《华中师范学院研究生报》1984年第3期。

肖双荣：《趋向结构中的客观参照和主观参照》，《娄底师专学报》2000年第1期。

肖秀妹：《"动＋来＋名"和"动＋名＋来"两种句式的比较》，《语言教学与研究》1992 年第 1 期。

肖奚强：《也谈"来"和"去"》，《汉语学习》2003 年第 2 期。

谢白羽、齐沪扬：《复合趋向补语"过来"和"过去"的语义分析》，载陆俭明《面临新世纪挑战的现代汉语语法研究》，山东教育出版社 2000 年版。

邢福义：《现代汉语语法知识》，湖北人民出版社 1980 年版。

邢福义：《"起去"的普方古检视》，《方言》2002 年第 2 期。

邢福义：《"起去"的语法化与相关问题》，《方言》2003 年第 3 期。

邢福义：《〈西游记〉中的"起去"与相关问题思辨》，《古汉语研究》2005 年第 3 期。

徐静茜：《"·起来"和"·上"》，《汉语学习》1981 年第 6 期。

徐静茜：《说"·来""·去"》，《语言教学与研究》1983 年。

徐静茜：《也论"·下来""·下去"的引申用法》，《汉语学习》1985a 年第 4 期。

徐静茜：《动词后趋向补语和宾语的位置问题》，《中国语文导报》1985b 年第 10 期。

许绍早：《略论补足语》，《东北人民大学人文科学报》1956 年第 2 期。

徐烈炯、刘丹青：《话题的结构与功能》，上海教育出版社 1998 年版。

辛承姬：《连动结构中的"来"》，《语言研究》1998 年第 2 期。

辛承姬：《汉语趋向动词系统》，《汉语学报》2000a 年第 1 期。

辛承姬：《汉语趋向动词系统及系统中某些问题的考察》，博士学位论文，中国武汉大学华中师范大学，2000b 年。

杨德峰：《20 世纪 80 年代中期以来的动趋式研究述评》，《语言教学与研究》2004 年第 2 期。

杨德峰：《英语母语学习者复合趋向补语引申义习得情况分析》，载程爱民、何文潮、牟岭（编）《对美汉语教学论集》，外语教学与研究出版社 2007 年版。

杨德峰：《日语母语学习者复合趋向补语引申义习得情况分析》，《第九届国际汉语教学讨论会论文选》，高等教育出版社 2010 年版。

杨德峰：《朝鲜语母语学习者复合趋向补语引申义习得情况分析》，载《语言学研究》第 11 辑，高等教育出版社 2011 年版。

杨国文：《趋向动词构句浅议》，《中国语文》1994年第3期。

杨桦：《试论"V出"结构及其句式》，《天津师范大学学报》1992年第2期。

杨石泉：《趋向补语及其引申意义——说补语（二）》，《逻辑与语言学校》1986年第1期。

尹玉：《趋向补语的起源》，《中国语文》1957年第9期。

于康：《"V下"的语义扩展机制与结果义》，载张黎等主编《日本现代汉语语法研究论文选》，北京语言学院出版社2007年版。

袁毓林：《汉语动词的配价研究》，江西教育出版社1998年版。

袁毓林：《述结式配价的控制——还原分析》，《中国语文》2001a年第5期。

袁毓林：《述结式的结构和意义的不平衡性》，载史有为主编《从语义信息到类型比较》，北京语言文化大学出版社2001b年版。

曾传禄：《"过来""过去"的用法及认知解释》，《西华师范大学学报》（哲学社会科学版）2009a年第2期。

曾传禄：《障碍图式与"V得（不）过来/过去"》，《燕山大学学报》（哲学社会科学版）2009b年第1期。

张伯江：《动趋式里宾语位置的制约因素》，《汉语学习》1991a年第6期。

张伯江：《关于动趋式宾语的几种语序》，《中国语文》1991b年第3期。

张华：《"上/下"动词性组合的认知考察》，《语言研究》2002年第S1期。

张嘉宾：《动补结构与其宾语之间的语义、语法关系》，《求是学刊》1984第1期。

张雪涛：《"V趋+N+了"句与"N+V趋+了"句》，《北京大学学报》1991年第6期。

张志公：《汉语语法常识》，中国青年出版社1953年版。

张志公主编、王力等编写：《语法和语法教学——暂拟汉语教学语法系统》，人民教育出版社1956年版。

宗守云：《"进+处所宾语"和"去+处所宾语"》，《汉语学习》2004年第6期。

左双菊：《位移动词"来/去"带宾能力的历时、共时考察》，博士学位论文，华中师范大学，2007年。

左双菊：《位移动词"来/去"带宾能力的不对称》，《安庆师范学院学报》（社会科学版）2009 年第 7 期。

赵元任：《汉语口语语法》，吕叔湘译，商务印书馆 1979 年版。

［韩］郑东珍：《论现代汉语"来 V"和"去 V"的不对称性》，《岱宗学刊》2008 年第 1 期。

郑娟嫚：《从"V 出 + 宾语"的构件关系看语义的双向选择原则》，《暨南大学华文学院学报》2009 年第 2 期。

郑金圈：《"复合动趋式 + 宾语"语序演变的动因与机制》，《宁夏大学学报》（人文社会科学版）2010 年第 5 期。

周迟明：《来和去》，《山东大学学报》1959 年第 1 期。

周统权：《"上"与"下"不对称的认知研究》，《语言科学》2003 年第 1 期。

钟兆华：《趋向动词"起来"在近代汉语中的发展》，《中国语文》1985 年第 5 期。

朱德熙：《语法讲义》，商务印书馆 1982 年版。

朱德熙：《语法答问》，商务印书馆 1985 年版。

Adele E. Goldberg, "Constructions: A new theoretical approach to language",《外国语》2003 年第 3 期。

Adele E. Goldberg：《构式：论元结构的构式语法研究》，吴海波译，北京大学出版社 2007 年版。

Cheng Zhi Chu, *Event Conceptualization and Grammatical realization: The case of motion in mandarin Chinese*, University of Hawai, 2004.

Goldberg, A. *Construction: A constructional Approaches to Argument structure construction*, The University of Chicago Press, 1995.

Langacker, R. *Foundation of Cognitive Grammar: Theoretical Prerequisite. Vol, 1*, Stanford University Press, 1987.

Langacker, R. *Foundations of Cognitive Grammar—Vol. Ⅱ, Descriptive Application*, Stanford: Stanford University Press, 1991.

Stephen C. Levin. *Space in Language and Cognition: Explorations in Cognitive Diversity*, 世界图书出版公司、剑桥大学出版社 2008 年版。

Talmy, L. "Lexicalization patterns: Semantic structure in lexical forms", In T, Shopen, ed., *Language Typologyand Semantic Description Ⅲ: Grammatical Categories and the Lexicon*, Cambridge: Cambridge University Press, 1985.

Talmy, L. "Path to realization: A typology of event conflation", In L. A. Sutton, et al. eds., *Proceedings of the Seventeenth AnnualMeeting of the Berkeley Linguistics Society*, 1991.

Talmy, L. *Toward a Cognitive Semantics. Vol.* Ⅰ: *Concept Structuring System.* Cambridge, MA: The MIT Press, 2000a.

Talmy, L. *Toward a Cognitive Semantics. Vol.* Ⅱ: *Typology and process in concept structuring.* Cambridge, M. A.: The MIT Press, 2000b.